Uni-Taschenbücher 1949

UTB
FÜR WISSEN SCHAFT

Eine Arbeitsgemeinschaft der Verlage

Wilhelm Fink Verlag München
Gustav Fischer Verlag Jena und Stuttgart
A. Francke Verlag Tübingen und Basel
Paul Haupt Verlag Bern · Stuttgart · Wien
Hüthig Fachverlage Heidelberg
Leske Verlag + Budrich GmbH Opladen
Lucius & Lucius Verlagsgesellschaft Stuttgart
J. C. B. Mohr (Paul Siebeck) Tübingen
Quelle & Meyer Verlag · Wiesbaden
Ernst Reinhardt Verlag München und Basel
Schäffer-Poeschel Verlag · Stuttgart
Ferdinand Schöningh Verlag Paderborn · München · Wien · Zürich
Eugen Ulmer Verlag Stuttgart
Vandenhoeck & Ruprecht in Göttingen und Zürich

Detlef Hansen

Spracherwerb und Dysgrammatismus

Grundlagen, Diagnostik und Therapie

Mit zahlreichen Grafiken und Tabellen

Ernst Reinhardt Verlag München Basel

Dr. Detlef Hansen, Sprachwissenschaftler und Sprachheilpädagoge, Akademischer Rat an der Universität Hannover, Fachbereich Erziehungswissenschaften.

Die Deutsche Bibliothek – CIP-Einheitsaufnahme

Hansen, Detlef:
Spracherwerb und Dysgrammatismus : Grundlagen, Diagnostik und Therapie ; mit Tabellen / Detlef Hansen. – München ;
Basel : E. Reinhardt, 1996
   (UTB für Wissenschaft : Uni-Taschenbücher ; 1949)
   ISBN 3-8252-1949-6 (UTB)
   ISBN 3-497-01420-6 (Reinhardt)
NE: UTB für Wissenschaft / Uni-Taschenbücher

© 1996 by Ernst Reinhardt, GmbH & Co, Verlag, München

Dieses Werk, einschließlich aller seiner Teile, ist urheberrechtlich geschützt. Jede Verwertung außerhalb der engen Grenzen des Urheberrechtsgesetzes ist ohne schriftliche Zustimmung der Ernst Reinhardt, GmbH & Co, München, unzulässig und strafbar. Das gilt insbesondere für Vervielfältigungen, Übersetzungen in andere Sprachen, Mikroverfilmungen und für die Einspeicherung und Verarbeitung in elektronischen Systemen.

Einbandgestaltung: Alfred Krugmann, Freiberg/Neckar

Printed in Germany

ISBN 3-8252-1949-6 (UTB-Bestellnummer)

Inhalt

Vorwort 9

1 Einleitung 13
Einige Einschränkungen vorweg 13
Dysgrammatismus – eine erste Annäherung 15
Zielsetzung und Themen der einzelnen Kapitel 17

2 Sprache und Grammatik 22
Die Erforschung der Sprache 22
Wie kommt das Kind zur Sprache? Einige noch
offene Fragen 24
Autonomie der Grammatik und Modularität
der Kognition 27
Abstraktion und Idealisierung 30
Zur Nicht-Reduzierbarkeit syntaktischer Prinzipien 32

3 Spracherwerb und Grammatikerwerb 36
Spracherwerb – ein Forschungsfeld 36
Spracherwerb und Kognition 37
Der operationelle Ansatz von Slobin 41
Welche Rolle spielt der sprachliche Input? 43
Grammatikerwerb trotz Input? 47
Kreolisierung – Spracherwerb unter noch
extremeren Input-Bedingungen 50
Was kann gelernt werden und wie? 51
Lernen durch Parameterfixierung 53
Semantic bootstrapping 54
Zusammenfassung 58

*4 Dysgrammatismus – gestörter Grammatikerwerb
aus psycholinguistischer Sicht* 61
Sprachwissenschaft und Dysgrammatismus 61
Empirische Ergebnisse linguistischer Untersuchungen ... 62

Elemente und Strukturen der Nominalphrase 64
Adverbiale 66
Verbale Elemente 67
Zwischenbilanz 67
Erwerb und Gebrauch von Kasusmarkierungen 68
Der Gebrauch von Verbflexiven 69
Die Stellung verbaler Elemente 69
Argumentstellung und Stellung von
Negationselementen 71
Zusammenfassung 72

5 *Sprachdiagnostik bei Dysgrammatismus* 74

Ansprüche und Wirklichkeit 74
Als Alternative: Spontansprachanalysen 77
Die Profilanalyse 78

6 *Sprachtherapie bei Dysgrammatismus* 82

Sprachtherapie – mal symptomorientiert,
mal mehrdimensional 82
Sprachtherapie im Wandel der Zeit 85
Sprachtherapie und Menschenbild 87
Der phänomenologische Ansatz 93
Sprachtherapie als Kommunikationstherapie 97
Der ökolinguopädische Ansatz 100
Die entwicklungsproximale Sprachtherapie 102
Zur Praxis der entwicklungsproximalen Sprachtherapie ... 105
Ein psycholinguistisch begründetes Modell
von Sprachtherapie bei Dysgrammatismus 110

7 *Erkundung neuer Wege der Sprachtherapie* 117

Ein Blick hinter die Kulissen einer Therapiestudie 117
Einige Probleme von Therapiestudien 118
Konzeption und Aufbau der vorliegenden Untersuchung 121
Die Kinder 124
Die Daten 128

8 *Denis – (k)ein Einzelfall* 130

Warum eine Fallbeschreibung? 130
Der erste Schritt: die Diagnose 131
Quantitative Ergebnisse 131

Linguistische Strukturanalyse der
Spontansprachprobe Denis1 132
Nominalphrasen 133
Adverbiale 135
Kasus 136
Verbale Elemente, Verbflexion und Verbstellung 137
Folgerungen für die Sprachtherapie 141

9 Ein Blick in die Praxis 146

Einzelschritte der Therapie 146
Therapieeinheiten zu Genus/Numerus 148
Therapieeinheiten zu Kasus 154
Therapieeinheiten zur Verbflexion und Verbstellung 160
Weitere Planungs- und Organisationsprinzipien 166

10 Fortschritte in der Therapie mit Denis 171

Daten für die Evaluation 171
Nominal- und Präpositionalphrasen 171
Verbalphrasen und Verbstellung 174
Zusammenfassung der Befunde 179

11 Weitere empirische Untersuchungen 183

Sinn und Zweck weiterer Untersuchungen 183
Eingangsdiagnosen 183
Sprachliche Lernziele für die Sprachtherapie 188
Entwicklungsverläufe und Ergebnisse 189
Zusammenfassung 195

Anhang 197

Anmerkungen 208

Glossar 225

Literatur 233

Sachregister 247

Vorwort

Im vorliegenden Buch geht es um eine Problematik aus dem Bereich der pädagogisch-therapeutischen Praxis: Sprachtherapeuten, Logopäden und Sprachheilpädagogen sind täglich vor die Aufgabe gestellt, Kindern, die spezifische Störungen beim Erwerb der Grammatik ihrer Muttersprache haben und diese Schwierigkeiten nicht ohne fremde Hilfe überwinden können, zu alters- und entwicklungsentsprechenden Lernerfolgen zu verhelfen. Über die Angemessenheit der sehr verschiedenen Vorgehensweisen und sprachtherapeutischen Methoden herrscht in Theorie und Praxis Uneinigkeit; als gesicherte Erfahrungstatsache kann hingegen der insbesondere von Praktikern immer wieder bestätigte Befund gelten, daß die therapeutischen Bemühungen in sehr vielen Fällen wirkungslos bleiben – zumindest was die Beseitigung der grammatischen Auffälligkeiten anbelangt. Der „therapieresistente Dysgrammatiker", dem „der Transfer des in der Sprachtherapie Gelernten in die Spontansprache" partout nicht gelingen will, scheint enge Grenzen des sprachtherapeutisch Machbaren aufzuzeigen und stellt Anspruch und Qualität von Sprachtherapie schlechthin in Frage.

Unter diesem Gesichtspunkt erscheint es nicht sinnvoll, dem Repertoire sprachtherapeutischer Methoden zur Behandlung dysgrammatisch sprechender Kinder eine weitere hinzuzufügen, ohne (1) nach den Gründen für den geringen Wirkungsgrad der herkömmlichen Verfahren zu forschen und (2) das in den letzten Jahrzehnten enorm angewachsene Wissen über die psycholinguistischen Prozesse der Sprachverarbeitung und des Spracherwerbs in die Entwicklung neuer Behandlungsstrategien einzubeziehen.

In den sogenannten Kognitionswissenschaften, in der modernen Sprachwissenschaft, Psychologie und Medizin, in der Psycho- und Neurolinguistik, der Neurobiologie, der Evolutions-, Lernbarkeits- und der KI-Forschung geht man in neuerer Zeit den erfolgversprechenden Weg der interdisziplinären Forschung, um so tiefere Einsichten in die Struktur des menschlichen Geistes und damit auch in eines seiner leistungsfähigsten Systeme, die menschliche Sprache, zu gewinnen (Posner 1989, Osherson et al. 1990).

Es scheint insbesondere die isolierte einzelwissenschaftliche Beschäftigung mit Teilaspekten der menschlichen Kognition gewesen zu sein, die uns ein grundlegendes Verständnis von den komplexen Entwicklungs- und Funktionszusammenhängen innerhalb des Gesamtsystems bislang verwehrt hat. Zudem haben die unselige und künstliche Aufspaltung der neuzeitlichen Wissenschaften in ein sogenanntes naturwissenschaftliches Lager einerseits und ein geisteswissenschaftliches andererseits sowie die damit verbundenen wissenschaftstheoretisch-methodologischen Grabenkämpfe das ihrige zur Verhinderung gerade der Erkenntnisse beigetragen, die eben nur interdisziplinär zu gewinnen sind. Auf der anderen Seite scheint sich aber auch jene holistische Front, die von sich behauptet, über die Summe der Teile hinaus das sogenannte Ganze erfassen zu können, um die entscheidenden Erkenntnismöglichkeiten gebracht zu haben, indem sie nämlich wesentlich mehr – durchaus berechtigte – Ansprüche und Forderungen erhoben als durch tätige Forschung eingelöst hat. Stattdessen führt sie seit geraumer Zeit ihrerseits einen Glaubenskrieg mit den als Sektierern erkannten Vertretern der einzelwissenschaftlich ausgerichteten Disziplinen.

Wenngleich der Streit, sofern es sich um einen nach den Regeln der Fairneß und der wissenschaftlichen Redlichkeit geführten Disput handelte, durchaus fruchtbar sein kann, soll er hier nicht erneut entfacht und ausgetragen werden. Es erscheint mir in bezug auf die Zielsetzung dieses Buches sinnvoller, Theorien und Erkenntnisse aus einzelnen Disziplinen da zu berücksichtigen, wo sie einen hohen wissenschaftlichen Erklärungswert haben, das Gebot der Interdisziplinarität da zu beachten, wo der begrenzte Blickwinkel einer einzelnen Disziplin zu Verzerrungen führte und Einzelbetrachtungen eklektizistisch wären, und schließlich ganzheitliche Überlegungen anzustellen, wo eine Integration von Einzelerkenntnissen in ein Gesamtkonzept möglich und nützlich ist. Es wird sich erweisen, daß bei der Befolgung dieser Maximen in bezug auf die verschiedenen Gegenstandsbereiche, die in diesem Buch behandelt werden, jeweils unterschiedliche Gewichtungen vorgenommen werden müssen.

Ich hoffe, mit diesem Buch verdeutlichen zu können, daß es sich im Hinblick auf die „praktische Arbeit" in Anwendungsbereichen der Pädagogik durchaus lohnen kann, den steinigen Weg der wissenschaftlichen Analyse und Reflexion zu beschreiten. Wenn man die pädagogische Handlungspraxis als eine Form von angewandter Wissenschaft versteht, tut man gut daran, ihr einen soliden theoretischen Unterbau zu verschaffen. Im Fall der Spracherwerbsstörungen, mit denen wir uns hier beschäftigen, wäre ein Fundament aus einem Guß und rein pädagogischem Material nicht tragfähig genug; deshalb wird hier der Versuch gemacht, ein Fundament zu erstellen, das aus Versatzstücken verschiedenen Materials und verschiedener Härtegrade besteht, die zum Teil von weither herangeschafft und dann mühsam zusammengefügt werden müssen. Der methodisch kontrollierten Praxis kommt es zu, über die Qualität dieser Konstruktion zu befinden.

An dieser Stelle möchte ich ein Wort des Dankes an alle richten, die in welcher Weise auch immer am Zustandekommen dieses Buches beteiligt waren; selbstverständlich ganz besonders an die Sprachtherapeutinnen, die Kinder und ihre Eltern, die die Durchführung der empirischen Untersuchungen ermöglicht haben, sowie an alle, die mich durch Kritik und Lob zu dieser Arbeit ermutigt haben, an meine akademischen Lehrer, Vorbilder, Kollegen und Freunde.

Köln, im April 1996   Detlef Hansen

1 Einleitung

Einige Einschränkungen vorweg

In der vorliegenden Arbeit beschäftige ich mich mit Möglichkeiten der sprachtherapeutischen Behandlung von Kindern, die hinsichtlich des Erwerbs der Grammatik ihrer Muttersprache auffällig geworden sind und aus diesem Grund die professionelle Hilfe von Logopäden/Sprachtherapeuten in Anspruch nehmen. Bei den meisten dieser Kinder sind nicht nur Schwierigkeiten beim Grammatikerwerb, sondern auch Entwicklungsauffälligkeiten in anderen Bereichen festzustellen. Die Sprachprobleme, die sich unmittelbar auf den Grammatikerwerb beziehen, werden in der deutschsprachigen Fachliteratur meist mit dem Terminus „Dysgrammatismus" (früher: „Agrammatismus") bezeichnet, während sich als Bezeichnung für das Gesamtgeschehen einer verzögert oder abweichend verlaufenden Entwicklung einschließlich spezieller Störungen im Bereich der Grammatik der Terminus „Entwicklungsdysphasie" zu etablieren scheint (Dannenbauer/Chipman 1988; Grimm 1989 und 1991).

Aus Gründen, die später noch genauer zu erläutern sind, werde ich mich in meinen Betrachtungen zum kindlichen Dysgrammatismus auf die sprachlichen, das bedeutet hier: auf die grammatischen Spezifika der Spracherwerbsstörung beschränken und weiterhin den Terminus „Dysgrammatismus" benutzen.[1] Der Untersuchungsgegenstand ist also eng eingegrenzt und stellt nur einen – wenn auch wesentlichen – Aspekt der kindlichen Sprachentwicklung dar.

Zudem erlaube ich mir, in meinen Betrachtungen und Untersuchungen zur Grammatik des Kindes von einer Reihe von Faktoren zu abstrahieren, die – der zugrundeliegenden Theorie zufolge – zwar für das Kind, nicht aber für seine Grammatik von Bedeutung sind. Die Theorie, die mich zu diesem Schritt ermutigt, ist die vor allem durch die Arbeiten des amerikanischen Linguisten Noam Chomsky bekannt gewordene Generative Sprachtheorie. In der wissenschaftlichen Öffentlichkeit hat diese Theorie für heftige Diskussionen gesorgt; nicht zuletzt wohl deshalb, weil sie sich dem Credo der modernen Sozialwissenschaften widersetzt, nach dem der menschliche Geist vornehmlich durch die ihn umgebende Kultur geprägt wird. Wie ich zeigen werde, gibt es jedoch eine Vielzahl von guten Gründen, sich mit dem Gedanken vertraut zu machen, daß unsere Kognition kein beliebig form- und veränderbarer Gegenstand ist, sondern Entitäten und vorgegebene Strukturen aufweist, die im Rahmen eines evolutionären Prozesses entstanden sind und genetisch weitergegeben werden. Einige davon betreffen unsere Sprachfähigkeit und unsere Sprache (Bayer 1994).

Wenn es um die Suche nach Möglichkeiten der Therapie einer Spracherwerbsstörung geht, mag die Entscheidung für eine nativistische Position als besonders problematisch erscheinen; gehört doch zu ihren wichtigsten theoretischen Eckpfeilern die Annahme eines angeborenen Spracherwerbsmechanismus, der den Spracherwerbsprozeß zumindest zum Teil als genetisch vorherbestimmte, automatisierte und von sozial-kommunikativen Gegebenheiten weitestgehend unabhängige Prozedur „abwickelt". Der Ablauf eines genetischen Programms, der nicht als sozial vermittelter Lern- und Aneignungsprozeß im klassischen Sinn verstanden werden kann, bietet auf den ersten Blick auch keinerlei Ansatzpunkte für eine pädagogisch-therapeutische Einflußnahme, wie sie bei Spracherwerbsstörungen indiziert ist. Die Zweckdienlichkeit einer wissenschaftlichen Theorie in Hinblick auf eine bestimmte Anwendung kann jedoch kaum ein relevantes Kriterium für eine derartige Entscheidung sein. Mit anderen Worten, selbst wenn sich aus einer bestimmten Sprachtheorie keinerlei Hinweise auf Möglichkeiten wirksamen sprachtherapeutischen Handelns ableiten ließen, wären damit ihre Angemessenheit als wissenschaftliche Theorie sowie der Wahrheitsgehalt der aus ihr abgeleiteten und empirisch begründeten Aussagen nicht im mindesten widerlegt. Vielmehr ist die Entscheidung für eine bestimmte Theorie zur menschlichen Sprache und Sprach(erwerbs)fähigkeit zunächst davon abhängig zu machen, wie beschreibungs- und erklärungsadäquat sie in bezug auf ihren Gegenstand ist (Baker 1979, Chomsky 1969, 39ff).

Ich bin mir bewußt, daß ich damit einem vor allem in der Pädagogik der letzten Jahre festzustellenden Trend zuwider handele; einem Trend, der in eben jenen Schlagwörtern wie Mehrdimensionalität, Multikausalität, Ganzheitlichkeit etc. seinen Ausdruck findet, und ich weiß auch, daß die hinter diesen Wörtern verborgenen Erkenntnisse und Sichtweisen in bezug auf die Praxis der Sprachtherapie, der Rehabilitation und des Unterrichts mit sprachbehinderten Menschen von allergrößter Relevanz sind. Sie zu ignorieren müßte nach dem heutigen Stand des Wissens sicher als eine Art Kunstfehler angesehen werden. In der wissenschaftlichen Arbeit hingegen erscheint es legitim und unter bestimmten Umständen sogar unumgänglich, die Komplexität der Realität zum Zwecke der Erkenntnisgewinnung und Theorienbildung bewußt und maßvoll zu reduzieren. Idealisierung und Abstraktion sind probate Mittel der Wissenschaft, um zu empirisch kontrollierten Generalisierungen zu gelangen. Zumindest für den theoriebezogenen Teil der hier zu leistenden Arbeit werde ich diesen Weg beschreiten. Für die Praxis der Sprachtherapie sind die so gewonnenen Erkenntnisse nur relevant, wenn sie in den größeren Rahmen pädagogisch-therapeutischer Überlegungen gestellt und in ein übergeordnetes Handlungskonzept integriert werden können. Wie Sprachdiagnostik und Sprachtherapie auf der Grundlage eines psycholinguistischen Verständnisses vom Dysgrammatismus als einer spezifischen linguistischen Störung (*Specific Language Impairment*, vgl. z. B. Clahsen/Hansen 1996) realisiert werden können, werde ich anhand von Beispielen aus einer Therapiestudie zu zeigen versuchen (siehe Kap. 7ff).

Dysgrammatismus – eine erste Annäherung

Die wissenschaftliche Forschung zum Dysgrammatismus sowie die diesbezüglichen internationalen Publikationen, die zum größten Teil anglo-amerikanischer Herkunft sind, lassen vergessen, daß es ein Wissenschaftler aus der alten Welt war, der sich als erster an einer Definition und Beschreibung dieser Spracherwerbsstörung versucht hat: der Berliner „Arzt für Sprachstörungen" Albert Liebmann. Mit seinem 1901 erschienenen Aufsatz über den *Agrammatismus infantilis*, der ihn berühmt und – *posthum* – zum Namengeber unzähliger Sprachheilschulen gemacht hat, steckte er ein Forschungsfeld der Sprachheilkunde ab, das seine Nachfolger dann allerdings in unrühmlicher Weise veröden ließen. In den folgenden 80 Jahren nach Liebmann herrschte eine Friedhofsruhe, die allenfalls damit zu erklären ist, daß Liebmann so ziemlich alles gesagt hatte, was es zum Thema Dysgrammatismus zunächst zu sagen gab. Zwar erlebte seine Definition noch einige Neuauflagen; sie alle lassen jedoch einen entscheidenden Hinzugewinn an begrifflicher Präzision und wissenschaftlichen Erkenntnissen vermissen und können insgesamt als rein stilistische Variationen angesehen werden (Clahsen et al. 1989).[2]

Dabei hinterließ Liebmann sehr viel mehr als eine Definition und eine symptomatologische Beschreibung des kindlichen Dysgrammatismus, die sich zudem gravierende Um- und Fehlinterpretationen gefallen lassen mußte.[3] Liebmanns wertvollstes Vermächtnis besteht aus einer Reihe von Fragestellungen, die sich aus seinen Ausführungen ableiten und Anlaß zu weiterer Forschung hätten geben können. Einige davon sind diese:

Ob und inwieweit kann man beim Dysgrammatismus – Liebmanns Definition folgend – tatsächlich von einer „Unfähigkeit des Kindes zur Produktion grammatisch korrekter Sätze" sprechen? Was sind – in der Kindersprache – „grammatisch und syntaktisch korrekte Sätze"? Haben dysgrammatisch sprechende Kinder überhaupt so etwas wie eine Grammatik? Besteht das angenommene Unvermögen in generellen kognitiven oder eher in spezifisch sprachlichen Defiziten? Kann es gelingen, die von Liebmann beschriebenen Formen des Dysgrammatismus weiter zu spezifizieren und herauszufinden, worin sie sich gegebenenfalls systematisch unterscheiden? Gelten für alle angenommenen Subgruppen dysgrammatisch sprechender Kinder dieselben sprachlichen Erwerbsverläufe, Lernprinzipien und Entwicklungszusammenhänge? Soll der Bewertungsmaßstab für die Diagnose das relativ statische System einer Ziel- oder Standardsprache zum Zeitpunkt X oder die in ihrer Entwicklungsdynamik und allen Einzelheiten noch längst nicht völlig erforschte Kindersprache mit ihren Entwicklungszwischenstufen und Übergangsgrammatiken sein? Auf welche Erkenntnisse aus der Spracherwerbsforschung und verwandten Disziplinen muß man zur Entwicklung von Diagnoseinstrumenten und Therapieverfahren gegebenenfalls zurückgreifen?

Eine Hinwendung zu den vielen offenen Fragen und Problemen, die in Theorie und Praxis mit dem „unbekannten Wesen" Dysgrammatismus verbunden sind, erfolgte erst wieder in den 80er Jahren.[4] Die Gründe dafür, daß der Dysgrammatismus als Reflexions- und Forschungsgegenstand überhaupt noch ins Blickfeld geriet, sind vermutlich vielfältiger Art.

Zum einen dürfte die in der Sonderpädagogik der 70er Jahre vehement geführte wertphilosophisch-gesellschaftspolitische Diskussion um den Begriff der Behinderung und die damit verbundene Abkehr von defektologischen und ätiologisch-medizinischen Modellen zu einer (selbst)kritischen Betrachtung der sprachbehindertenpädagogischen Handlungsgrundlagen geführt haben. Als Folge der damit verbundenen Umorientierung wurden in der Theorie der Sprachbehindertenpädagogik neue Akzente gesetzt (Grohnfeldt 1987, 1992) und auch eine Reihe von alternativen Diagnose- und Therapievorschlägen für einzelne Sprachstörungen entworfen (z. B. Rodenwaldt 1990).

Zudem wird die Unzufriedenheit mit der immer wieder festzustellenden Erfolglosigkeit in der Arbeit mit dysgrammatisch sprechenden Kindern (Dannenbauer 1985, 146) im Laufe der Zeit eine kritische Haltung gegenüber den traditionellen Vorstellungen und theoretischen Konzepten zum Dysgrammatismus gefördert haben.

Schließlich hat vermutlich auch die Hinwendung zu Theorien und Erkenntnissen aus Sprachwissenschaft und Psycholinguistik, die sogenannte „linguistische Wende der Sprachbehindertenpädagogik" (Habermacher et al. 1990), in den 80er Jahren dazu geführt, daß die sprach(entwicklungs)bezogenen Aspekte des Dysgrammatismus stärker thematisiert (Clahsen 1988, Dannenbauer 1988, Hansen 1988, 1991b) und – unter Bezugnahme auf verschiedene Sprach(erwerbs)theorien – bis heute zum Teil recht kontrovers diskutiert werden.[5]

Zielsetzung und Themen der einzelnen Kapitel

Die sprachliche Symptomatik, durch die der Dysgrammatismus in Erscheinung tritt, wird seit Liebmann immer wieder in ähnlicher Weise beschrieben. Die dabei erzielte Einigkeit geht jedoch kaum über die recht triviale Feststellung hinaus, daß die Äußerungen dysgrammatisch sprechender Kinder durch eine Reihe von grammatischen Auffälligkeiten gekennzeichnet sind. Schon bei der Frage, welche dieser Auffälligkeiten zu den Bestimmungsmerkmalen für die Spracherwerbsstörung Dysgrammatismus gehören, gehen die Auslegungen weit auseinander. Strittig ist z. B., ob man bei dysgrammatisch sprechenden Kindern aufgrund angenommener Defizite in der auditiven Sprachverarbeitung Schwierigkeiten bei der Bildung von Pluralformen annehmen muß (Schöler/Kany 1989) und die Pluralbildung demnach ein valides Kriterium für die Differenzialdiagnose darstellt (Grimm/Schöler 1978), oder ob beim Pluralerwerb – den Untersuchungsergebnissen von Clahsen et al. (1992) zufolge – überhaupt ein qualitativer Unterschied zwischen dysgrammatisch sprechenden und sprachunauffälligen Kindern besteht.

Ein überaus uneinheitliches Bild ergibt sich auch bei der Betrachtung von Ursachenzuweisungen und Erklärungen für die zu beobachtenden Auffälligkeiten. Dabei findet man Neuauflagen schon vergessen geglaubter Ansätze sowie tatsächlich neue Erklärungsmodelle und Diskussionen. So begegnet man z. B. der naiven Deutung, daß der Dysgrammatismus Ausdruck einer „Vernachlässigung des Kindes" sei (Becker/Sovák 1975, 133), im attraktiven Gewand moderner sozialwissenschaftlicher Theorien und ihrer imponierenden Spezialterminologien wieder (vgl. z. B. Harden 1989). Andererseits wird der Kampf um die Erkenntnis auf neuen und – von den alten – abseits gelegenen Feldern ausgefochten. In linguistischen Ansätzen versucht man z. B., den Dysgrammatismus auf Ursachen, die im linguistischen System des Kindes selbst liegen, zurückzuführen und die Auffälligkeiten als Folgeerscheinungen von selektiven Störungen im Aufbau sprachlichen Wissens zu erklären. So nehmen Leonard et al. (1992) an, der Aufbau morphologischer Strukturen gelänge dysgrammatisch sprechenden Kindern nicht, weil sie die wahrnehmungspsychologisch gesehen unscheinbaren, meist unbetonten Wortendungen nicht beachteten. Gopnik und Crago (1991) hingegen halten Defizite beim Erkennen und Bilden regulärer Flexionsformen *(rule-deficit model)* oder ein *missing feature deficit* (Gopnik 1990), dem entsprechend die Grammatiken dysgrammatisch sprechender Kinder keine grammatischen Kategorien wie *Person, Numerus, Kasus* enthielten, für ausschlaggebend.

Über die miteinander konkurrierenden Modelle und Erklärungsansätze sowie die Vielzahl der empirischen Einzelbefunde und inzwischen gewonnenen Erkenntnisse kann in diesem Buch weder ein auch nur halbwegs vollständiger Überblick und Vergleich hergestellt noch ein erschöpfender Disput geführt werden. Stattdessen bieten die einzelnen Kapitel dieses Buches Folgendes:

Im zweiten Kapitel wird eine von vielen wissenschaftlichen Theorien über die menschliche Sprache in ihren Grundzügen skizziert. Es handelt sich um die Generative Sprachtheorie, die sich mit Sprache als einem in der menschlichen Kognition verankerten Wissenssystem beschäftigt und dabei verschiedene, linguistisch unterscheidbare Subsysteme annimmt. Für diese Sybsysteme scheinen verschiedene Arten von Gesetzmäßigkeiten und Verarbeitungsprozessen zu gelten, und es wird postuliert, daß das sprachliche Subsystem der Grammatik in bestimmter Weise autonom ist. Beobachtungen zum Spracherwerb und experimentelle Untersuchungen zur Sprachverarbeitung liefern empirische Evidenz für diese Hypothesen und dokumentieren die partielle Unabhängigkeit unseres Sprachvermögens, insbesondere unseres grammatischen Wissens, von der Erfahrung.

Der Frage, warum der Mensch überhaupt in der Lage ist, das abstrakte und komplexe System einer natürlichen Sprache zu erwerben, wird in Kapitel 3 nachgegangen. Obwohl uns nämlich der Spracherwerb als eine selbstverständliche Leistung erscheint, die jedes Kind ohne ersichtliche Anstrengung und ohne systematische Unterweisung absolviert, liegt gerade in den Bedingungen, unter denen er stattfindet, sein bislang kaum erforschtes Geheimnis. Verschiedene Forschungsansätze und Modelle, die in beträchtlichem Maße zum Gewinn von Erkenntnissen über menschliches Verhalten, Lernen und Wissen beigetragen haben, versagen weitestgehend, wenn man etwa die folgenden, aus alltäglichen Tatsachenbeobachtungen hergeleiteten Fragen an sie richtet:

– Wenn Spracherwerb eine Aufgabe ist, die der Mensch aufgrund seiner weit entwickelten allgemeinen kognitiven Fähigkeiten lösen kann, warum können Erwachsene diese Aufgabe so viel schlechter bewältigen als Kinder, die eine oder auch mehrere Sprachen gleichzeitig, allem Anschein nach mühelos und mit absoluter Perfektion erwerben, obwohl sie doch erst am Anfang ihrer kognitiven Entwicklung stehen?

– Warum versagen Kinder bei kognitiven Aufgaben, die weit weniger anspruchsvoll sind als die Rekonstruktion abstrakter grammatischer Systeme, und warum können manche Kinder andererseits die Grammatik einer Sprache erwerben, obwohl sie schwer geistig behindert sind?

– Warum sind Verlauf und Ergebnis des Grammatikerwerbs in ihren wesentlichen Merkmalen stets gleich, wohingegen sich doch die Umwelten von Kindern, ihre Sozialisationsbedingungen, die materiellen und personenbezogenen Lernerfahrungen, die Art der sozialen und sprachlichen Interaktion mit ihnen in einer Sprachgemeinschaft und Gesellschaft so außerordentlich unterscheiden?

– Warum ist Input nicht gleich Output; warum „wissen" Kinder am Ende des Erwerbsprozesses mehr als sie aufgrund ihrer Lernerfahrungen eigentlich wissen dürften? Wie sind sie in der Lage, sogar systematische sprachliche Erfahrungsdefizite zu kompensieren?

Derartige, aus der Sicht bekennender Environmentalisten sicher ketzerisch erscheinende Fragen werden in Kapitel 3 erörtert. Zudem wird der Versuch gemacht, sie – mit der gebotenen Vorsicht und dem Eingeständnis der Vorläufigkeit einer Beantwortung zu-

zuführen. Dazu werden neuere Erklärungsansätze und Lernmodelle aus dem Bereich der Kognitionswissenschaften, insbesondere aus der Kognitiven Linguistik, ins Feld geführt.

Die in Kapitel 3 geführte Diskussion verdeutlicht, daß wissenschaftliche Untersuchungen zum Grammatikerwerb ganz entscheidend auf sprachwissenschaftliche und psycholinguistische Theorien angewiesen sind. In Kapitel 4 erfolgt eine Darstellung von Forschungsergebnissen, die im Rahmen einer wissenschaftlichen Projektstudie auf der Grundlage linguistischer Untersuchungen zum Sprachgebrauch dysgrammatisch sprechender Kinder gewonnen wurden. Die empirischen Ergebnisse der Untersuchungen werden im Rahmen einer generativ-linguistischen Theorie zum Grammatikerwerb interpretiert. Daraus leiten sich Hypothesen über Funktions- und Entwicklungszusammenhänge innerhalb der kindlichen Grammatiken ab, die auch für sprachdiagnostische und sprachtherapeutische Überlegungen von Bedeutung sind.

Die Kapitel 5 und 6 befassen sich mit den sprachdiagnostischen bzw. sprachtherapeutischen Verfahren und Konzeptionen, die die Sprachbehindertenpädagogik/Logopädie in Theorie und Praxis für die Behandlung dysgrammatisch sprechender Kinder bereitstellt. Eine Darstellung und kritische Würdigung der wichtigsten Ansätze zeigt, daß sie zum größten Teil auf längst überholten Vorstellungen vom sprachlichen Lernen basieren und insbesondere in bezug auf ihre spracherwerbstheoretische Fundierung zu wünschen übrig lassen. Schließlich werden Alternativen für die Diagnose und Therapie bei kindlichem Dysgrammatismus aufgezeigt, deren Praktikabilität und Wirksamkeit in einer Therapiestudie überprüft werden.

Darum geht es in den Kapiteln 7 bis 11 dieses Buches. Anhand einer ausführlich dokumentierten Longitudinalstudie über die Verläufe der Sprachtherapien bei vier dysgrammatisch sprechenden Kindern soll gezeigt werden, daß sprachdiagnostische Informationen, die mit Hilfe linguistischer Detailanalysen des kindlichen Sprachgebrauchs gewonnen und auf dem Hintergrund psycholinguistischer Theorien zum Grammatikerwerb ausgewertet und interpretiert werden, präzise individuelle Lernzielbestimmungen ermöglichen. Dadurch werden Möglichkeiten einer speziellen, auf die sprachlichen Schwierigkeiten dysgrammatisch sprechender Kinder ausgerichteten sprachtherapeutischen Einflußnahme, die als wissenschaftlich begründete und kontrollierte Methode in der Praxis verwirklicht werden kann, eröffnet. Zu den wesentlichen Ergebnissen der Studie gehört der Befund, daß eine derartige Handlungspraxis effizient in bezug auf die Beseitigung der dysgrammatischen Symptomatik ist und offensichtlich auch in Fällen, in denen herkömmliche Methoden der Sprachtherapie versagen, zu Therapieerfolgen führen kann.

2 Sprache und Grammatik

Die Erforschung der Sprache

Sprache ist ein dem Menschen eigenes und aus unserer Welt nicht wegzudenkendes Ausdrucksmittel für Gedanken, Wünsche, Bedürfnisse und Gefühle. Sie dient der Konservierung und Überlieferung menschlichen Wissens und menschlicher Kultur. Die Gesellschaft, wie wir sie kennen, und auch das So-Sein des einzelnen ist ohne die vermittelnde, sozietätsstiftende und identitätsbildende Funktion der Sprache nicht denkbar. Sprache ist Allgemeinbesitz der Sprachgemeinschaft und allgegenwärtig im Leben des einzelnen, und die Selbstverständlichkeit ihres Besitzes und Gebrauchs täuscht leicht darüber hinweg, daß nicht einmal Sprachwissenschaftler den Anspruch erheben können, das Wesen der Sprache als Ganzes und in allen Einzelheiten vollständig erfaßt und erkannt zu haben.

Allein schon die verschiedenen Möglichkeiten der wissenschaftlichen Beschäftigung mit der menschlichen Sprache weisen sie als einen höchst facettenreichen Gegenstand aus. So interessieren sich zum Beispiel Historiker für den Wandel von Sprachen auf dem Hintergrund gesellschaftlicher Veränderungen, Soziolinguisten erforschen die Bedingungen und Auswirkungen des Gebrauchs verschiedener sprachlicher Register innerhalb sozialer Gruppen, während sich Sprachpsychologen mit den kognitiven und affektiven Funktionen und Leistungen von Sprache, dem Zusammenhang zwischen Sprache und Denken sowie den Vorgängen der Begriffsbildung und der mentalen Repräsentation von Begriffsinhalten beschäftigen. Für Sprachdidaktiker sind die Fragen nach gesellschaftlich fixierten sprachlichen Normen und die mit der Vermittlung sprachlichen und metasprachlichen Wissens verbundenen Probleme besonders relevant, Philosophen untersuchen Sprache im Hinblick auf ihre Eignung als Instrument der philosophischen Analyse und Erkenntnisgewinnung und versuchen die Beziehung zwischen Sprache und Logik zu ergründen. Mit anderen Worten, die wissenschaftliche Beschäftigung mit der menschlichen Sprache erfolgt aus den verschiedensten Perspektiven und Interessenlagen heraus, und die Sprachwissenschaft selbst hat sich – als Ausdruck einer systematischen und hochgradigen Spezialisierung – in den letzten Jahrzehnten zu einer institutionell weit aufgefächerten Disziplin entwickelt (Brekle 1985).

Für den Umstand der sich hier abzeichnenden Aspekthaftigkeit wissenschaftlicher Erkenntnisbemühungen sind in erster Linie wesentliche Merkmale des Gegenstandes selbst verantwortlich, von denen vor allem seine enorme Komplexität sowie die Verflechtung mit verschiedenartigen anderen Phänomenen eine synoptische, d. h. ganzheitliche wissenschaftliche Erfassung und Durchdringung kaum möglich erscheinen lassen.

Bei der wissenschaftlichen Erforschung vielschichtiger und facettenreicher Phänomene kann man dem Umstand ihrer Komplexität dadurch Rechnung tragen, daß man von der Ganzheit der Erscheinung zunächst abstrahiert und seine Forschungstätigkeit auf eine möglichst detaillierte Untersuchung empirisch voneinander abgrenzbarer Einzelaspekte und Merkmale abstellt. Dieses methodologischen Verfahrens bedient man sich auch in der Linguistik, und selbstverständlich handelt man sich bei der Gewinnung von Einzelerkenntnissen auf diesem Weg auch hier die Nachteile einer zunächst verengten Sichtweise ein. Diese unaufhebbare Schwäche einzelwissenschaftlichen Bemühens um die Erkenntnis muß deutlich gesehen werden, wenn man der Gefahr des Tunnelblicks begegnen und den Gegenstand selbst nicht aus dem auf den Ultra-Nahbereich fokussierten Auge verlieren will. Andererseits ist es aber kaum angemessen, mit dem Bade auch das Kind auszuschütten und jedwede Form „objektivistisch-naturwissenschaftlicher Theorien und Praxismethoden" (Rodenwaldt 1990, 17) abzulehnen und hinter alledem die Schreckensvision eines mechanistischen Weltbildes zu vermuten. Jedenfalls zeigt uns die Forschungslage deutlich, daß die Realisierung einzelwissenschaftlicher Forschungsvorhaben sowie die Anwendung der angeprangerten wissenschaftlichen Methoden immerhin zu einer beträchtlichen Vermehrung des Wissens über wesentliche Aspekte des Gesamtphänomens der menschlichen Sprache beigetragen haben.

Die höchst innovativen Ergebnisse linguistischer Forschungsansätze der letzten Jahrzehnte dürften ausgerechnet für jene um die Kognition des Menschen bemühten Disziplinen, die sie besonders hartnäckig ignorieren oder ablehnen (unter ihnen auch die Sprachbehindertenpädagogik), besonders interessant sein. Indem sich die moderne Sprachwissenschaft nämlich mit Sprache als einem in der menschlichen Kognition verankerten Wissenssystem befaßt und ihre speziellen Forschungsbemühungen auf die Frage richtet, welche Anteile unseres sprachlichen Wissens in welcher Form mental repräsentiert sind, ist sie bestrebt, Einsichten in die Struktur eben dieser Kognition zu ermöglichen und damit zur Präzisierung eines wissenschaftlichen Gesamtbildes vom Menschen beizutragen.

Wie kommt das Kind zur Sprache? – Einige noch offene Fragen

(1) uferlos ist unsere Welt
des wahnsinns
eisig sind die
ohnemichwissenden winde
und ein ausweg ist unbekannt

(2) am liebsten würde ich wie sogenannte wichtige personen weinen
es geht aber nicht
es ist wie ein steinernes wesen das mich gefangenhält
und es wertet traurigkeit als sicherheitsrisiko
es ist wie ein ring aus eisen um meine brust

(3) „Papa, Papa, der Hund frißt den ganzen Fußboden auf!"

Allem Anschein nach handelt es sich bei den hier zitierten Texten nicht um Alltags- oder Gebrauchstexte. Aufgrund der Wortwahl, der Metaphorik und des Stils wird man die Texte (1) und (2) wahrscheinlich für lyrische Texte halten. Wie bei vielen Texten dieser Art liegen der Inhalt der Aussage und die Botschaft des Autors nicht offen auf der Hand, vielmehr sind sie – in gewisser Weise kunstvoll – sprachlich chiffriert. Und dennoch gelingt es dem Autor ganz offenbar, in uns Vorstellungen zu erzeugen, die seine Gemütslage, seine innersten Empfindungen, seine Anschauungen über sich selbst und die Welt widerspiegeln; wir erfahren etwas über ihn, seine Stimmungen, Intuitionen und Gedanken.

Einen derartigen Eindruck hinterläßt Text (3) keineswegs. Zum einen handelt es sich hier offensichtlich nicht um eine literarische Kunstform, und zum anderen erweckt der Text darüber hinaus den Verdacht, daß mit ihm oder seinem Urheber etwas nicht stimmt. Wir wissen nicht so recht, was wir mit ihm anfangen sollen, wie wir ihn deuten sollen; er ruft in uns eben keine vertraute Stimmung, kein Gefühl und keine Vorstellung hervor, die wir wiedererkennen könnten. Zudem steht er in unerklärlichem Widerspruch zu unserem Wissen über die Welt und insbesondere über Hunde, welches uns sagt, daß sich diese Tiere von allem Möglichen, aber ganz gewiß nicht von Fußböden ernähren. Vermutlich, so könnten wir sagen, hat sich der Sprecher dieses Satzes wohl bei der Wahl des sprachlichen Ausdrucks, der hier als Akkusativobjekt fungiert, vergriffen. Eine weniger schmeichelhafte Auslegung läge darin, den Urheber von Text (3) schlichtweg für unzurechnungsfähig zu halten. Auch die Vorstellung, es handele sich um eine kindersprachliche Äußerung, fällt schwer. Die korrekte sprachliche Form der Äußerung steht nämlich in einem so großen Spannungsverhältnis zu ihrem absurden Inhalt, daß man ein gleiches Entwicklungsniveau in bezug auf beides, auf das geistige einerseits und das sprachliche Niveau andererseits, kaum anzunehmen geneigt ist.

Wie ungewöhnlich oder aus dem Rahmen fallend die zitierten Texte in Inhalt und Stil auch erscheinen mögen, eines haben sie gemein: Sie sind formal völlig einwandfrei; zumindest sind keine Verstöße gegen die Grammatik der Sprache festzustellen. Im Gegenteil – die Texte (1) und (2) weisen komplexe Strukturen mit Topikalisierung und Inversion, Konjunktiv und Genitiv, koordinierte sowie subordinierte Sätze mit zielsprachgerechter Verbstellung auf, und auch die Äußerung (3) belegt trotz ihrer Kürze, daß der Sprecher wesentliche formale Kodierungen wie Kasusmarkierungen, Prinzipien wie Rektion und Kongruenz, diskontinuierliche Verbstellung etc. beherrscht. Durch nichts kann die grammatische Kompetenz der Sprachbenutzer in Zweifel gezogen werden, und nichts deutet hier auf mangelhafte formal-sprachliche Fähigkeiten oder gar auf Sprachstörungen hin.

Nach landläufiger Meinung der meisten Laien und vieler Experten hätten die Urheber der drei Texte zu den von ihnen hier gezeigten sprachlichen Leistungen eigentlich nicht gelangen dürfen. Setzt man nämlich voraus, daß die Muttersprache nicht nur in kommunikativen Kontexten erworben wird, sondern daß der Spracherwerb maßgeblich durch die Form der sozialen und sprachlichen Interaktion bestimmt wird, daß die unabdingbare Motivation und Triebfeder für den Spracherwerb in dem Bemühen des Kindes zu sehen ist, mit anderen Menschen in sozialen Kontakt, in Kommunikation und Kooperation zu treten, daß der handelnde Umgang mit Sprache und die darauf bezogene konstruktive, erkennende Tätigkeit des Kindes eine *conditio sine qua non* des Spracherwerbs darstellen, hätte der Verfasser der Texte (1) und (2) Sprache nicht erwerben dürfen – zumindest aber hätte er deutlich unter dem von ihm gezeigten Niveau seiner sprachlichen Fähigkeiten bleiben müssen; denn als autistisches Kind hatte er nie sprachlich und höchst selten überhaupt mit anderen Menschen kommuniziert. Bis zum Erwachsenenalter konnte er sich eben nicht aktiv handelnd mit seiner Umwelt auseinandersetzen, sondern lebte in sich zurückgezogen, kommunikationsabstinent und nach außen reaktionslos vor sich hin. Auf seine Eltern, Ärzte, Betreuer, Therapeuten und auf Außenstehende wirkte er hochgradig geistig behindert. Mit Sprache als Mittel der Verständigung, der Kooperation und der Handlungssteuerung konnte er keinerlei eigene Erfahrungen machen und – da er selber nicht sprach – auch nie ein korrektives sprachliches Feedback seitens seiner Umwelt erhalten.[6]

Auch dem Urheber von Text (3) fehlte eine Voraussetzung, von der man gemeinhin und mit gutem Grund annimmt, sie sei eine der Hauptdeterminanten des Spracherwerbs: die allgemeine kognitive Entwicklung des Kindes, aus deren Prinzipien und Verlauf sich u. a. der Erwerb der Muttersprache erklären soll. Nun hat aber der Sprecher von Text (3) eine auf Trisomie 21 zurückzuführende, schwere geistige Behinderung (IQ unter 50), und seine kognitiven Fähigkeiten entsprechen dem Entwicklungsniveau eines etwa 2,5jährigen Kindes. Wäre der Erwerb der Sprache insgesamt tatsächlich eine Aufgabe, die das Kind vornehmlich oder gar ausschließlich durch den Einsatz seiner allgemeinen kognitiven Fähigkeiten zu lösen hätte, so hätte es in diesem wie in vielen vergleichbaren Fällen sicher nicht zum Erwerb der muttersprachlichen Kompetenz – auch und erst recht nicht zum Erwerb des hochgradig komplexen und abstrakten Systems der Grammatik – kommen können.[7]

Die angeführten Befunde sollen verdeutlichen, daß einfache, aus Alltagstheorien abgeleitete Aussagen über die menschliche Sprachfähigkeit und über den Erwerb von Sprache unzulänglich und zum Teil sogar falsch sind. Dies scheint selbst für Hypothesen zu gelten, die im Rahmen wissenschaftlicher Theorien gebildet werden. Es sieht so aus, als müsse man einige grundsätzliche Fragen bezüglich des Spracherwerbs – und hier insbesondere des Grammatikerwerbs – aus einer größeren kritischen Distanz heraus und mit weniger Vorurteilen neu stellen.

Zu klären ist dabei u. a., ob Sprache tatsächlich eine Art Derivat unserer allgemeinen Kognition ist. Sind wir nur deshalb in der Lage, Sprache zu erwerben, weil wir über mehr Problemlösungskompetenz verfügen, d. h. generell intelligenter als andere Lebewesen sind? Oder nimmt Sprache einen Sonderstatus innerhalb der menschlichen Kognition ein, und ist ihr Erwerb maßgeblich darauf zurückzuführen, daß wir über einen aufgabenspezifisch angelegten Erwerbsmechanismus verfügen, der zwar Teil unserer Kognition ist, sich jedoch durch eine eigene interne Struktur, autonome Prinzipien und Prozesse auszeichnet? Lernen Kinder Sprache, weil sie ein wesentliches Mittel der zwischenmenschlichen Verständigung ist, und sie ein Bedürfnis haben, sich dieses Mittels zu bemächtigen, oder vollzieht sich der Spracherwerb – zumindest in Teilbereichen – weitestgehend unabhängig von motivationalen, sozialen und pragmatischen Voraussetzungen und Bedingungen?

Die Antworten auf diese Fragen sollten so gut wie möglich wissenschaftlich begründet sein, auch wenn sie – wie alle Aussagen aus wissenschaftlichen Bezugssystemen – keine endgültigen, unumstößlichen Wahrheiten sein können, sondern Richtigkeiten von relativer Dauer und Geltung. Von ihnen hängt es unmittelbar ab, ob und inwieweit wir unser Wissen über Störungen der Sprache und damit indirekt auch über Möglichkeiten ihrer Therapie erweitern können.

Insofern ist die explizite Bezugnahme auf eine wissenschaftliche Theorie über die menschliche Sprache und ihren Erwerb eine unabdingbare Voraussetzung für eine sich als Angewandte Wissenschaft verstehende Sprachtherapie. Die Linguistik, die sich in den letzten Jahrzehnten zu einer aus vielen Spezialdisziplinen bestehenden Wissenschaft entwickelt hat, ist naturgemäß der Hauptlieferant für diesbezügliche Erkenntnisse und Theorien. Insbesondere ein neueres Spezialgebiet der Sprachwissenschaft, die Kognitive Linguistik, beschäftigt sich mit eben jenen Fragen, die um die menschliche Sprache als mental verankertes Wissenssystem kreisen.

Autonomie der Grammatik und Modularität der Kognition

Innerhalb der Kognitiven Linguistik spielt die von Noam Chomsky in den 60er Jahren in ihren Grundzügen entwickelte Generative Sprachtheorie eine hervorragende Rolle. Auch wenn sich dieser Ansatz im Laufe der Zeit stark verändert hat – wovon u. a. die Ablösung des *Aspects-Modells* (Chomsky 1965) durch die *Extended Standard Theory* in den 70er Jahren und schließlich durch die

Theory of Government and Binding (Chomsky 1981) zeugt – so blieb das Forschungsparadigma der Generativen Sprachtheorie in seinen Grundaussagen doch weitestgehend unverändert. Zu diesen Grundaussagen gehört u. a., daß ein nicht unwesentlicher Teil unseres sprachlichen Wissens angeboren ist (nativistische Hypothese), daß Sprachprozesse zum Teil autonom sind (Autonomiehypothese), daß Sprache in kognitiven Modulen repräsentiert ist (Modularitätshypothese), daß Spracherwerb nicht nur ein Lernvorgang im klassischen Sinne, sondern auch ein auf Auslösung *a priorischer* Prinzipien basierender Erwerbsprozeß ist.

Zwei wichtige theoretische Eckpfeiler der Generativen Sprachtheorie sind die Autonomiehypothese und die Modularitätshypothese (vgl. Chomsky 1986). Sie sollen im folgenden kurz skizziert und begründet werden.

Die Autonomiehypothese besagt, daß es in bestimmten Bereichen unserer formalen sprachlichen Kompetenz Gesetzmäßigkeiten gibt, die in anderen Wissensdomänen nicht wiederzufinden sind und die sich deshalb auch nicht auf Eigenschaften und Prinzipien anderer kognitiver (Teil)systeme reduzieren lassen. Ein solcher eigenständiger kognitiver Bereich ist der der Grammatik. Die in ihm aufzufindenden Prinzipien und Gesetzmäßigkeiten sind Spezifika unseres grammatischen Wissens und als solche in einem autonomen System mentaler Repräsentation darzustellen. Demzufolge sind diese Gesetzmäßigkeiten auch nur mit Hilfe formal-linguistischer Beschreibungsprozeduren zu erfassen und unter Bezugnahme auf grammatische Strukturprinzipien zu erklären, nicht aber zum Beispiel aus pragmatischen Erfordernissen der Kommunikation oder aus Prinzipien der allgemeinen Kognition heraus. Wenn sich ein Teil unseres sprachlichen Wissens nur im Rekurs auf grammatische Prinzipien erklären läßt, ist auch der Erwerb dieses Wissens nur mit Hilfe spezifischer, das heißt grammatischer Lernmechanismen erklärbar. Gemäß dieser Prämisse sind generelle Problemlösungsstrategien, semantische oder pragmatische Lernprinzipien etc. als Erklärungsfaktoren für den Erwerb der Grammatik prinzipiell unzureichend.

In engem Zusammenhang mit der Autonomiehypothese steht die Annahme vom modularen Aufbau der menschlichen Kognition. Sie besagt, daß es aufgabenspezifische kognitive Bereiche, sogenannte Module, mit jeweils für sie spezifischen Strukturen und Prinzipien gibt. Kognitiv verschieden ausgestattete Organismen unterscheiden sich nach dieser These nicht nur im Hinblick auf die Ausprägung ihrer allgemeinen geistigen Fähigkeiten, sondern eben entscheidend in bezug auf die Art und Anzahl der ihnen zur Verfügung stehenden Module und deren Zusammenarbeit bei der Bewältigung kognitiver Aufgaben und Probleme.

Für die mentale Repräsentation formal-sprachlichen Wissens wird ein solches Modul angenommen. Sprachverarbeitung und Spracherwerb werden demnach zumindest in bestimmten Bereichen wesentlich von den Strukturprinzipien dieses Moduls und nicht durch andere, allgemeine kognitive Prinzipien oder den sprachlichen Input bestimmt. Die These vom modularen Aufbau der menschlichen Kognition steht im krassen Widerspruch zu der einer generellen Lerntheorie entsprechenden Vorstellung eines einheitlichen Systems sehr mächtiger Prinzipien und Strategien, mit deren Hilfe alle kognitiven Aufgaben – einschließlich des Spracherwerbs und der Sprachverarbeitung – bewältigt werden können.

Die hier vertretenen Auffassungen zur Struktur der menschlichen Kognition und zur Repräsentation sprachlichen Wissens sind – auch innerhalb der Linguistik selbst – nicht weniger kontrovers diskutiert worden als die programmatischen Grundsatzerklärungen der frühen Arbeiten Chomskys.

Sah sich die Generative Theorie in früheren Jahren einer Kritik ausgesetzt, die sich vornehmlich auf die mit der Annahme des „kompetenten Sprechers/Hörers einer homogenen Sprachgemeinschaft" (Chomsky 1969, 13f) verbundenen Idealisierungen und die Abstraktion von wesentlichen Voraussetzungen und Bedingungen des realen Gebrauchs von Sprache bezog, so wird den in der weiterentwickelten sprachtheoretischen Konzeption (Chomsky 1981 und 1986) enthaltenen philosophisch-psychologischen Grundthesen über die Organisation der menschlichen Kognition vor allem mangelnde Plausibilität vorgeworfen: Warum sollte man annehmen, daß der Mensch hinsichtlich seiner sprachlichen Leistungen auf die Verfügbarkeit eines abstrakten und hoch-spezialisierten kognitiven Moduls angewiesen ist, wenn sich Besitz und Gebrauch von Sprache doch augenscheinlich aus der Tatsache erklären lassen, daß der Mensch hinsichtlich seiner allgemeinen Intelligenz einen im Vergleich zu anderen Lebewesen weit fortgeschrittenen Entwicklungsstand erreicht hat, der es ihm ermöglicht, neben vielen anderen komplexen kognitiven Problemen auch die mit Spracherwerb und Sprachverarbeitung verbundenen Aufgaben zu bewältigen.

30 Sprache und Grammatik

Bei der Diskussion über Autonomie und Modularität geht es um Aussagen über reale Aspekte der menschlichen Natur, die entweder richtig oder falsch sein können. Dabei kann die mit einer bestimmten Aussage verbundene Plausibilität kaum über ihren Wahrheitsgehalt als empirische These entscheiden.[8] Vielmehr kann der Wahrheitsgehalt der divergierenden Konzeptionen zur Sprache und zur Struktur der menschlichen Kognition nur aufgrund der verfügbaren empirischen Evidenz überprüft werden; das heißt, die aus den verschiedenen theoretischen Positionen abgeleiteten Aussagen sind danach zu beurteilen, ob sie mit den empirischen Daten zum Gegenstandsbereich übereinstimmen und wissenschaftliche Erklärungen für die zu beobachtenden Phänomene liefern.

Abstraktion und Idealisierung

Die Aussage, daß ein wesentliches Ziel der Generativen Sprachtheorie darin besteht, das sprachliche Wissen des kompetenten Sprechers/Hörers einer homogenen Sprachgemeinschaft zu spezifizieren und die Form seiner mentalen Repräsentation anzugeben, beinhaltet neben der Fiktion eines Sprechers/Hörers, dessen Sprachgebrauch aller realer, nicht-sprachlicher Einflüsse abhold sei, und der Idealisierung einer Sprachgemeinschaft, die in Wirklichkeit alles andere als homogen ist, die Annahme, daß es nicht nur sprachliches Verhalten, sondern auch ein diesem Verhalten zugrundeliegendes, abstraktes sprachliches Wissen gibt.

Die gezielte Ausblendung realer Bedingungen, die in der Abstraktion und Idealisierung bezüglich der Instanz des Sprechers/Hörers und seiner Sprachgemeinschaft besteht, ist eine nicht nur für die Generative Sprachtheorie charakteristische Vorgehensweise, um zur Entdeckung genereller Gesetzmäßigkeiten zu gelangen. Auch die in traditionellen linguistischen Arbeiten festgehaltenen grammatischen Regeln abstrahieren von vielen Gegebenheiten der sprachlichen Wirklichkeit und büßen nichts von ihrem Wahrheitsgehalt dadurch ein, daß in konkreten Sprechsituationen gelegentlich gegen sie verstoßen wird, ebenso wie die Gültigkeit der generellen Feststellung, daß Holz brennbar ist, unabhängig davon besteht, ob ein bestimmtes Stück Holz unter bestimmten Bedingungen tatsächlich brennt (Kutschera 1972).[9]

Was das sprachliche Wissen, die linguistische Kompetenz, anbelangt, muß zunächst erörtert werden, ob es sich dabei um eine fiktive Instanz der von der Wirklichkeit abstrahierenden Wissenschaft handelt oder ob Wissen und Wissensanwendung tatsächlich kognitionswissenschaftlich unterscheidbare psychische Realitäten darstellen. Die Schwierigkeiten der empirischen Abgrenzung von Sprachgebrauch und sprachlicher Kompetenz (Clark/Haviland 1974) bedeuten nicht zwingend, daß eine solche Dichotomie gegenstandslos ist; vielmehr handelt es sich – wie Valian (1979) zeigt – primär um eine logische Unterscheidung, die allerdings durch empirische Evidenz gestützt werden kann (Fanselow/Felix 1987, 21f).

Das dem Sprachgebrauch zugrundeliegende sprachliche Wissen ist weder der direkten Beobachtung noch dem Bewußtsein des Sprechers/Hörers ohne weiteres zugänglich. Es kann nur erschlossen werden, indem seine Ausdrucksformen einer wissenschaftlichen Untersuchung unterzogen werden. Wichtigste Quellen dafür sind Grammatikalitätsurteile, die von verschiedenen Sprechern/Hörern einer Sprache – vorzugsweise in experimentellen Situationen – gefällt werden, und selbstverständlich die produktiven und rezeptiven sprachlichen Leistungen, das heißt die konkreten Äußerungen in einer bestimmten Sprache und ihre jeweiligen Bedeutungsbeimessungen i. S. verstehender Interpretationen durch die Mitglieder einer Sprachgemeinschaft. Indem – der oben genannten Idealisierung folgend – diese Leistungen von jedem Sprecher/Hörer einer Sprache in gleicher Weise erbracht werden, stellen sie wesentliche Aspekte des Sprachvermögens dar und können zur Spezifizierung des sprachlichen Wissens beitragen.

Zwei Tatsachen zeigen deutlich, daß unser sprachliches Wissen nicht in Form einer endlich langen Auflistung sprachlicher Muster oder Schablonen bestehen kann, sondern als System von Regeln oder Prinzipien, deren Gebrauch unbegrenzt viele sprachliche Möglichkeiten eröffnet, betrachtet werden muß: (1) die Fähigkeit jedes kompetenten Sprachteilhabers, sichere Grammatikalitätsurteile über beliebige Äußerungen abzugeben, und die dabei erzielte hohe interindividelle Übereinstimmung solcher Beurteilungen, und (2) das Vermögen jedes Sprechers/Hörers, prinzipiell unbegrenzt viele verschiedene und unbegrenzt komplexe Äußerungen zu produzieren und zu verstehen. In dieser Hinsicht ist das formale sprachliche Wissen mit einem Spiel wie dem Schachspiel zu vergleichen, das auch aus einem begrenzten Repertoire von Regeln besteht und dadurch eine unbegrenzte Anzahl von Spielmöglichkeiten gestattet. Daß diese Regeln abstrakter Natur und nicht auf die Darstellung von Handlungsabläufen reduzierbar sind, erkennt man schon an der Möglichkeit, das Schachspiel im Geiste, also ohne die tatsächliche Bewegung von Figuren auf dem Brett, zu spielen. Daran wird auch erkennbar, daß die Fähigkeit, Schach zu spielen, nicht in einer Art von Handlungsfähigkeit besteht, sondern – und damit ist sie mit dem Sprachvermögen vergleichbar – auf dem kognitiven Zustand der Kenntnis eines abstrakten Systems von Regeln basiert (Fanselow/Felix 1987, 30f).

Ausgehend von der Erkenntnis, daß dem sprachlichen Wissen zumindest in einigen relevanten Strukturbereichen der Status eines abstrakten Wissenssystems zukommt, muß weiterhin untersucht werden, worin das linguistische Wissen im einzelnen besteht, das heißt, welche Regularitäten und Prinzipien es beinhaltet. Dabei sind auch Überlegungen zum Erwerb dieses Wissens zu berücksichtigen.

Zur Nicht-Reduzierbarkeit syntaktischer Prinzipien

Diese Fragestellung wird in der Generativen Sprachtheorie unter Einführung einer weiteren entscheidenden Differenzierung behandelt: Hier geht man davon aus, daß Sprache kein einheitliches Wissenssystem darstellt und daß zur Beschreibung und Erklärung ihrer formal-grammatischen Eigenschaften die Annahme einer eigenständigen kognitiven Komponente mit spezifisch sprachlichen Regularitäten und Strukturprinzipien erforderlich ist.[10] Die dem sprachlichen Wissen damit zugesprochene Autonomie besagt nun keineswegs, daß es keinen Zusammenhang zwischen Grammatik einerseits und Semantik, Pragmatik, Handlungs- und Weltwissen andererseits gäbe. Eine solche Verallgemeinerung stünde auch in Widerspruch zu der Beobachtung, daß eine Reihe grammatischer Phänomene, wie zum Beispiel die Möglichkeit der Topikalisierung syntaktischer Konstituenten, durchaus im Rekurs auf ihre kommunikativen Wirkungen und Funktionen sowie unter Heranziehung wahrnehmungspsychologischer Prinzipien erklärt werden können.

Andererseits läßt sich am Beispiel von Verbstellungsphänomenen aber auch zeigen, daß im syntaktischen Bereich Eigengesetzmäßigkeiten herrschen, die ganz offensichtlich nicht auf nichtgrammatische Prinzipien zurückzuführen sind:

- a) Ich glaube, Hans kommt morgen.
  b) Ich glaube, daß Hans morgen kommt.

Der strukturelle Unterschied zwischen den Teilsätzen *Hans kommt morgen* und *daß Hans morgen kommt*, der sich in der Stellung des finiten Verbs zeigt, ist allein grammatisch, genauer gesagt syntaktisch motiviert; er zeitigt keinerlei semantische, pragmatische oder anderweitige nicht-grammatische Effekte noch verweist er auf Nichtsprachliches, weshalb eine Erklärung im Rekurs auf Strukturprinzipien anderer kognitiver Domänen unmöglich erscheint. Dieser Umstand mag auch der Grund dafür sein, daß derartige Phänomene von Handlungs- und Kommunikationstheoretikern schlicht ignoriert und wissenschaftlichen Erklärungsversuchen erst gar nicht unterzogen werden. Als Grammatiktheorie widmet sich die Generative Sprachtheorie hingegen explizit solchen Strukturphänomenen, die sie nicht nur zu beschreiben, sondern im Rahmen der Syntaxtheorie auch zu erklären vermag.[11] Die dabei aufgefundenen grammatischen Prinzipien sind oftmals höchst abstrakter Natur und nur auf der Basis sprachvergleichender Untersuchungen im Rahmen universalgrammatischer Studien aufzufinden, wie am Beispiel des Subjazenzprinzips (Chomsky 1973) deutlich wird. Die Autonomiehypothese bezieht sich demnach nicht auf das Gesamtphänomen Sprache noch auf das Gesamtphänomen Grammatik, sondern auf einzelne, die Grammatik natürlicher Sprachen insgesamt spezifizierende syntaktische (und phonologische) Gesetzmäßigkeiten, zu deren Explanation sie beiträgt.

Vertreter des Funktionalismus hingegen versuchen, die grammatischen Gesetzmäßigkeiten natürlicher Sprachen allein aus semantischen und pragmatischen Prinzipien und aus Erfordernissen bzw. Strukturbedingungen der Kommunikation abzuleiten (Givón 1979, Dik 1981, Bates/McWhinney 1982, Foley/Van Valin 1984).

In einer starken Version wurde dieses Forschungsparadigma bereits in den 60er Jahren im Rahmen der Generativen Semantik formuliert (Katz/Fodor 1964). Die Grundannahme dieser Forschungsrichtung war, daß grammatische Prozesse identisch mit semantischen Prozessen seien und man deshalb auf einen eigenständigen Beschreibungsbereich *Grammatik* ganz verzichten könne. Deskriptive linguistische Analysen wurden mit Hilfe der Kasusgrammatik (Fillmore 1968) durchgeführt, die anstelle syntaktischer Kategorien Kasusrelationen wie *Agentiv, Instrumental, Objektiv, Lokativ* als Beschreibungskategorien aufweist. In ihrem Bemühen, alle syntaktischen Eigenschaften natürlicher Sprachen aus semantischen Strukturphänomenen abzuleiten und die Tiefenstruktur von Sätzen auf ein Geflecht semantischer Relationen und Distinktionen zu reduzieren, scheiterte die Generative Semantik aus empirischen und konzeptuellen Gründen schon in den 70er Jahren:

> Today many of these hypotheses have no public adherents at all, and the term 'generative semantics' itself evokes nostalgia rather than partisan fervor. (Newmeyer 1980, 133)

Auch in der Spracherwerbsforschung gab es einen „... vorherrschenden Trend ... , semantische Relationen auf der Stufe der Ein-, Zwei- und Dreiwortäußerungen mit Hilfe der Kasusgrammatik zu definieren" (Miller 1976, 137).

Die einseitige Bevorzugung semantischer Kategorien und Analyseverfahren bei der Beschreibung von Kindersprache ist bereits in Clahsen (1982) kritisiert worden. Er zeigt anhand empirischer Daten aus seiner Longitudinalstudie zum frühkindlichen Erwerb des Deutschen, daß sich Strukturmerkmale kindersprachlicher Äußerungen mit Hilfe abstrakter syntaktischer Kategorien präziser beschreiben und analysieren lassen als mit Hilfe semantischer Relationen, und widerlegt sukzessive die von Bowerman (1973) angeführten Gründe für eine Überlegenheit der Kasusgrammatik (Clahsen 1982, 35ff).[12]

Aus der Erkenntnis, daß die Mitteilungsfunktion die wichtigste Funktion von Sprache in Kommunikationssituationen sein dürfte, ist keineswegs zwingend abzuleiten, daß Sprache ausschließlich nach Maßgabe semiotisch oder sprechakttheoretisch begründeter Organon-Funktionen (Bühler 1934) strukturiert sei. Eine Vielzahl von Phänomenen zeigt, daß die Struktur natürlicher Sprachen nicht in erster Linie semantischen oder funktionalen Prinzipien folgt, sondern auf die Existenz inhärenter syntaktischer Restriktionen zurückzuführen ist, die den kommunikativen und pragmatischen Gegebenheiten der Sprachverwendung oftmals sogar zuwiderlaufen.

Ein Beispiel dafür ist die Subjazenzregel, die die Bewegung von Phrasen innerhalb syntaktischer Strukturen einschränkt, ohne daß dabei pragmatische Aspekte der Äußerungen eine Rolle spielten. Durch die Subjazenzregel werden syntaktische Umstellungen strikt ausgeschlossen, die unter kommunikativ-pragmatischen Gesichtspunkten durchaus sinnvoll wären.[13] Weitere Beispiele für die Erklärungsschwäche funktionalistischer Ansätze lassen sich in nahezu jedem Bereich der Grammatik finden. Während die in bezug auf

Agens und *logisches Objekt* einer aktivischen Äußerung fokusumkehrende Wirkung der Passivierung durchaus noch funktional erklärt werden kann (Foley/Van Valin 1984), weisen die bei der Passivbildung wirksamen syntaktischen Restriktionen (Fanselow 1987, Höhle 1978) überhaupt keinen Zusammenhang mit funktionalen oder kommunikativen Gegebenheiten auf. Auch die Ablösung syntaktischer Kategorien wie *Subjekt* und *Objekt* durch funktionale Kategorien (Chafe 1976, Givón 1976) scheitert an der Tatsache, daß diese Kategorien nicht eindeutig auf semantische oder thematische Rollen bezogen werden können, andererseits aber wiederum Restriktionen unterliegen, die in semantisch-pragmatischer Hinsicht als unsinnig angesehen werden müssen – wie zum Beispiel die für das Deutsche geltende Beschränkung, daß Adverbiale nicht als Subjekte auftreten dürfen (Fanselow/Felix 1987, 93ff).

Es bleibt festzuhalten, daß wesentliche Aspekte unseres formalen sprachlichen Wissens offensichtlich nicht im Rekurs auf allgemein-kognitive, semantische, pragmatische oder kommunikative Faktoren und Gesetzmäßigkeiten erklärt werden können. Somit ist auch kaum zu erwarten, daß derartige Erklärungsversuche hinsichtlich des Erwerbs dieses Wissens erfolgreicher sind.

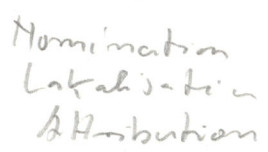

3 Spracherwerb und Grammatikerwerb

Spracherwerb – ein Forschungsfeld

Der Spracherwerb des Kindes ist ein wesentlicher Prüfstein für die im Rahmen der Generativen Sprachtheorie formulierten Hypothesen über Sprache als mentale Größe und die Struktur der menschlichen Kognition. Hinsichtlich des Grammatikerwerbs stellen sich zwei Fragen mit besonderer Dringlichkeit; ihre Beantwortung trägt nicht nur zum Verständnis des Erwerbsprozesses selbst bei, sondern dient auch der Verifizierung der genannten theoretischen Grundannahmen. Es geht zum einen um die Frage, ob der Grammatikerwerb – der Autonomiehypothese entsprechend – ein eigenen Gesetzmäßigkeiten folgender Prozeß ist oder ob er eine Art Nebenprodukt der allgemeinen kognitiven und kommunikativen Entwicklung des Kindes darstellt. Zum anderen muß erörtert werden, welche Rolle dem sprachlichen Input, d. h. der Sprache, mit der das Kind schon konfrontiert wird, bevor es selbst zu sprechen beginnt, die zugleich Verständigungsmittel und sprachliches Vorbild ist und den Zielgegenstand seiner Sprachentwicklung repräsentiert, zukommt. Hier erhebt sich die Frage, ob die der Erfahrung des Kindes zugänglichen sprachlichen Äußerungen alle relevanten Eigenschaften der Zielsprache abbilden und ob es möglich ist, durch induktives Lernen zum Erwerb der formal-sprachlichen Kompetenz zu gelangen.

Der Erstspracherwerb fällt in eine Zeit, in der sich auch in anderen Bereichen der kindlichen Entwicklung große Fortschritte verzeichnen lassen. Es liegt also nahe, Zusammenhänge zwischen verschiedenen, sich progredient entwickelnden Funktionen und Fähigkeiten des Kindes herzustellen.

Die Tatsache des gemeinsamen zeitlichen Auftretens von Ereignissen rechtfertigt jedoch noch keineswegs die Annahme kausaler Beziehungen. Diese herzustellen und zu begründen ist Aufgabe einer Theorie, deren Aussagen anhand empirischer Beobachtungen zu überprüfen sind. Wenn man z. B. beobachten kann, daß sich sprachliche und motorische Fähigkeiten des Kindes zeitgleich und parallel zueinander entwickeln, ist damit keineswegs gleich ein Bedingungsgefüge entdeckt. Die Frage, ob die beiden Entwicklungsbereiche überhaupt in einem Funktionszusammenhang stehen, läßt sich nicht aus der empirischen Beobachtung oder einem reichen Erfahrungswissen heraus beantworten, sondern nur im Rekurs auf eine Theorie, innerhalb derer die empirischen Befunde aufeinander bezogen werden können. Hinsichtlich des Grammatikerwerbs verschärft sich dieses Problem in eklatanter Weise: Die in ihrer allgemeinen Form zumindest noch plausiblen, wenngleich theoretisch nur schwach begründeten Aussagen über den Zusammenhang von Sprache und Motorik müßten so spezifiziert werden, daß der Erwerb abstrakter linguistischer Regeln direkt auf bestimmte motorische Funktionen bezogen werden könnte. Eine solche Theorie liegt jedoch nicht vor und ist auch mit keiner der etablierten sprachtheoretischen Konzeptionen vereinbar, so daß den zahlreichen Publikationen zu diesem Thema (Wiechmann 1974, Borstel 1980, Olbrich 1983, Bahr/Nondorf 1985, Eckert 1985, Kleinert-Molitor 1985) die notwendige wissenschaftliche Fundierung abgesprochen werden muß, die auch mit Hinweisen auf eine nicht näher zu bestimmende pragmatische Nützlichkeit und Zweckdienlichkeit (Olbrich 1989, 253) oder durch Behauptungen wie „Im begreifenden Ich werden die Gestaltkreise 'Denken und Sprechen' und 'Bewegen und Wahrnehmen' zusammengefaßt, sie bedingen und aktivieren sich gleichseitig, beeinflussen sich und treiben sich an" (Olbrich 1989, 254) keineswegs geschaffen wird.[14]

Spracherwerb und Kognition

Nach der Entwicklungstheorie Jean Piagets ist der Spracherwerb als ein konstruktivistischer Lernprozeß anzusehen, dessen Verlauf durch dieselben Prinzipien der Wissenserweiterung und Erkenntnisgewinnung determiniert wird, die die Entwicklung der menschlichen Kognition von der Ausbildung der ersten kognitiven Schemata im Kindesalter bis hin zur wissenschaftlichen Theorienbildung im Erwachsenenalter bestimmen (Piaget 1923, Piaget/Inhelder 1966). Dieser Theorie zufolge ist der Spracherwerb auf den allgemeinen Prozeß der Konstitution der Symbolfunktion zurückzuführen und damit als Teil der kognitiven Gesamtentwicklung zu betrachten. Die Erklärung spezifischer Spracherwerbsprozesse erfolgt unter dieser Prämisse im Rekurs auf allgemeine kognitive Problemlösungs- und Lernstrategien.

In vielen empirischen Studien ist der Zusammenhang von kognitiver Entwicklung und frühkindlichem Spracherwerb untersucht

38 Spracherwerb und Grammatikerwerb

worden; durch eine Vielzahl von Untersuchungsergebnissen konnte die angenommene Abhängigkeit der sprachlichen von der kognitiven Entwicklung des Kindes bestätigt werden (Oléron 1957, Hatwell 1960, Sinclair-de-Zwart 1967, 1969, 1970, Bever 1970, Ferreiro 1971, Bronckardt/Sinclair 1973, Bronckardt 1976, Karmiloff-Smith 1979). Die auf der kognitionspsychologischen Theorie der Genfer Schule basierenden Arbeiten zur frühkindlichen Sprachentwicklung haben zu neuen und vertiefenden Einsichten in grundlegende Voraussetzungen, Funktionszusammenhänge und Prozesse beim Erstspracherwerb geführt, die weit über die vergleichsweise triviale Erkenntnis hinausreichen, daß sich das Niveau der kognitiven Entwicklung direkt in der Verfügbarkeit sprachlicher Begriffe und der Realisierung semantischer Konzepte (vgl. Fodor/Bever/Garrett 1974, Slobin 1973) widerspiegelt.[15]

Doch der nachgewiesene Zusammenhang zwischen kognitiven und sprachlich-semantischen Konzepten sowie auch die enge Beziehung zwischen bestimmten kognitiven Operationen und dem Erwerb linguistischer Strukturen darf nicht darüber hinwegtäuschen, daß die Annahme, die Regularitäten des Spracherwerbs könnten vollständig auf die Wirksamkeit allgemein-kognitiver Lernstrategien reduzierbar sein, weder mit einer Reihe von Beobachtungen noch mit einer Vielzahl wissenschaftlicher Forschungsergebnisse in Einklang zu bringen ist und eine grobe Überschätzung des kognitiven Erklärungsansatzes bedeutete.

So scheidet die kognitive Entwicklung als Erklärungsfaktor für den Erwerb verschiedener grammatischer Phänomene prinzipiell aus, weil – wie Omar (1973) am Beispiel des Erwerbs der arabischen Sprache zeigt – nicht in jeder Einzelsprache eine vollständige zeitliche Verzahnung von kognitiver Entwicklung und Spracherwerb gegeben ist. Hinzu kommt, daß ein rein konstruktivistisches Modell zum Erwerb komplexer syntaktischer und phonologischer Strukturen schon an der Tatsache scheitern muß, daß die dazu nötigen abstrakten formalen Operationen erst im Alter von 10-12 Jahren erworben werden, also lange nachdem der Spracherwerb tatsächlich abgeschlossen ist (Felix 1987).

Auch lassen sich die beim ungesteuerten Zweitspracherwerb des Deutschen durch Erwachsene festgestellten Erwerbsreihenfolgen für verschiedene grammatische Regeln (Clahsen 1980), für die man identische Erwerbssequenzen in der frühkindlichen Sprachentwicklung findet, im Fall der L2-Lerner keinesfalls im Rekurs auf deren – längst abgeschlossene – kognitive Entwicklung erklären, so daß sich auch bezüglich des Erstspracherwerbs die Frage stellt, ob nicht der formalen linguistischen Komplexität der zu erwerbenden Regeln und Strukturen ein größerer Erklärungswert beigemessen werden muß als der allgemeinen kognitiven Entwicklung (Clahsen 1982, 18f, Wode 1977, 87).

Daß für jeden Prozeß des sprachlichen Lernens bestimmte kognitive Voraussetzungen unabdingbar sind, ist nicht zu bezweifeln; daß der Besitz mächtiger kognitiver Lernstrategien allein aber keineswegs hinreicht, die Prinzipien und den Verlauf des gesamten Erstspracherwerbs zu erklären, wird schon an der Tatsache deutlich, daß erwachsene Lerner einer Sprache ihr Erwerbsziel auch unter den besten Bedingungen und unter Einsatz ihrer gesamten kognitiven Kompetenz nicht annähernd so schnell, zuverlässig und mühelos zu erreichen in der Lage sind wie Kinder, die in der kurzen Zeitspanne des Spracherwerbs sogar mehrere natürliche menschliche Sprachen gleichzeitig ohne Schwierigkeiten erwerben können und dieses Ziel auch unter ungünstigen Input-Bedingungen und auf der Basis ihrer im Vergleich zu Erwachsenen noch unterentwickelten allgemeinen kognitiven Fähigkeiten erreichen. Mit anderen Worten, wäre Spracherwerb in erster Linie ein kognitives Problem, müßten Erwachsene dieses Problem aufgrund ihres höheren kognitiven Entwicklungsniveaus leichter lösen können als ein- bis sechsjährige Kinder. Das ist aber gerade nicht der Fall.

Empirische Evidenz für eine relative Unabhängigkeit sprachlicher von allgemeinen kognitiven Verarbeitungs- und Erwerbsprozessen ergibt sich auch aus Befunden der Neuropsychologie und Sprachpathologie.

So liegt zum Beispiel mit der Broca-Aphasie eine zentrale Störung der Sprachfähigkeit – insbesondere der grammatischen Kompetenz – vor, die in der Regel nicht mit Minderung oder Beeinträchtigung der allgemeinen Intelligenz oder der analytischen Fähigkeiten verbunden ist.[16] Andererseits ziehen Störungen im Bereich der allgemeinen Intelligenz, wie sie zum Beispiel bei Demenz und Schizophrenie auftreten, nicht unweigerlich generelle Sprachstörungen nach sich; die grammatische Kompetenz ist in diesen Fällen meist vollständig erhalten, während gravierende Störungen auf der Begriffs- und Bedeutungsebene vorhanden sind.

Auch Beobachtungen zum Spracherwerb geistig behinderter Kinder zeigen deutlich, daß allgemeine kognitive Fähigkeiten und die Sprachfähigkeit nicht unmittelbar zusammenhängen. Zwar verläuft z. B. der Spracherwerb bei Kindern mit Trisomie 21 mit zeitlichen Verzögerungen, strukturelle Andersartigkeiten beim Erwerb der Grammatik sind jedoch nicht die Regel (Lackner 1968, Lenneberg 1967, Ryan 1977). Während sich kognitive Defizite in jedem Fall beeinträchtigend auf den Erwerb semantischer Konzepte, die Bildung und den Umgang mit Begriffen auswirken, sind die formale linguistische Kompetenz und der Erwerb syntaktischer, morphologischer und phonologischer Eigenschaften der Muttersprache davon nicht unbedingt betroffen.[17] Fowler (1981) zeigt zudem, daß das Niveau der Sprachentwicklung bei Geistigbehinderten nicht mit dem Niveau ihrer kognitiven Entwicklung korreliert; während die von ihm untersuchten Jugendlichen mit Trisomie 21 einen weitgehend einheitlichen Sprachentwicklungsstand erreicht hatten, wiesen sie hinsichtlich ihrer kognitiven Fähigkeiten eine erhebliche Variationsbreite auf.

Epistemologisch begründete Kritik an der konstruktivistischen Lerntheorie Piagets übt Fodor (1980), indem er ihre Erklärungsrelevanz für den Erwerb kognitiver Konzepte generell in Frage stellt. Er räumt zwar ein, daß Piaget und seine Mitarbeiter einen großen Beitrag zur Erforschung der kindlichen Entwicklung leisteten, indem sie sehr detaillierte und methodisch gesicherte Erkenntnisse darüber, welche kognitiven Fähigkeiten sich zu welchem Zeitpunkt entwickeln, lieferten. Jedoch besitzt eine Lerntheorie, in der Lernfortschritte allein auf Erfahrung zurückgeführt werden, keinen Erklärungswert hinsichtlich der Entstehung neuer kognitiver Konzepte: Da die Erfahrung stets nur zur empirischen Überprüfung von Hypothesen oder Denkmöglichkeiten dienen, diese aber prinzipiell nicht selbst erzeugen kann, ist der Übergang von einem konzeptuell ärmeren zu einem konzeptuell mächtigeren System innerhalb einer rein konstruktivistischen Theorie nicht erklärbar. Demzufolge argumentiert Fodor für eine nativistische Konzeption, nach der die artspezifische kognitive Leistungsfähigkeit biologisch determiniert ist. Die Erfahrung bestimmt demnach nicht, welche Fähigkeiten ausgebildet werden, sondern dient vornehmlich dazu, Erwerbsprozesse auszulösen.

Der operationelle Ansatz von Slobin

In den frühen Arbeiten der Genfer Schule ging es um den allgemeinen Zusammenhang zwischen kognitiver Entwicklung und Spracherwerb; die auf der Basis der Entwicklungstheorie Piagets durchgeführten empirischen Studien beschäftigten sich zunächst mit Einzelaspekten dieses Untersuchungsbereichs. Inzwischen liegen aber auch kognitionspsychologische Konzeptionen vor, die den Spracherwerb selbst in den Mittelpunkt ihrer Forschungsbemühungen stellen. Die nicht zuletzt wegen ihrer umfangreichen empirischen Datenbasis vielbeachtete Konzeption der *Operating Principles* von Slobin (1985), die im Rahmen einer sprachvergleichenden Erwerbsstudie in Berkeley, Kalifornien, entwickelt wurde, basiert auf einem Lernmodell, das als wesentliche Komponenten funktionale und semantische Strategien (universelle Basiskonzepte), formale Prinzipien sowie eine Menge von zwischen ihnen vermittelnden, für die eigentliche Konstruktion von Sprache zuständigen *Operating Principles* (OPs) enthält.

Die Annahme universeller semantischer Basiskonzepte als Bestandteile der LMC *(Language Making Capacity)* geht auf die in früheren vergleichenden Spracherwerbsuntersuchungen gemachte Beobachtung zurück, daß Kinder in der Zweiwortphase immer ganz bestimmte semantische Relationen ausdrücken, und zwar unabhängig von den durch die jeweilige Zielsprache bereitgestellten formalen Ausdrucksmitteln (Brown 1973, 173ff). Die dabei realisierten Bedeutungen und Äußerungsfunktionen wie *Nomination, Lokalisierung, Attribution, Aufforderung* (Chafe 1970) werden als durch die kognitiv strukturierten Erfahrungen des Kindes bestimmt und in der Abfolge ihrer Entwicklung konstant betrachtet (Slobin 1973). Unterschiedlich ist offensichtlich nur die jeweilige formale Markierung der semantischen Intentionen; während zum Beispiel Kinder, die die englische Sprache erwerben, semantische Relationen mit Hilfe der Wortstellung markieren, benutzen Russisch oder Finnisch lernende Kinder Flexionsendungen dazu.

Entscheidend für den Verlauf der Sprachentwicklung sind die von Slobin (1973) entwickelten OPs, die in Form aufgabenspezifischer Verarbeitungsstrategien bestimmen, auf welche Art und Weise Sprache wahrgenommen, analysiert und produziert wird. Nach der in Slobin (1985) dargelegten Theorie zum Erwerb natürlicher Sprachen baut das Kind unter Anwendung von OPs eine sogenannte *Basic Child Grammar* (BCG) auf. Diese BCG enthält als universelle Bestandteile sowohl eine Menge von semantischen Grundkonzepten als auch spezielle OPs, mit deren Hilfe semantische Dimensionen (wie z. B. Transitivität) eindeutig auf formale sprachliche Kodierungsmittel bezogen werden. Mit den semantischen Basiskonzepten korrelieren sogenannte prototypische Handlungsmuster, die in der Erfahrung des Kindes häufig vorkommen und die Slobin für die entscheidenden pragmatischen Grundlagen des Grammatikerwerbs hält.

Kritik an dem von Slobin vorgestellten Modell übt Bowerman (1985), indem sie aufzeigt, daß der Erwerb rein formaler Parameter, wie sie zum Beispiel als universelle syntaktische Restriktionen in der Generativen Grammatiktheorie formuliert werden, nicht hinreichend erklärt werden kann. Außerdem verdeutlicht sie, daß die von Slobin formulierten OPs aufgrund ihres hohen Allgemeinheitsgrades kaum falsifizierbar sind; empirische Daten, die gegen ein bestimmtes OP sprechen, können nach Belieben auch durch ein anderes erklärt werden, das heißt, ein und dasselbe sprachliche Phänomen kann durchaus aus völlig verschiedenen OPs abgeleitet werden.

Weitere Kritik findet sich in Clahsen (1988, 14ff). Anhand zahlreicher empirischer Befunde aus der Spracherwerbsforschung (Clahsen 1982, Ochs 1982, Bowerman 1985, Budwig 1985) zeigt er, daß sich einige der mit der BCG verbundenen Hypothesen bezüglich des Zusammenhangs zwischen semantischen Basiskonzepten und formalen Ausdrucksmitteln nicht aufrechterhalten lassen:

> Insgesamt gesehen verdeutlichen die Ergebnisse ... , daß die Beziehungen zwischen grammatikalisierbaren Konzepten und formalen Ausdrucksmitteln, auch schon in der frühen Kindersprache, vielfältiger sind als in Slobins Theorie angenommen. Insbesondere die Vorstellung direkter und universeller Abbildungen zwischen Form und Funktion, wie sie in Slobins BCG konzipiert ist, muß zurückgenommen werden. (Clahsen 1988, 20)

Clahsen führt die Unzulänglichkeiten Slobins Theorie insbesondere darauf zurück, daß Lernbarkeitsbedingungen und grundlegende Erkenntnisse der Grammatiktheorie nicht explizit berücksichtigt werden und der sprachtheoretische Status der BCG in dieser Konzeption nicht geklärt ist.

Welche Rolle spielt der sprachliche Input?

Ebenso wie die Ausbildung allgemeiner kognitiver Fähigkeiten eine wichtige, wenn auch nicht hinreichende Voraussetzung für den Erwerb von Sprache darstellt, ist auch im sozial vermittelten sprachlichen Input, der dem Kind in der Interaktion mit seinen primären Bezugspersonen angeboten wird, eine *conditio sine qua non* des Spracherwerbs zu sehen. Es steht außer Frage, daß Spracherwerb ohne Sprache nicht stattfinden kann. Also liegt es nahe, die Bedingungen der sozialen Interaktion und die Merkmale der an das Kind gerichteten sprachlichen Äußerungen als wesentliche Faktoren des Spracherwerbsprozesses auch forschungsstrategisch in Betracht zu ziehen.

Nachdem sich auf der philosophischen und sprachtheoretischen Basis insbesondere der Arbeiten von Austin (1967), Bühler (1934), Searle (1969) und Wittgenstein (1960) in der Linguistik der 70er Jahre eine „fortschreitende Pragmatisierung sprachwissenschaftlicher Probleme" (Henne/Rehbock 1982, 15) abzeichnete, erfolgte auch in der Spracherwerbsforschung eine Hinwendung zu Fragestellungen, die sich aus der Bezugnahme auf Theorien und Forschungsergebnisse der neu etablierten Disziplin *Linguistische Pragmatik* (Wunderlich 1972) ergaben. Die schon in der vorsprachlichen Phase des Kindes beginnende Entwicklung der Dialogfähigkeit, die kommunikativen Wirkungen im gemeinsamen Handeln von Kind und Interaktionspartnern, die Struktur der Interaktion und schließlich die Form der dabei aktualisierten Sprachverwendung werden seitdem als Ausgangspunkte für den Erwerb der sprachlichen Fähigkeiten gesehen.

Der mit der pragmatischen Wende vollzogene Perspektivenwechsel führte dazu, daß die in den interaktionalen Bedingungen liegenden Voraussetzungen des Spracherwerbs genauer untersucht wurden. Einen Überblick über die verschiedenen theoretischen Ansätze und Forschungsergebnisse der dazu durchgeführten Studien zu geben würde den Rahmen der vorliegenden Arbeit bei weitem sprengen.[18] Gemäß der Fragestellung der vorliegenden Arbeit soll stattdessen im folgenden diskutiert werden, inwieweit interaktionistische Spracherwerbstheorien speziell den Erwerb grammatischen Wissens erklären können.

Sowohl Interaktionsroutinen, die sich schon in der vorsprachlichen Phase der kindlichen Entwicklung herausbilden, als auch die durch gemeinsames Handeln geschaffene Etablierung zunächst einfacher, im Laufe der Zeit immer differenzierterer Kommunikationsmuster und die verständnissichernde Bereitschaft Erwachsener, den kindlichen Äußerungen mehr Bedeutung zuzumessen als sie explizit aufweisen, stellen ohne jeden Zweifel wichtige Voraussetzungen für die Initiierung und Aufrechterhaltung sprachlicher Lernprozesse dar. Damit ist aber noch nicht geklärt, welche Rolle den sprachlichen Äußerungen, die dem Kind als Input für seinen Spracherwerb zur Verfügung stehen, hinsichtlich des Erwerbs der Grammatik zukommt.

Ausgehend von der Beobachtung, daß Erwachsene ihr Sprachverhalten intuitiv an die sprachlichen Fähigkeiten von Kindern adjustieren und sich in der Interaktion mit Kindern eines sprachlichen Registers bedienen, das als „baby talk" oder „motherese" bezeichnet wird, nimmt man an, daß der Grammatikerwerb maßgeblich von der Form dieses speziellen sprachlichen Inputs beeinflußt und gesteuert wird (Cross 1977, Nelson 1977, Snow 1977). Eine direkte Orientierung an einem entwicklungsangemessenen Input ermöglicht nach dieser Vorstellung den Erwerb der Grammatik einer Sprache auf induktivem Weg.

Es liegt sicher viel Plausibilität in der Annahme, daß das in Interaktion mit Kindern von Erwachsenen gezeigte Sprachverhalten, das dem Gebrauch eines adressatenspezifischen Codes entspricht, für den Spracherwerb und auch speziell für den Grammatikerwerb förderlich ist (Farrar 1990), zumal dabei auch Interaktionsstrategien von seiten der Bezugspersonen in Anwendung gebracht werden, von denen man annimmt, daß sie Lernprozesse ganz allgemein unterstützen und vereinfachen (Moerk 1989, Scherer/Olswang 1984, Speidel/Nelson 1989). Daß ein entwicklungsangemessener sprachlicher Input und die spezielle Form seiner Darbietung als hinreichend für die Erklärung des Grammatikerwerbs angesehen werden kann, muß jedoch unter Berücksichtigung verschiedener Befunde bezweifelt werden.

So zeigen Studien zum Erwerb verschiedenartiger Sprachen übereinstimmend, daß sich der Grammatikerwerb als ein systematischer Prozeß vollzieht, dessen Verlauf nicht nur durch Variation, sondern auch durch festgelegte Erwerbsreihenfolgen für bestimmte grammatische Regeln gekennzeichnet ist (Clahsen 1982, Klima/Bellugi 1966, Wode 1977). Der strukturellen Gleichförmigkeit, mit der die entsprechenden Erwerbssequenzen durchlaufen werden, steht ein sprachlicher Input gegenüber, der – abgesehen von der erwähnten Anpassung an das kindliche Entwicklungsniveau – je nach soziokulturellen, familialen, kommunikativen und situativen Bedingungen stark variiert und alles andere als einheitlich zu bezeichnen ist. Mit anderen Worten, unabhängig davon, unter welchen Bedingungen und in welchem Ausmaß mit Kindern gesprochen wird, sind Verlauf und Ergebnis des Grammatikerwerbs stets gleich. Dies zeigt sich auch in der Tatsache, daß Kinder aus allen sozialen Schichten die Grammatik der Sprache ihrer Umwelt erwerben, während sie in anderen Bereichen des sprachlichen Lernens – zum Beispiel beim Erwerb von Wörtern, bei der Bildung und Differenzierung von Begriffen sowie auch beim situationsadäquaten und rezipientenbezogenen Einsatz verschiedener sprachlicher Mittel – zu sehr unterschiedlichen Erfolgen bezüglich der Ausbildung ihrer Fähigkeiten gelangen.[19] Die hierbei relevanten Merkmale des sprachlichen Angebots und Vorbildes haben offensichtlich auf den Erwerb des formalen sprachlichen Wissens keinen bestimmenden Einfluß.[20]

Das trifft auch auf eine Reihe von sprachlichen Strukturen zu, die Kinder in einzelnen Erwerbsphasen systematisch produktiv gebrauchen, obwohl sie im Input überhaupt nicht vorkommen. So weisen zum Beispiel kindersprachliche Äußerungen einer frühen Erwerbsphase des Deutschen und Englischen konsistent eine präverbale Stellung von Negationselementen auf (Clahsen 1983, Wode 1977), die keinesfalls auf eine Orientierung am Input zurückgeführt werden kann, weil derartige Strukturen in diesen Sprachen ungrammatisch und den Kindern somit nicht zugänglich sind. Dem Input kann hier allenfalls eine auslösende Wirkung zuerkannt werden, die darin besteht, daß das Kind zu einer Rekonstruktion von Regeln gelangt, die seinem individuellen Entwicklungsstand und der Systematik seines momentanen linguistischen Wissenssystems entsprechen, von den Regeln der zu erwerbenden Sprache seiner Umgebung aber völlig verschieden sein können.

Interessant ist in diesem Zusammenhang auch, daß selbst signifikante Merkmale des Input keinen direkten Einfluß auf Erwerbsreihenfolgen besitzen. So zeigt Bellugi (1967), daß Kinder beim Erstspracherwerb des Englischen nicht-kontrahierte Formen wie *are not* und *will not* vor kontrahierten Formen wie *aren't* und *won't* erwerben, obwohl letztere in der Alltagssprache wesentlich häufiger vorkommen.[21] Auf einen ähnlichen Befund weist van der Geest (1978) hin, indem er ein Erklärungsdefizit für die Beobachtung, daß Kinder Passivstrukturen erwerben, obwohl Passivsätze in Mutter-Kind-Gesprächen kaum auftreten, feststellt.

Newport et al. (1977) stellen in Frage, ob man aus der Tatsache, daß Erwachsenen in der Interaktion mit Kindern ein adressatenbezogenes, feinabgestimmtes Sprachverhalten zeigen, und dem Umstand, daß Kinder Sprache erwerben, einen Kausalzusammenhang ableiten kann, und verweisen in diesem Zusammenhang darauf, daß sich Kinder hinsichtlich des Erwerbs bestimmter sprachlicher Strukturen eben völlig anders verhalten als der ihnen präsentierte Input ihnen nahelegt. Auch Tracy (1990) kritisiert, daß mit der Motherese-Hypothese eine einseitige Beziehung von Ursache und Wirkung postuliert wird, obwohl überhaupt nicht klar ist, ob die im Laufe der kindlichen Entwicklung zu beobachtenden Veränderungen im Sprachverhalten Erwachsener, die einer sukzessiven Adjustierung an die Erwerbsfortschritte des Kindes entsprechen und sich zum Beispiel in einem Rückgang expandierender Reaktionen äußern, als Folge dieser Erwerbsfortschritte anzusehen sind oder ob die zu beobachtenden Erwerbsfortschritte durch das veränderte Sprachverhalten der Erwachsenen motiviert sind und dadurch vielleicht sogar erst ermöglicht werden. Im letzteren Fall würde der Spracherwerb durch ein Weniger an sprachlichem Angebot und verbalen Rückmeldungen forciert.

Auch in dem Befund, daß explizite Hinweise auf Merkmale der zu erwerbenden Sprache, die Erwachsene Kindern in Form systematischer Korrekturen geben, solange ohne Einfluß auf die Sprache des Kindes bleiben, bis die Systematik des Erwerbsprozesses eine Erweiterung oder Umstrukturierung der kindlichen Grammatik erforderlich macht (Braine 1963, Brown/Hanlon 1970), zeigt sich die eher auslösende als determinierende Funktion des sprachlichen Input.

Wurde bislang vorausgesetzt, daß sich der durch die primären Bezugspersonen des Kindes aufbereitete Input aufgrund seiner Prägnanz und insbesondere aufgrund seiner reduzierten strukturellen Komplexität als entwicklungsfördernd auswirke, so ist dem unter Bezugnahme auf Chomsky (1975) und Wexler (1982) entgegenzuhalten, daß sich das Vermeiden vermeintlich komplexer oder schwieriger Strukturen geradezu als Erwerbshindernis auswirken kann. Je eingeschränkter nämlich die Datenbasis ist, desto größer ist die Anzahl der Hypothesen und Regeln, die mit dem Input kompatibel sind, und desto schwieriger ist es folglich für das Kind, die jeweils korrekte Generalisierung auszuwählen.

Grammatikerwerb trotz Input?[22]

Wie immer der dem Kind zugängliche sprachliche Input auch strukturiert und wie immer die Form seiner Darbietung sein mag, selbst unter den günstigsten Bedingungen steht die durch ihn bereitgestellte empirische Evidenz in einem eklatanten Mißverhältnis zu dem Wissen, über das das Kind am Ende des Spracherwerbs tatsächlich verfügt. Dieser prinzipielle Mangel des Input, die „Armut des Stimulus" (Baker 1979, Fodor 1975, Lightfood 1982), ist vor allem durch folgende Eigenschaften gekennzeichnet:

a) Das zu erwerbende Wissen ist durch den sprachlichen Input in quantitativer Hinsicht unterdeterminiert. Dieser Mangel des Input ist in der Tatsache begründet, daß die Anzahl der Äußerungen, die ein Kind – aber auch ein Erwachsener im Laufe seines Lebens – hört, prinzipiell begrenzt ist. Die von jedem Sprecher einer Sprache erworbene Kompetenz ermöglicht es ihm hingegen, unbegrenzt viele, unbegrenzt lange und unbegrenzt komplexe Äußerungen zu produzieren, zu verstehen und hinsichtlich ihrer Grammatikalität zu beurteilen.[23] Diese Fähigkeit ist völlig unabhängig von der jeweiligen individuellen sprachlichen Erfahrung, das heißt, sie erstreckt sich auch auf Äußerungen, die der kompetente Sprecher/Hörer einer Sprache noch niemals vorher gehört hat.[24] Daraus folgt, daß die Aufgabe des Kindes beim Spracherwerb nicht darin bestehen kann, die im Input vorhandenen Äußerungen abzuspeichern, um sie bei Bedarf abrufen zu können. Die grammatische Kompetenz besteht demnach nicht in der Verfügbarkeit einer finiten und bezüglich des kreativen Aspekts des Sprachgebrauchs (Chomsky 1969, 16) in jedem Fall völlig unzureichenden Liste von in einer Sprache möglichen Sätzen, sondern in einem System von grammatischen Regeln und Prinzipien, die die Klasse der in dieser Sprache möglichen Sätze spezifizieren.

b) Wenn nun die Aufgabe des Kindes beim Grammatikerwerb darin besteht, ein abstraktes System linguistischer Regeln und Prinzipien zu erwerben, dann ist dieses Erwerbsziel auch in qualitativer Hinsicht durch den sprachlichen Input unterdeterminiert; denn das, was das Kind erwerben soll, ist zwar in irgendeiner Weise im Input enthalten, muß aber aus sprachlichen Einzeldaten erst erschlossen werden. Mit anderen Worten, das Kind wird mit Äußerungen konfrontiert, während es Regeln lernen soll.[25] Die Annahme, daß der Erwerbsprozeß durch den Input gesteuert wird, impliziert hier, daß das Kind entweder nur Äußerungen lernen kann, was aus konzeptuellen Gründen unsinnig wäre, oder daß es prinzipiell möglich sein muß, auch tatsächlich alle Struktureigenschaften der Sprache auf induktivem Weg aus dem Input zu rekonstruieren. Daraus ergibt sich allerdings ein epistemologisches Problem, das in der Erkenntnistheorie in einer allgemeineren Form als Induktionsproblem bekannt ist (Popper 1969) und in der Spracherwerbstheorie als das sogenannte Projektionsproblem (Peters 1972) erscheint. Das Problem besteht zum einen darin, daß es für einen Teil des vom Kind zu erwerbenden Wissens im Input überhaupt kein direktes empirisches Belegmaterial gibt. Das trifft zum Beispiel für abstrakte linguistische Prinzipien wie die Subjazenzbedingung zu, die erst durch sprachvergleichende, universalgrammatische Untersuchungen rekonstruiert werden konnte, und auch für eine Reihe von Fähigkeiten, die sich auf Grammatikalitätsentscheidungen, abstrakte Rekonstruktion lautsprachlich nicht realisierter linguistischer Elemente, Desambiguitätsverfahren etc. (Tracy 1991, 6) beziehen. Eine Eigenschaft, die auf alle natürlichen menschlichen Sprachen zutrifft, ist ihre Rekursivität, i. e. die Möglichkeit, einen infiniten Gebrauch von Formationsregeln *(rewrite rules)* zu machen, wobei Elemente der Eingabe gleichzeitig in der Ausgabe erscheinen können (A → A B). Wie Gold (1967) jedoch mathematisch beweist, setzt rekursive Regeln unter den gegebenen Bedingungen des Primärspracherwerbs zu erwerben voraus, daß das Kind weiß, daß Sprachen infinit sind. Da die sprachliche Erfahrung des Kindes prinzipiell begrenzt ist und auch sonst keinerlei Hinweise auf die Infinitheit menschlicher Sprachen enthält, kann dieser Aspekt des sprachlichen Wissens nicht aus dem Input extrahiert werden. Das bedeutet, daß Kinder den Erwerb rekursiver Regeln auf induktivem Weg nicht leisten, wesentliche Eigenschaften natürlichsprachlicher Grammatiken nicht erwerben und somit niemals zur vollen Kompetenz gelangen können, wenn sie sich nur am sprachlichen Input orientieren. Tracy zieht daraus die Schlußfolgerung:

> Die Tatsache, daß beim unbeeinträchtigten Sprachverstehen Strukturen erschlossen werden, die im Angebot der Umwelt nicht im Sinne möglicher Stimuli vorhanden sind, stellt als Sonderfall der Konzeptbildung eine besondere Herausforderung für die explanatorische Kraft jeder Entwicklungstheorie dar. (Tracy 1991, 6)

Der andere Aspekt des Projektionsproblems besteht darin, daß die verfügbaren Daten des Input die für das jeweilige System der Zielsprache korrekten Generalisierungen nicht erzwingen, sondern prinzipiell die Ableitung mehrerer Hypothesen ermöglichen, die mit der jeweils begrenzten sprachlichen Erfahrung durchaus kompatibel sind. Fodor (1980) zeigt, daß die Daten selbst keine Informationen über relevante oder nicht relevante Eigenschaften enthalten, die als Anhaltspunkte für die Wahl der die Struktur der Sprache tatsächlich spezifizierenden Generalisierungen dienen könnten. Das Problem besteht also nicht darin, wie das Kind zu Generalisierungen findet, sondern wie es herausfindet, welche Generalisierung die jeweils richtige ist. Da der Input keine Entscheidungskriterien dafür bereithält, wäre zu erwarten, daß Kinder bei gleichem Input zu verschiedenen Generalisierungen – das heißt für den Spracherwerb: zu verschiedenen Grammatiken – kommen müßten. Auch dieses Problem kann durch die Annahme eines induktiven Erwerbs sprachlichen Wissens nicht gelöst werden.

c) Ein weiterer Mangel des sprachlichen Angebots der Umwelt besteht darin, daß die begrenzte Menge sprachlicher Äußerungen zwar exemplarisch ausweist, was in der zu erwerbenden Sprache als grammatisch möglich anzusehen ist, aber keineswegs Informationen darüber enthält, was ungrammatisch ist. Mit anderen Worten, das Kind verfügt nicht über negative Evidenz, und es darf auch aus der Beobachtung, daß verschiedene, logisch mögliche Strukturen nicht in seiner Erfahrung auftreten, nicht den Schluß ziehen, daß diese Strukturen ungrammatisch sind, weil sie ja rein zufällig noch nicht vorgekommen sein könnten. Die Fähigkeit, Grammatikalitätsurteile abzugeben, würde sich immer nur auf die begrenzte Menge der tatsächlich wahrgenommenen Strukturen beziehen und somit nie der vollen Kompetenz entsprechen.

Das Fehlen negativer Evidenz kann durch die sprachlichen Reaktionen der Umwelt nicht ausgeglichen werden, da Korrekturen nicht systematisch gegeben werden und in vielen Fällen aus kommunikativen oder anderen Gründen ganz unterbleiben. Außerdem beziehen sie sich in der Regel nur auf die Äußerungen des Kindes, während ungrammatische Äußerungen der Gesprächspartner wie Versprecher, Anakoluthe, abgebrochene oder aufgrund kontextueller oder situativer Gegebenheiten unvollständige Satzkonstruktionen (Ellipsen) u. dgl. dem Kind normalerweise nicht als solche kenntlich gemacht werden. Mit anderen Worten, ein systematischer, didaktisch aufbereiteter Sprachunterricht, der die Zufallseffekte des alltäglichen Sprachgebrauchs berücksichtigen und ausgleichen könnte, findet nicht statt und ist auch völlig überflüssig, da das Kind die richtigen Generalisierungen trotz der genannten Input-Voraussetzungen findet. Es ist offensichtlich in der Lage, aus der zufallsbedingten Präsentation zum Teil defizitärer sprachlicher Daten, die ihm in ungeordneter Reihenfolge dargeboten werden, nur diejenigen zu berücksichtigen, die sich für die Rekonstruktion der abstrakten Konstruktionsprinzipien der Sprache eignen und nicht zu falschen Generalisierungen führen.

Das Kind wird also mit einem Input konfrontiert, der wegen seiner Anpassung an ein vermutetes kognitives und soziales Entwicklungsniveau (Motherese) auf den ersten Blick als förderlich für den Spracherwerbsprozeß erscheint. Bei näherer Betrachtung stellt sich jedoch heraus, daß die dem Kind zugängliche sprachliche Erfahrung bei weitem nicht hinreicht, um den Erwerb der formalen Eigenschaften und Strukturen einer natürlichen Sprache zu erklären. Zwar repräsentiert der Input das Erwerbsziel durch exemplarische Daten; Verlauf und Prinzipien des Erwerbsprozesses können durch die Struktur des Input und die Form seiner Darbietung jedoch nicht erklärt werden.

Kreolisierung – Spracherwerb unter noch extremeren Input-Bedingungen

In besonderer Deutlichkeit zeigt sich die enorme Diskrepanz zwischen dem sozial vermittelten sprachlichen Input und dem Ergebnis des Spracherwerbsprozesses im Fall der Kreolisierung. Hierbei besteht das sprachliche Angebot der Umwelt aus einem simplifizierten, strukturell stark eingeschränkten Jargon, dem Pidgin, aus dem von einer Generation auf die andere allein durch den Prozeß des Spracherwerbs eine voll ausgebildete Sprache entsteht. Während ein Pidgin nicht Muttersprache von Sprechern ist, sondern eine aus kommunikativen Notwendigkeiten heraus *ad hoc* gebildete und aus den verschiedenen Muttersprachen der daran beteiligten Sprecher zusammengewürfelte Hilfs- oder Kontaktsprache (DeCamp 1977) darstellt, die keine universalgrammatischen, das heißt für die Struktur natürlicher menschlicher Sprachen charakteristischen Eigenschaften aufweist, finden sich in dem auf der Basis dieses eingeschränkten Input durch Spracherwerb entstandenen Kreol durchaus Strukturprinzipien, die es als voll entwickelte, in seiner formalen Komplexität weit über das Pidgin hinausgehende Sprache ausweisen (Clahsen 1988a). Die enorme Diskrepanz zwischen dem sprachlichen Angebot und der Kreolsprache sowie die Tatsache, daß bei der Kreolisierung durch Spracherwerb unabhängig von den involvierten Sprachen Systeme entstehen, die hinsichtlich ihrer strukturellen Eigenschaften sehr ähnlich sind (Bickerton 1984), zeigen deutlich, daß das vom Kind erworbene linguistische Wissen weit über das hinausgeht, was der Input ihm vermitteln kann. Daraus folgt, daß dem sprachlichen Input allenfalls die Funktion eines Auslösers für Entwicklungsprozesse zukommt, er also eine notwendige, aber bei weitem nicht hinreichende Bedingung für Erwerbsprozesse darstellt, die in weit höherem Maß dem Einfluß anderer Determinanten unterliegen. In Anbetracht der bei der Kreolisierung zu beobachtenden Erwerbsphänomene erscheint die Annahme eines *a priorischen*, in der Kognition des sprachlernenden Individuums angelegten Spezialwissens über die Form und Funktionsweise natürlichsprachlicher Grammatiken geradezu zwingend. Bickerton (1981, 1984) geht deshalb von der Existenz und Wirksamkeit eines Bioprogramms aus, das zur genetisch bestimmten kognitiven Struktur des Menschen gehört und den Erwerb des formalen sprachlichen Wissens, d. h. den Grammatikerwerb, steuert.[26]

Was kann gelernt werden und wie?

Die Erkenntnis, daß eine Reihe wesentlicher formaler Eigenschaften der Sprache nicht aus allgemeinen, d. h. nicht-sprachlichen Prinzipien oder Kategorien abgeleitet werden können, sowie die konzeptuellen Probleme und Erklärungsdefizite, die sich ergeben, wenn man den Grammatikerwerb als einen rein konstruktivistischen, von allgemeinen kognitiven Problemlösungsstrategien und Lernstrategien determinierten Prozeß oder als induktiven Lernvorgang im Rekurs auf die Strukturbedingungen der Interaktion und die Daten des sozial vermittelten sprachlichen Input erklären will, begründen die Annahme, daß der Mensch über ein angeborenes, die universellen Eigenschaften von Sprachen spezifizierendes Wissenssystem verfügt, das ihm den Erwerb der formalen linguistischen Kompetenz ermöglicht. Mit anderen Worten, ein essentieller Teil der für den Grammatikerwerb notwendigen Informationen muß im Erwerbsmechanismus selbst angelegt und dem Kind mit Beginn des Spracherwerbs bereits verfügbar sein.

Wenn das erklärte Ziel einer Sprachtheorie über den Anspruch hinausgeht, Sprache bzw. „the totality of utterances that can be made in a speech community" (Bloomfield 1926, 155) deskriptiv zu erfassen, indem sie explikative Aussagen über Sprache als kognitive Größe, das heißt als in der menschlichen Kognition verankertes Wissenssystem, machen will, dann muß sie auch erklären können, wie dieses Wissen erworben wird. Sie muß also angeben können, a) welche sprachlichen Strukturen und Prinzipien universeller Natur sind und demnach zum angeborenen linguistischen Wissenssystem von Kindern gehören und b) auf welche Weise es zur sukzessiven Erweiterung des sprachlichen Wissens, das heißt zu Lernfortschritten beim Spracherwerb kommt. Spezielle Hypothesen dazu bieten die Theorie der Universalgrammatik (Chomsky 1982) und die Lernbarkeitstheorie (Pinker 1979, 1984) an.

Frage a) wird im Rahmen der Theorie der *Universalgrammatik* (UG) behandelt; im Vordergrund steht hier die Auffindung und Evaluation von einschränkenden grammatischen Prinzipien, die die Form und Funktionsweise der Grammatiken natürlicher Sprachen spezifizieren. UG-Prinzipien werden als Bestandteile des Spracherwerbsmechanismus angesehen. Das sprachlernende Kind verarbeitet und analysiert die Struktur des sprachlichen Input stets auf dem Hintergrund dieser Prinzipien, das heißt, seine Möglichkeiten zur Bildung von Hypothesen über die Struktur der zu erwerbenden Sprache sind von Anfang an durch universelle Prinzipien eingeschränkt. Die mit den universalgrammatischen Prinzipien verbundenen Beschränkungen ermöglichen es, daß das Kind die jeweils zutreffende von den logisch möglichen Generalisierungen über die Struktur der Sprache auswählt. Auch die Übergangsgrammatiken, die das Kind im Verlauf seiner Sprachentwicklung aufbaut, fallen demnach prinzipiell in den Geltungsbereich der Universalgrammatik.

Fortschritte beim Grammatikerwerb (b) werden in der Lernbarkeitstheorie hauptsächlich auf die Expansion des lexikalischen Wissens zurückgeführt (Pinker 1984). Nach dieser Vorstellung müssen Kinder nicht alle Struktureigenschaften der Zielsprache separat lernen, sondern im wesentlichen nur die lexikalischen und morphologischen Einheiten im Input identifizieren und kategorisieren. Syntaktische Strukturmerkmale ergeben sich durch die Verfügbarkeit universalgrammatischer Prinzipien zwangsläufig.

Lernen durch Parameterfixierung

Die auf Chomsky (1965) zurückgehende Annahme eines Erwerbsmechanismus in Form des *Language Acquisition Device* (LAD), mit dessen Hilfe das Kind in der Lage ist, a) Hypothesen über die Struktur der zu erwerbenden Sprache zu bilden, die selbst die Form und Funktionsweise generativer Grammatiken haben, und b) aufgrund eines impliziten Bewertungsmaßstabes eine dieser möglichen Grammatiken auszuwählen, ist in neueren Ansätzen der Spracherwerbstheorie kritisiert worden. Insbesondere die Feststellung, daß es sich beim Spracherwerb um einen Lernprozeß mit systematischen Entwicklungsabfolgen und Zwischenstufen, das heißt um „construction, not simply choice, of models" (Traugott 1973, 313) handelt, die ungenaue Skizzierung des Bewertungsmaßstabes, sowie der Umstand, daß der LAD auf negative Evidenz angewiesen ist, wenn er in jedem Fall die korrekte Grammatik der Einzelsprache erwerben soll, haben zu einer Revidierung der Vorstellungen geführt. Seitdem wird in der Lernbarkeitstheorie ein Modell sprachlichen Lernens favorisiert, das auf die von Rizzi (1982) eingebrachte Idee der *Parametrisierung universalgrammatischer Prinzipien* zurückgeht. Die Möglichkeiten zur Konstruktion von Grammatiken sind auch nach dem Parametermodell durch abstrakte, universelle Prinzipien eingeschränkt. Die UG-Prinzipien bieten für bestimmte Strukturphänomene natürlicher Sprachen jeweils eine beschränkte Zahl von Optionen an. Strukturelle Unterschiede zwischen Einzelsprachen werden nach dieser Theorie auf die unterschiedliche Festlegung grammatischer Parameter zurückgeführt. Die Aufgabe des Kindes beim Grammatikerwerb besteht demnach im wesentlichen darin, aufgrund der ihm zugänglichen Informationen aus dem sprachlichen Input herauszufinden, welche der universalgrammatisch angebotenen Optionen für die Einzelsprache gilt, die es gerade erwirbt.

An einem oft zitierten Beispiel aus Chomsky (1981) läßt sich dieses Modell gut veranschaulichen: Sprachen unterscheiden sich nicht nur in in einer Vielzahl einzelner, voneinander unabhängiger Merkmale und Strukturen voneinander, sondern auch systematisch in bezug auf sogenannte Cluster von Eigenschaften. Ein solches Cluster grammatischer Eigenschaften von Sprachen wie Italienisch und Spanisch enthält zum Beispiel die Möglichkeit, (a) Subjekte in Sätzen wegzulassen, (b) freie Inversion anzuwenden, (c) Subjekte aus Nebensätzen zu extrahieren etc.

(a) Pensava ai suoi abiti.
   * „( ) dachte an ihre Kleider."
(b) Ha telefonato Giovanni.
   * „Hat angerufen Giovanni."
(c) Chi credi che parlera.
   * „Wer glaubst du daß sprechen wird."

Wie die Sternchen vor den deutschen Übersetzungen der Beispielsätze zeigen, ist im Deutschen – ebenso wie im Englischen und vielen anderen Sprachen – keine dieser Möglichkeiten gegeben. In Sprachen, in denen hingegen eins dieser Phänomene auftritt, sind immer auch die anderen möglich. Der Grund dafür liegt darin, daß diese Eigenschaften auf ein einziges, übergeordnetes grammatisches Prinzip zurückzuführen sind, dem zufolge in den sogenannten Pro-drop-Sprachen wie Italienisch und Spanisch das Verb Regens ist und seine Person- und Numerusflexive zur Identifizierung des ausgelassenen Subjekts ausreichen. Aus diesen Beobachtungen ergibt sich die Möglichkeit der Parametrisierung des Prinzips mit zwei Optionen: Entweder gilt Option A, dann sind die Eigenschaften (a), (b), (c) in einer Sprache gegeben, oder es gilt Option B, dann ist keine dieser Eigenschaften in der betreffenden Sprache möglich. Beim Spracherwerb fiele dem Kind in bezug auf die Pro-drop-Phänomene lediglich die Aufgabe zu festzustellen, welche der beiden Optionen für seine Muttersprache gilt. Wie Hyams (1986) in einer sprachvergleichenden Studie feststellt, dienen ihm dazu bestimmte Indikatoren im Input; im Englischen z. B. grammatische Funktionswörter, die semantisch leer sind und ausschließlich dazu dienen, die Subjektposition formal zu besetzen (die Expletiva *it* und *there*). Einer der entscheidenden Vorteile dieses Modells ist, daß positive Evidenz ausreicht, um die jeweiligen Parameter zu fixieren. Damit ist eine wichtige Bedingung der Lernbarkeit erfüllt.

Semantic bootstrapping

Obwohl man in der Lernbarkeitstheorie von einem starken, autonomen Mechanismus zum Erwerb formaler Eigenschaften von Sprache ausgeht, kann man den realen Spracherwerb nicht ohne einige Zusatzannahmen erklären. So stellt sich zum Beispiel die Frage, wie die im sprachlichen Input vorhandenen Einheiten, die zur Festlegung universalgrammatischer Parameter dienen und damit – nach der *Theorie des lexikalischen Lernens* (Pinker 1984) – den Aufbau formal-sprachlichen Wissens ermöglichen, von Kindern identifiziert und kategorisiert werden können. Dieses Lernbarkeitsproblem wird in Pinker (1984, 37 ff.) am Beispiel des Stellungsparameters demonstriert. Die Lösung des Problems liegt in der Annahme einer semantischen Lernstrategie *(semantic bootstrapping)*, die in frühen Phasen des Spracherwerbs zum Aufbau einer elementaren Grammatik mit syntaktischen Kategorien beiträgt. Um zu verdeutlichen, welche Bedeutung dieser semantischen Lernstrategie dabei zukommt, gebe ich im folgenden das Beispiel aus Pinker (1984) wieder:

Das Kind verfügt aufgrund seines Spracherwerbsmechanismus über universelle syntaktische Prinzipien, die in der *X-bar Theorie* (Jackendorff 1977) dargelegt sind und Phrasenstrukturregeln der folgenden Art ausgeben:

(1) S   → {NP$_{SUB}$, VP}
     NP → {(det) , N}
     VP → {NP$_{OBJ}$, V}[27]

Phrasenstrukturregeln beinhalten abstrakte syntaktische Kategorien wie *Nomen, Verb, Subjekt, Objekt,* die als solche nicht direkt wahrgenommen und erkannt werden können. Der kindlichen Wahrnehmung zugänglich sind nur Lautgebilde, Wörter, die aufgrund abstrakter Merkmale bestimmten lexikalischen Klassen und grammatischen Kategorien zugeordnet werden können. Die Zuordnungsmerkmale sind alles andere als einheitlich und unmittelbar ersichtlich. Für Nomen z. B. gibt es keine festgelegte syntaktische Position, keine einheitliche prosodische oder morphologische Markierung noch sonst ein Indiz, das in jeder beliebigen Sprache zu ihrer Identifizierung führen könnte. In einzelnen Sprachen haben Nomen zwar durchaus charakteristische Distributionen. Die Phrasenstrukturregeln, in denen diese festgelegt werden, sind aber gerade Gegenstand und nicht universelle Voraussetzungen des Lernens. Direkten Zugang haben Kinder nur zu sprachlichen Oberflächenstrukturen, zu prosodischen Merkmalen, allenfalls noch zu semantischen Aspekten von Äußerungen; doch die unter Berücksichtigung solcher Merkmale konstruierten Grammatiken haben sich ja gerade als ungeeignet und inadäquat zur Darstellung mental repräsentierter sprachlicher Wissenssysteme erwiesen.[28] Da die Kinder die für die Identifizierung der grammatischen Kategorien relevanten Merkmale nicht von vornherein kennen, ist nicht auszuschließen, daß sie aufgrund falscher Zuordnungen zu der in (2) dargestellten Strukturanalyse und zu den damit korrelierenden PS-Regeln (3) kommen:

(2) [$_S$ [$_{VP}$ [$_{NP}$ [$_N$ the]] [$_V$ boy]] [$_{NP}$ [$_N$ threw] [$_{det}$ rocks]]]

(3) S   → VP   NP$_{SUB}$
    NP → N   (det)
    VP → NP$_{OBJ}$ V

    the: N
    boy: V
    threw: N
    rocks: det

Es dürfte klar sein, daß eine solche Kategorisierung niemals zu den für das Englische geltenden PS-Regeln und zur Festlegung des dazu gehörenden Stellungsparameters führen kann.

Die von Pinker vorgeschlagene Lösung dieses Lernbarkeitsproblems geht auf Arbeiten von Grimshaw (1981) und MacNamara (1982) zurück und besteht – wie bereits erwähnt – in der Annahme einer semantischen Lernstrategie. Auch wenn syntaktische Kategorien in grammatischen Systemen nicht über rein semantische Eigenschaften zu definieren sind, werden mit ihnen in der Kommunikation doch immer wieder bestimmte Bedeutungen und Funktionen assoziiert. Verben referieren zum Beispiel vorzugsweise auf Handlungen und Zustände; Nomen auf Personen oder Dinge; mit Determinationselementen wird Definitheit ausgedrückt etc. Diese im sprachlichen Input vorzufindenden Beziehungen zwischen semantischen Merkmalen und syntaktischen Kategorien, zwischen Form und Funktion, sind Kindern perzeptiv zugänglich; ihre Beachtung verhindert die in (2) angenommene Kategorisierung. Indem sich Kinder also mittels *semantic bootstrapping* zunächst an semantischen und funktionalen Eigenschaften orientieren, können sie syntaktische Kategorien identifizieren und somit Grammatiken aufbauen, die – genau wie Grammatiken der Erwachsenensprache – syntaktische bestimmte Kategorien enthalten.

Auf diese mit Hilfe von *semantic bootstrapping* aufgebauten ersten Grammatiken kann das Kind zurückgreifen, wenn es mit Äußerungen konfrontiert wird, deren Elemente sich nicht unter Berücksichtigung semantischer oder funktionaler Gegebenheiten kategorisieren lassen. Ein Beispiel dafür ist der Satz: *The situation justified extreme measures.* Die Nomen sind hier keine wahrnehmbaren physikalischen Objekte oder Personen, das Subjekt ist nicht Agens-Argument, und das Verb kodiert keine Handlung. Derartige Strukturen können nur mit Hilfe einer Strategie analysiert werden, die auf syntaktische Kategorien und distributionelle Eigenschaften Bezug nimmt. Pinker bezeichnet die dafür geeignete Art des Lernens *als structure-dependent distributional learning* (Pinker 1984, 40).

Den Vorgang des frühkindlichen Grammatikerwerbs kann man sich also als Zusammenspiel recht unterschiedlicher Komponenten des Erwerbsmechanismus vorstellen: Aufgrund parametrisierter Prinzipien der Universalgrammatik, die zum *a priorischen* linguistischen Wissenssystem gehören, verfügt das Kind über Informationen bezüglich der grundlegenden grammatischen Funktionen und Eigenschaften von Kategorien. Es „weiß" z. B. aufgrund der Prinzipien der X-bar Theorie, daß Subjekte direkt vom S-Knoten dominiert werden, Agens-Argumente von Handlungsprädikaten sind etc. Mit Hilfe der semantischen Lernstrategie *semantic bootstrapping* ist es schon früh in der Lage, Subjekte aufgrund ihrer semantischen Eigenschaften (z. B. Agens-Funktion) im Input zu identifizieren und als syntaktische Kategorie in eine vorläufige Grammatik aufzunehmen. Über die Strategie des *strukturabhängigen distributionellen Lernens* und auf der Basis dieser vorläufigen Grammatik kann es dann auch im Input vorkommende Subjekte kategorisieren, die nicht durch semantische oder pragmatische, sondern eben nur durch rein grammatische Eigenschaften ausgewiesen sind.

Der empirische Nachweis dafür, daß die in den kindersprachlichen Grammatiken früher Erwerbsphasen vorkommenden syntaktischen Kategorien tatsächlich mit Hilfe von *semantic bootstrapping* identifiziert werden können, liegt in Clahsen (1988) vor. Semantische Informationen dienen dabei der Zuordnung lexikalischer Einheiten zu Wortklassen; Form-Funktionsbeziehungen ermöglichen die Kategorisierung zu Konstituentenklassen und Phrasen. Im Zusammenspiel mit universellen Prinzipien der X-bar Theorie und auf der Basis einfacher sprachlicher Daten, von denen man annehmen kann, daß sie zum Sprachangebot des Kindes gehören, können elementare Phrasenstrukturgrammatiken aufgebaut werden (Clahsen 1988, 50ff). Clahsen zeigt zudem, daß die mit Hilfe von *semantic bootstrapping* vorgenommene Kategorisierung verbaler Elemente in Phase II der deutschen Kindersprache zur Festlegung von Wortstellungsparametern führt und Entwicklungsfortschritte im Bereich der Syntax somit auf die Erweiterung des lexikalischen Wissens zurückzuführen sind (Clahsen 1988, 57ff).

Ferner zeigt sich, daß der Aufbau morphologischer Paradigmen zunächst offensichtlich von semantischen und nicht von formalgrammatischen Faktoren abhängt; Verbflexive werden von Kindern noch in Phase IV der Sprachentwicklung zur Kodierung semantischer Eigenschaften der Prädikat-Argumentstruktur von Äußerungen eingesetzt und nicht – wie in der Erwachsenensprache – als Kongruenzmarkierungen. Das Flexiv *t* wird zum Beispiel als Markierung für Intransitivität benutzt. Dadurch kommt es zum Aufbau eines eindimensionalen morphologischen Paradigmas, das unter Beachtung distributioneller Eigenschaften des sprachlichen Input und aufgrund der in Pinker (1984) dargelegten Lernmechanismen zum Erwerb von Flexionsparadigmen später revidiert wird, indem das Kind dann die für den Aufbau des Verbflexionsparadigmas relevanten grammatischen Dimensionen wie *Person* und *Numerus* beachtet (Clahsen 1988, 94ff).

Zusammenfassung

Die wissenschaftliche Erforschung von Lernprozessen setzt gesicherte Erkenntnisse über den Gegenstand und das Ziel des Lernens voraus. Im vorliegenden Fall ist dieser Gegenstand die Grammatik einer Sprache, das Ziel liegt im Aufbau eines sprachlichen Wissenssystems, das es gestattet, von den formalen sprachlichen Ausdrucksmitteln einer Sprache uneingeschränkt Gebrauch zu machen, d. h. die Fähigkeiten eines kompetenten Sprechers/ Hörers einer Sprache zu erlangen.

Jeder Spracherwerbstheorie muß demnach eine Sprachtheorie, jeder Theorie zum Erwerb der Grammatik eine Grammatiktheorie zugrundeliegen, wobei Theorien, die sich in rein deskriptiven Betrachtungen erschöpfen oder nur Teilaspekte des Gegenstandes behandeln, den Anforderungen der Spracherwerbsforschung nicht genügen können. Ein wichtiges Entscheidungskriterium für die Eignung einer bestimmten Theorie ist hier, ob sie das dem grammatischen Wissen entsprechende System mentaler Repräsentationen spezifizieren kann. Das bedeutet, daß die vorgeschlagenen Analysen mit wesentlichen Aspekten tatsächlicher grammatischer Fähigkeiten kompetenter Sprecher/Hörer einer Sprache übereinstimmen müssen. Die dabei postulierten grammatischen Regeln und Prinzipien müssen außerdem dem Kriterium der Lernbarkeit entsprechen; das heißt, es muß gezeigt werden, daß sie unter den üblichen Bedingungen des Spracherwerbs auch tatsächlich erworben werden können.

Unter Berücksichtigung wesentlicher Merkmale der Grammatiken natürlicher Sprachen erscheinen Theorien, in denen der Versuch gemacht wird, spezifische formal-sprachliche Prinzipien auf unspezifischere, nicht-sprachliche Prinzipien zu reduzieren, als beschreibungs- und erklärungsinadäquat. Ebenso scheitern Erklärungen zum Erwerb des formalen sprachlichen Wissens, wenn sie – die Spezifität grammatischer Systeme ignorierend – sprachliche Lernstrategien und Lernprozesse generell auf allgemein-kognitive oder interaktionale Gesetzmäßigkeiten zurückzuführen versuchen; denn sowohl durch die allgemeinen kognitiven Fähigkeiten des Kindes als auch durch den ihm vermittelten sprachlichen Input und seine spezielle Darbietungsform als feinabgestimmtes Motherese-Register ist das am Ende des Lernprozesses verfügbare grammatische Wissen unterdeterminiert.

In der Generativen Sprachtheorie werden bei der Formulierung von Hypothesen über sprachliche Wissenssysteme Lernbarkeitsüberlegungen explizit berücksichtigt. U. a. aufgrund der empirischen Evidenz, die durch Untersuchungen der Sprachpathologie, Neurophysiologie, Perzeptionsforschung, Kreolsprachforschung, Lernbarkeitsforschung und anderer Disziplinen bereitgestellt wird, geht man von der Annahme eines genetisch bestimmten, angeborenen Spracherwerbsmechanismus aus. Die entscheidenden Fragen richten sich darauf, welche sprachlichen Strukturen und Prinzipien universeller Natur sind und demnach zum angeborenen sprachlichen Wissen des Kindes gehören und wie es zu Lernfortschritten beim Grammatikerwerb kommt.

Wesentliche universelle Eigenschaften sprachlicher Wissenssysteme können durch die Theorie der Universalgrammatik spezifiziert und in Form parametrisierter universalgrammatischer Prinzipien dargestellt werden. Der Erwerb einzelsprachlicher Besonderheiten der Grammatik erfolgt durch die Wahl vorgegebener Optionen, die vom Kind unter Berücksichtigung von im Input enthaltenen Indikatoren – also ausschließlich auf der Grundlage positiver Evidenz – vorgenommen wird.

Gemäß den Prämissen der Lernbarkeitstheorie setzt das Kind an der Schnittstelle zwischen den angeborenen Prinzipien der Universalgrammatik und den zu erwerbenden einzelsprachlichen Besonderheiten zunächst eine semantische Lernstrategie ein, die den Aufbau einer elementaren Grammatik mit syntaktischen Kategorien ermöglicht. Die Reorganisation und Erweiterung des grammatischen Wissens erfolgt dann durch den Einsatz formaler Lernstrategien, die nicht auf semantische oder funktionale, sondern auf grammatische Dimensionen Bezug nehmen und schließlich zu den für die jeweilige Einzelsprache geltenden Festlegungen universalgrammatischer Parameter führen. Lexikalisches Lernen, das zur Kategorisierung und formal-grammatischen Statuszuweisung sprachlicher Elemente beiträgt, spielt dabei eine entscheidende Rolle.

4 Dysgrammatismus – gestörter Grammatikerwerb aus psycholinguistischer Sicht

Sprachwissenschaft und Dysgrammatismus

Die Unterschiede bezüglich der theoretischen Vorstellungen darüber, wie Kinder die Grammatik ihrer Muttersprache erwerben, spiegeln sich unmittelbar im Bereich der Sprachpathologie wider. So stellen sich die Erklärungsmodelle zum Dysgrammatismus als miteinander konkurrierende, zum Teil höchst divergierende und sich gegenseitig ausschließende Konzeptionen dar, die in Hinsicht auf ihre theoretischen und empirischen Begründungen, ihre Elaboriertheit als wissenschaftliche Modelle, die daraus abgeleiteten Forschungsstrategien und schließlich die empfohlenen sprachtherapeutischen Maßnahmen und Vorgehensweisen ein überaus breites Spektrum abdecken (Dannenbauer/Künzig 1991, 167ff). Besonders gut ist dieser Tatbestand an den jeweils hervorgehobenen und ins Zentrum der Erklärungsbemühungen bestellten ätiologischen Faktoren abzulesen (Schöler et al. 1991, 60ff), und es ist ja auch nicht zu bezweifeln oder gar zu widerlegen, daß die dabei in Betracht gezogenen internen und externen Faktoren (Spracherwerbsfähigkeit, angeborenes sprachliches Wissen, kognitive, mnestische u. a. Funktionen auf der einen, die Struktur der Zielsprache, Interaktionsprozesse etc. auf der anderen Seite) einen erheblichen Einfluß auf das Spracherwerbsgeschehen haben dürften. Wenn notwendige Voraussetzungen des Spracherwerbs fehlen oder nur eingeschränkt zur Verfügung stehen, ist eine abweichend verlaufende Sprachentwicklung als wahrscheinliche Folge anzunehmen; es sei denn, die Defizite können in irgendeiner Weise kompensiert werden.

Doch dürfte die in Kapitel 3 geführte Diskussion gezeigt haben, daß nicht jede notwendige auch zugleich eine hinreichende Bedingung für den Grammatikerwerb darstellt und daß die Kookkurrenz von sprachlichen und nicht-sprachlichen Phänomenen der kindlichen Entwicklung nicht ohne weiteres das begründet, was leichthin und meist folgenlos ein Bedingungsgefüge genannt wird. Die konsequente Berücksichtigung sprachtheoretischer Erkenntnisse, die bei der wissenschaftlichen Beschäftigung mit dem Phänomen des

Grammatikerwerbs unabdingbar ist, gehört auch zum Anforderungskatalog einer mit abweichenden Strukturen und Spracherwerbsverläufen befaßten Disziplin.[29]

Empirische Ergebnisse linguistischer Untersuchungen

In diesem Kapitel soll gezeigt werden, daß empirische Studien, deren Ergebnisse auf dem Hintergrund linguistischer Theorien interpretiert werden, wesentliche Einsichten in die Prozesse des Spracherwerbs vermitteln und auch zur Konstituierung erklärungsstarker Theorien über Spracherwerbsstörungen beitragen können. Die Generative Sprachtheorie Chomskys, die die Beschäftigung mit Sprache als einem in der menschlichen Kognition verankerten linguistischen Wissenssystem zum Mittelpunkt ihrer Forschungsbemühungen erkoren hat, bietet mit der Bereitstellung spezifischer Hypothesen zum Spracherwerb und zur Lernbarkeit von Sprachen einen geeigneten sprachtheoretischen Bezugsrahmen. Insbesondere die Entwicklungen, die sich innerhalb der Kognitiven Linguistik in den letzten Jahren vollzogen haben, lassen eine Verbindung von sprachtheoretischer Arbeit und anwendungsbezogener Forschung als äußerst nützlich und erfolgversprechend erscheinen (Clahsen 1991, Hyams 1986, Roeper/Williams 1987, Weissenborn et al. 1990).

Dies hat sich u. a. in einer von Clahsen (1988) durchgeführten empirischen Studie, in der Daten zum ungestörten Erwerb des Deutschen mit Daten dysgrammatisch sprechender Kinder verglichen werden, bestätigt. Arbeiten wie die von Clahsen zeigen, daß die unter Bezugnahme auf die Theorie der Generativen Grammatik gewonnenen Erkenntnisse über grundlegende Prinzipien des Grammatikerwerbs wesentliche Voraussetzungen für die Erforschung abweichender Erwerbsprozesse darstellen. Auf ihrer Basis können die linguistischen Charakteristika abweichender Erwerbsverläufe detailliert beschrieben und in ihrer Entwicklungsdynamik erfaßt werden. Darüber hinaus bieten sie wissenschaftliche Erklärungen für die beobachteten Phänomene an und ermöglichen damit die Konzeption einer Sprachtherapie, die in möglichst systematischer Weise zum kontrollierten und vorhersagbaren Abbau von Sprachstörungen zu führen versucht (Kanngießer 1984, 26f).[30]

Die von Clahsen vorgelegte Arbeit ist die zur Zeit einzige Studie größeren Umfanges, in der empirische Ergebnisse zu sprachlichen Strukturen und Entwicklungsverläufen bei dysgrammatisch sprechenden Kindern explizit auf eine Grammatiktheorie bezogen werden. Den wissenschaftstheoretischen Rahmen der Untersuchungen bildet das Forschungsparadigma der Kognitiven Linguistik; die zugrundeliegende Konzeption sprachlichen Lernens wird durch die Lernbarkeitstheorie (Pinker 1984) und das Parametermodell des Spracherwerbs (Hyams 1986) bereitgestellt. Der Forschungsansatz basiert auf den folgenden Grundannahmen:

1. Der Mensch verfügt über einen für seine Art spezifischen Mechanismus, der es ihm ermöglicht, die Grammatik jeder beliebigen Einzelsprache zu erwerben. Dieser Erwerbsmechanismus ist nur in der Zeit des kindlichen Spracherwerbs wirksam; sprachliches Lernen im Erwachsenenalter erfolgt nach anderen Lerngesetzmäßigkeiten.

2. Für den Grammatikerwerb gibt es eine autonome kognitive Komponente. Sie ist aufgabenspezifisch und nur auf den Erwerb natürlichsprachlicher Grammatiken spezialisiert. Allgemeine Problemlösungs- und Lernstrategien erklären den Spracherwerb nicht hinreichend (Autonomiehypothese).

3. Der Lernmechanismus für den Grammatikerwerb ist ein kognitives Modul, das selbst aus stark spezialisierten Komponenten besteht, die in festgelegter Weise miteinander interagieren (Modularitätshypothese).

4. Alle Lernmechanismen sind *a priori* vorhanden und verändern sich im Verlauf der kindlichen Entwicklung nicht; sie unterliegen keinerlei Reifungs- oder Veränderungsbedingungen (Kontinuitätshypothese).[31]

5. Fortschritte beim Grammatikerwerb werden hauptsächlich auf die Entwicklung des lexikalischen Wissens zurückgeführt. Das Kind muß nicht alle Struktureigenschaften der Zielsprache separat lernen, sondern im wesentlichen nur die lexikalischen und morphologischen Einheiten des Input identifizieren und kategorisieren. Syntaktische Strukturmerkmale ergeben sich durch die Verfügbarkeit universalgrammatischer Prinzipien und Parameter zwangsläufig. Die Möglichkeiten zur Konstruktion von Grammatik sind von Anfang an durch abstrakte Prinzipien bestimmt, die jeweils eine bestimmte Anzahl von Optionen anbieten. Demnach besteht die Aufgabe des Kindes vor allem darin, aufgrund der ihm zugänglichen Informationen aus dem Input herauszufinden, welche der universalgrammatisch angebotenen Optionen für die Einzelsprache gilt, die es erwirbt (Theorie des lexikalischen Lernens und Parametermodell).

Clahsens empirische Studie zum Dysgrammatismus umfaßt die Analyse spontansprachlicher Daten von 11 dysgrammatisch sprechenden Kindern im Alter von 3;2 bis 9;6 Jahren. Die Analyseergebnisse werden durch die im Rahmen des DFG-Projekts „Grammatikerwerb und Dysgrammatismus" durchgeführten kombinierten Längsschnitt-Querschnittstudien über 20 dysgrammatisch sprechende Kinder gestützt (Rothweiler 1988, Collings et al. 1989).

Die Interpretation der Daten erfolgt im Rahmen der lernbarkeitstheoretischen Konzeption des Spracherwerbs (Pinker 1984) und zielt auf eine möglichst präzise Rekonstruktion der grammatischen Regelsysteme, der Entwicklungsverläufe und der zugrundeliegenden Lernmechanismen ab. Ausgangspunkt ist die Hypothese, daß beim Dysgrammatismus keine globalen Defizite etwa im Sinne eines allgemeinen Unvermögens zur grammatischen Regelbildung, sondern selektive Schädigungen einzelner Lernmechanismen – vorzugsweise aus dem Bereich der Morphologie – zugrundeliegen. Diese Grundannahme wird durch die empirischen Ergebnisse zu verschiedenen Bereichen der Grammatik bestätigt. Sie werden im folgenden zusammengefaßt dargestellt.

Elemente und Strukturen der Nominalphrase

Die Äußerungen dysgrammatisch sprechender Kinder weisen Elemente und Strukturen früher kindlicher Grammatiken auf:

Nominalphrasen enthalten Determinationselemente und attributive Adjektive, wobei jedoch erweiterte Strukturen der Form D+Adj+N *(ein schönes haus)* oder NPNP *(papas neue tasche)* sehr selten sind. Als Determinationselemente kommen bestimmte und unbestimmte Artikel, Possessivpronomen, Quantoren, Numerale sowie gelegentlich Demonstrativpronomen vor. Artikel werden meist ausgelassen, auch wenn der sprachliche Kontext die Verwendung von Artikeln verlangt. Hervorzuheben ist hier, daß keinerlei Defizite bezüglich des Aufbaus von Konstituentenstrukturen festzustellen sind; generell stehen Determinationselemente und attributive Adjektive – wie in der Erwachsenensprache – vor dem Nomen, das sie spezifizieren. Die konstituenteninterne Wortstellung ist in diesem Bereich also auch bei dysgrammatisch sprechenden Kindern korrekt; abweichende syntaktische Projektionen sind nicht zu beobachten. Die Schwierigkeiten dysgrammatisch sprechender Kinder beziehen sich demnach nicht auf den Aufbau syntaktischer Strukturen. Die Lernmechanismen für die Komposition und phraseninterne Stellung von Wörtern scheinen also auch bei dysgrammatisch sprechenden Kindern intakt zu sein.

Im Unterschied zur Sprachentwicklung bei sprachunauffälligen Kindern sind in den Daten keine Entwicklungsfortschritte in bezug auf die Häufigkeit des Gebrauchs von Artikeln festzustellen. Bei allen untersuchten Kindern kommen zunächst nur wenige, unflektierte Artikelformen vor, die unabhängig von Genus und Numerus des

Bezugsnomens verwendet werden. Auch wenn das Inventar der Artikelformen im Laufe der Entwicklung erweitert wird, beachten die Kinder die grammatisch relevanten Genus- und Numerusoppositionen nicht. Die Untersuchungsergebnisse zeigen, daß dysgrammatisch sprechende Kinder beim Aufbau morphologischer Paradigmen grammatische Dimensionen offensichtlich nicht oder nur ungenügend berücksichtigen. Im Gegensatz dazu werden semantische Merkmale des Artikels durchaus kodiert; mit ihrer Hilfe unterscheiden die Kinder zum Beispiel systematisch definite von indefiniten Nominalphrasen.

Genus und Numerus sind keine primären Eigenschaften von Artikeln, sondern werden vom Kopf der Nominalphrase zugewiesen. Die Genus- und Numeruszuweisung gehört also in den Bereich der grammatischen Kongruenz. Außerdem gehören Genus und Numerus zu den relevanten grammatischen Dimensionen für den Aufbau eines morphologischen Artikelsystems, wie die folgende Übersicht verdeutlicht:

		Numerus			
		Singular			Plural
		Genus			
		Mask.	Fem.	Neutr.	
K A S U S	Nom.	der	die	das	die
	Gen.	des	der	des	der
	Dat.	dem	der	dem	den
	Akk.	den	die	das	die

Am Beispiel der Konstituentenstruktur von Nominalphrasen zeigt sich bereits, daß man beim Dysgrammatismus von selektiven Defiziten in einzelnen Bereichen der Grammatik ausgehen kann. Die Äußerungen dysgrammatisch sprechender Kinder weisen durchaus Elemente und Strukturen früher kindlicher Grammatiken auf. Ebenso verwenden die Kinder einige Elemente fortgeschrittener Erwerbsphasen, die allein mit Hilfe semantisch orientierter Lernmechanismen erworben werden können. Von einer generellen Verzögerung oder Beeinträchtigung kann also nicht gesprochen werden. Die Schwierigkeiten dysgrammatisch sprechender Kinder scheinen sich vielmehr auf den Umgang mit Phänomenen der grammatischen Kongruenz zu beziehen. Die für die Kodierung von Kongruenzmerkmalen benötigten Formen werden vom Lexikon nicht bereitgestellt, weil die für den Aufbau morphologischer Paradigmen relevanten Dimensionen wie Genus und Numerus – im Gegensatz zu semantischen Konzepten wie Definitheit – offensichtlich nicht verfügbar sind. Die Probleme liegen hier im Bereich der Morphologie, während die Lernmechanismen für den Aufbau von Phrasenstrukturregeln intakt sind.

Adverbiale

Ein ähnlicher Befund liegt hinsichtlich der Struktur von Adverbialen vor. Es werden vorwiegend Adverbien verwendet; in den selten auftretenden Präpositionalphrasen fehlen die Präpositionen in fast allen obligatorischen Kontexten. Die konstituenteninterne Wortstellung ist jedoch in allen Präpositionalphrasen korrekt. Auch hier haben die Kinder offensichtlich keine Schwierigkeiten in bezug auf die syntaktische Konstituentenstruktur.

Bei genauerer Betrachtung der Präpositionalphrasen zeigt sich, daß die geringe Anzahl realisierter Präpositionen zu einer eng umgrenzten Klasse gehört und mittels *semantic bootstrapping*, einer in frühen Phasen des Spracherwerbs wirksamen semantischen Lernstrategie, erworben werden kann.[32] Es handelt sich dabei vorwiegend um lokale Präpositionen, die auch beim ungestörten Erwerb verschiedener Sprachen früh auftreten (Bowerman 1982, Mills 1985, Slobin 1985). In frühen Phasen des Grammatikerwerbs konzeptualisieren Kinder abstrakte Prädikat-Argumentstrukturen vornehmlich lokal und können deshalb Funktionswörter mit lokalen Bedeutungsanteilen identifizieren und im Lexikon als Präpositionen kategorisieren. Präpositionen, deren Erwerb strukturabhängige Lernmechanismen voraussetzt, sind beim Dysgrammatismus anscheinend nicht verfügbar, so daß die von der Syntax angebotenen Positionen für Präpositionen entweder nicht oder mit den im Lexikon als Präpositionen kategorisierten lokalen Funktionswörtern besetzt werden. Die Schwierigkeiten dysgrammatisch sprechender Kinder scheinen also in diesem Bereich vornehmlich in der Kategorisierung von Funktionswörtern und ihrer Auswahl bei der lexikalischen Einsetzung in syntaktische Strukturen zu liegen.

Verbale Elemente

Mit diesen Ergebnissen stimmen auch die Beobachtungen zum Gebrauch von Verben überein. Dysgrammatisch sprechende Kinder haben offensichtlich große Schwierigkeiten mit dem Gebrauch von Verben, die ausschließlich als grammatische Funktionswörter dienen; Auxiliare und Kopulae werden in weit über 50% der sie erfordernden Kontexte ausgelassen. Auch sind aus den Längsschnittdaten keinerlei Entwicklungsfortschritte in bezug auf den Gebrauch von Hilfsverben abzulesen. Die Beobachtungen sind weder auf syntaktische Defizite noch auf das Fehlen von Wortformen zurückzuführen. Die Syntax bietet sowohl die von den Kindern bevorzugte finale Verbposition als auch eine vordere INFL-Position, die in manchen Äußerungen mit Verben besetzt ist, an. Auch finden sich Belege für die Verwendung von *sein* in lokaler und von *haben* in possessiver Bedeutung; die erforderlichen Wortformen gehören also durchaus zum kindlichen Lexikon.

Die Schwierigkeiten scheinen auch hier in der Kategorisierung der lexikalischen Elemente als grammatische Funktionswörter zu liegen. Die lokale Bedeutung von *sein* und *haben* ist mit Hilfe einer semantischen Lernstrategie zu erschließen, während ihre Verwendung als Hilfsverben für die Kodierung grammatischer Kongruenz den Aufbau eines morphologischen Paradigmas mit grammatischen Dimensionen (Person, Numerus) sowie die Beachtung bestimmter Kookkurrenzbedingungen erfordert (Wunderlich 1985). Diese rein grammatischen Funktionsbereiche, in denen strukturabhängige, distributionelle Erwerbsmechanismen die entscheidende Rolle spielen und nicht durch den Einsatz semantischer Lernstrategien ersetzt werden können (Pinker 1984, 37f), sind beim Dysgrammatismus offenkundlich selektiv betroffen.

Zwischenbilanz

Die referierten Untersuchungsergebnisse weisen darauf hin, daß die Hauptschwierigkeiten beim Dysgrammatismus nicht im Bereich der Syntax, sondern in ausgewählten Bereichen der Morphologie zu suchen sind. Dabei scheinen Phänomene der grammatischen Kongruenz und der Aufbau morphologischer Paradigmen im Lexikon im Mittelpunkt zu stehen. Im Gegensatz dazu sind die in frühen Phasen des Spracherwerbs wirksamen Lernstrategien, die auf semantische Eigenschaften des Input Bezug nehmen, auch beim

Dysgrammatismus verfügbar. Da mit ihrer Hilfe aber nur ein Teil der für fortgeschrittene Erwerbsphasen charakteristischen Elemente und Strukturen erworben werden kann, kommt es zu einer asynchron verlaufenden Sprachentwicklung, die in ihren einzelnen Stadien und zur gleichen Zeit sowohl Merkmale früher kindlicher Grammatiken als auch Anzeichen eines fortgeschrittenen Erwerbsprozesses aufweist.

Erwerb und Gebrauch von Kasusmarkierungen

Eine Stagnation des Spracherwerbs kann für den Erwerb und Gebrauch von Kasusmarkierungen nachgewiesen werden. Die Schwierigkeiten betreffen sowohl kasusmarkierte Pronomen als auch die Kasusmarkierungen mit Flexiven. Dysgrammatisch sprechende Kinder halten an den für frühe Erwerbsphasen typischen Übergeneralisierungen der neutralen Nominativformen auf Akkusativ- und Dativkontexte fest. Sie bauen keine morphologischen Paradigmen auf, die nach den grammatischen Dimensionen Genus, Kasus und Numerus aufgespalten sind. Der Gebrauch von kasusmarkierten Formen entspricht nicht etwa einer frühen Phase des ungestörten Grammatikerwerbs; die beim Dysgrammatismus entstehenden Systeme sind nicht eindeutig einer bestimmten Erwerbsphase zuzuordnen. So kommen beim Dysgrammatismus zum Beispiel Kasusformen vor, die von Kindern normalerweise erst spät erworben und dann auch unter den entsprechenden strukturellen Bedingungen der Rektion richtig zugewiesen werden. Während Nominativ- und Akkusativformen auf Dativkontexte angewandt werden, kommt eine Übergeneralisierung der Dativformen beim ungestörten Erwerb der Sprache nicht vor. Dysgrammatisch sprechende Kinder benutzen Akkusativ- und Dativformen hingegen auch in Nominativkontexten. Sie dienen ihnen dabei nicht zur Kodierung grammatischer Relationen, sondern zur Markierung semantischer Merkmale von Argumenten (Agentivität).

Auch in diesem Untersuchungsbereich zeigt sich also, daß sich die Probleme dysgrammatisch sprechender Kinder auf den Umgang mit grammatischer Kongruenz – in diesem Fall der Rektion – beziehen. Die für den Aufbau des Kasussystems relevanten grammatischen Dimensionen werden durch semantische Dimensionen, die den Kindern unter Beachtung von Form-Funktionsbeziehungen im Input zugänglich sind, ersetzt. Auf diese Weise werden semantische Merkmale von Argumenten markiert, die speziellen Bedingungen der Kasuszuweisung durch das Regens innerhalb einer regierenden Kategorie jedoch mißachtet.

Der Gebrauch von Verbflexiven

Eine weitere Teiluntersuchung befaßt sich mit dem Gebrauch und der Funktion von Verbflexiven in den Grammatiken dysgrammatisch sprechender Kinder. Auch hier können keine generellen Defizite festgestellt werden; die Kinder verfügen über Elemente der regulären Flexion und über Kompositionsregeln für komplexe Verbformen. Wie aufgrund der Ergebnisse der vorangegangenen Untersuchungen zu erwarten, beziehen sich die Schwierigkeiten dysgrammatisch sprechender Kinder wiederum auf den Aufbau eines formalen Systems von Kongruenzmarkierungen. Es werden morphologische Paradigmen unter Beachtung semantischer Dimensionen aufgebaut, wie sie auch in frühen Phasen des ungestörten Spracherwerbs vorkommen. Diese Systeme benutzen die Kinder, um semantische Merkmale von Argumentstrukturen (Transitivität) formal zu markieren. Da beim Aufbau der Paradigmen die relevanten grammatischen Dimensionen (Person und Numerus) nicht beachtet werden, fehlen die formalen Mittel zur Kodierung der im Deutschen geforderten Subjekt-Verb-Kongruenz.

Auch die Analyse der Verbflexion zeigt, daß beim Dysgrammatismus keine generellen Defizite im Bereich der Morphologie angenommen werden müssen. Die Lernmechanismen zur Konstruktion morphologischer Paradigmen sind ebenso verfügbar wie semantische Lernstrategien zur Kategorisierung des sprachlichen Input und die Wortbildungsregeln für komplexe Verbformen. Sobald jedoch rein grammatische Dimensionen zum Aufbau formaler Systeme berücksichtigt werden müssen, versagen die dazu benötigten Lernmechanismen. Dies scheint immer dann der Fall zu sein, wenn sekundäre grammatische Merkmale, die von anderen Elementen kontrolliert werden, zur Markierung grammatischer Kongruenz erforderlich werden.

Die Stellung verbaler Elemente

Einen Einblick in die von den Kindern aufgebauten syntaktischen Repräsentationen gibt die Analyse der Wortstellung. Von besonderem Interesse ist dabei die Verbstellung, aber auch die Stellung von Argumenten und Negationselementen. In Übereinstimmung mit Ergebnissen anderer Untersuchungen zum Entwicklungsdysgrammatismus (Grimm 1983) stellt Clahsen fest, daß auch die von ihm untersuchten Kinder Verben vorzugsweise ans Ende der Äußerungen stellen. Die Daten zeigen jedoch auch, daß die syntaktische Repräsentation alle für die Verbstellung erforderlichen Positionen anbietet: eine vordere INFL-Position für flektierte verbale Elemente sowie eine finale V-Position für nicht-finite Bestandteile des Prädikats (Kratzer 1984). Ein syntaktisches Defizit – etwa das Fehlen syntaktischer Positionen – kann jedenfalls nicht festgestellt werden.

Zur Beantwortung der Frage, warum die Verben in den Äußerungen dysgrammatisch sprechender Kinder meist in Endstellung stehen, bedarf es der Bezugnahme auf grammatiktheoretische Erkenntnisse über Stellungsregularitäten in syntaktischen Strukturen: Die Besetzung syntaktischer Positionen für verbale Elemente hängt von der Kategorisierung der Verbarten im Lexikon ab. Stark-flektierte verbale Elemente, die aufgrund des semantischen Informationsgehalts ihrer Affixe als INFL-Elemente kategorisiert werden, besetzen automatisch die ihrem Lexikoneintrag entsprechende vordere Verbposition in der Syntax, während schwach-flektierte verbale Elemente die finale V-Position einnehmen. Die unterschiedliche Kategorisierung von Verben in verschiedenen Sprachen erklärt die Unterschiede hinsichtlich der Wortstellung in den einzelnen Sprachen.

Für den Spracherwerb bedeutet das, daß die Kinder erkennen müssen, wie die verbalen Elemente der Zielsprache kategorisiert werden. Dazu dienen ihnen semantische Informationen im Input wie die Bedeutungsanteile der Kongruenzflexive. Beim ungestörten Erwerb des Deutschen stellt man fest, daß der Prozeß der Verbkategorisierung abgeschlossen ist, wenn die Kinder das Flexionsparadigma für Verben vollständig aufgebaut haben. Von diesem Zeitpunkt an sind keine Verbstellungsfehler in den Äußerungen der Kinder mehr festzustellen; die Einsetzung verbaler Elemente in syntaktische Strukturen erfolgt nun gemäß der zielsprachlich vorgesehenen Kategorisierung. Aufbau des Flexionsparadigmas, Kategorisierung der Verben im Lexikon und Stellung der Verben in syntaktischen Strukturen stehen also in engem Funktionszusammenhang.

Wie die Untersuchung der Flexionssysteme gezeigt hat, bauen auch dysgrammatisch sprechende Kinder morphologische Paradigmen für Verbflexive auf. Sie bedienen sich dabei jedoch nur semantischer Lernstrategien, die auf semantische Merkmale und Dimensionen rekurrieren; der Einsatz strukturabhängigen distributionellen Lernens, das unter Berücksichtigung grammatischer Dimensionen zum Aufbau des vollständigen Flexionsparadigmas der Zielsprache führt, ist ihnen offensichtlich nicht oder nur teilweise möglich. Die Beachtung grammatischer Kongruenzmerkmale ist aber auch eine wesentliche Voraussetzung für die im Deutschen geltende Kategorisierung der Verben als stark-flektierte Elemente. Da die untersuchten dysgrammatisch sprechenden Kinder weder das vollständige Flexionsparadigma erworben noch die für Verben geforderte Kategorisierung im Lexikon vorgenommen haben, geraten Verben bei der lexikalischen Einsetzung in syntaktische Strukturen meist in die finale, für schwach-flektierte Verben vorgesehene Position. Dies gilt auch für die in anderen Studien untersuchten Kinder, die ebenfalls nicht über alle Flexionsformen für Verben verfügen und Verben vorzugsweise ans Ende der Äußerungen stellen (Grimm 1983).

Argumentstellung und Stellung von Negationselementen

Die Untersuchung der Argumentstellung ergibt, daß grammatische Relationen zwischen den Argumenten des Verbs mittels der Wortstellung und nicht mithilfe morphologischer Ausdrucksmittel markiert werden. Das stimmt mit der Beobachtung überein, daß die Kinder nicht über ein differenziertes System morphologischer Mittel (Kasusmorphologie) verfügen, das sie zu diesem Zweck einsetzen könnten. Die Argumentstellung erfolgt deshalb nach einem starren kanonischen Muster, das Kinder auch in frühen Phasen des ungestörten Spracherwerbs benutzen. Diese Kodierungsform für grammatische Relationen ist jedoch im Deutschen nur in den Fällen relevant, in denen die Markierung für unterschiedliche Kasus durch homonyme Formen erfolgt. In den anderen Fällen ist eine starre Wortstellung aufgrund der reichen Kasusmorphologie im Deutschen nicht notwendig. Mit dem Erwerb der Subjekt-Verb-Kongruenz wird die Wortstellung grammatikalisiert. Das bedeutet, daß sie von ihrer Funktion der Markierung grammatischer Relationen befreit wird. Dieser Prozeß bleibt bei dysgrammatisch sprechenden Kindern offenbar aus; da ihnen die morphologischen Mittel (Kasusmorphologie) fehlen, unterscheiden sie die Verbargumente weiterhin mittels der Wortstellung. Entwicklungsfortschritte sind aus den Daten von Clahsen nicht abzulesen.

Auch die Analyse der von den Kindern verwendeten Negationsstrukturen zeigt, daß keinesfalls abweichende syntaktische Regeln angenommen werden müssen. Bei Satznegation ist die Stellung des Negationselements in den kindersprachlichen Äußerungen von der Stellung der Verben abhängig; zu abweichenden Negationsstrukturen kommt es vor allem durch den Umstand, daß Verben meist nicht flektiert werden und die INFL-Position unbesetzt bleibt (Clahsen 1988, 226ff).

Zusammenfassung

Aus den Analyseergebnissen der Studie lassen sich folgende Schlußfolgerungen ziehen:

Prinzipien des Grammatikerwerbs, die aus universellen Modellen über Struktureigenschaften natürlicher Sprachen abgeleitet werden – wie zum Beispiel Prinzipien der X-bar Theorie (Jackendorff 1977) – sind auch beim Dysgrammatismus verfügbar. Sie sorgen dafür, daß syntaktische Repräsentationen und Phrasenstrukturregeln aufgebaut, grammatische Relationen identifiziert und markiert werden etc. Dysgrammatisch sprechende Kinder erzeugen keine bizarren sprachlichen Systeme, sondern Grammatiken, die in den Geltungsbereich universeller Prinzipien fallen.[33] Dabei wählen sie oft Optionen, die zwar universalgrammatisch möglich sind, für die zu erwerbende Einzelsprache jedoch nicht gelten. An dieser Wahl halten sie – im Gegensatz zu Kindern im ungestörten Spracherwerb – rigide fest; in einzelnen Bereichen sind Entwicklungsfortschritte nicht zu beobachten.

Deutliche zeitliche Verzögerungen des Erwerbsverlaufs stellen beim Dysgrammatismus kein generelles Phänomen dar, sondern beziehen sich auf einzelne Bereiche der Grammatik. Aus diesem Grund entsprechen die Grammatiken dysgrammatisch sprechender Kinder nicht vollständig den Übergangsgrammatiken aus frühen Phasen des Spracherwerbs normalsprechender Kinder. Stagnationen der Entwicklung finden hauptsächlich im Bereich des Erwerbs grammatischer Funktionswörter und morphologischer Elemente statt. Dadurch kommt es zu Phasenverschiebungen und einer insgesamt asynchron verlaufenden Entwicklung im Bereich der Grammatik (Dannenbauer 1985, Hansen 1988).

Die psycholinguistische Perspektive ermöglicht eine Präzisierung der beim Dysgrammatismus anzunehmenden selektiven Schädigungen einzelner Komponenten des Erwerbssystems: Es sind vor allem die Lernmechanismen betroffen, die für den Aufbau morphologischer Paradigmen zuständig sind. Die Lernmechanismen zum

Erwerb solcher Paradigmen werden in der Lernbarkeitstheorie präzise beschrieben (Pinker 1979 und 1984). Beim Dysgrammatismus scheinen sie zu versagen, wenn sie grammatische Dimensionen (Genus, Kasus, Person, Numerus etc.) berücksichtigen müssen. Semantische Lernstrategien hingegen sind offensichtlich auch beim Dysgrammatismus verfügbar und werden zur Konstruktion von Paradigmen eingesetzt. Schwierigkeiten treten vor allem in Zusammenhang mit Phänomenen der grammatischen Kongruenz auf. Grammatische Merkmale, die nicht zu den primären Eigenschaften der betreffenden Kategorie gehören, sondern von anderer Stelle zugewiesen werden, sind den Kindern nicht zugänglich. Betroffen sind also Phänomene der Kontrolle und Weitergabe von grammatischen Merkmalen innerhalb syntaktischer Strukturen, während der Aufbau von Satz- und Konstituentenstrukturen auch für dysgrammatisch sprechende Kinder keine Schwierigkeit darzustellen scheint (Clahsen/Hansen 1996).

5 Sprachdiagnostik bei Dysgrammatismus

Ansprüche und Wirklichkeit

Wissenschaftliche Erkenntnisgewinnung zu patholinguistischen Phänomenen wie dem kindlichen Dysgrammatismus hat zwei grundlegende Voraussetzungen: (1) müssen detaillierte deskriptive Analysen der Kindersprache durchgeführt werden, die (2) eine Rekonstruktion der kindlichen Grammatik und der zugrundeliegenden Erwerbs- und Verarbeitungsprozesse ermöglichen und somit zu Erklärungen für die beobachteten Phänomene führen.

Die genannten Forderungen betreffen nicht nur die wissenschaftliche Forschung, sondern sind in gleichem Maße in der sprachdiagnostischen Praxis einzulösen; wenn es darum geht, auf der Grundlage möglichst genauer deskriptiver Analysen des kindlichen Sprachgebrauchs die diesem Sprachgebrauch zugrundeliegende Grammatik zu rekonstruieren, zu vergleichen und psycholinguistisch zu evaluieren, um daraus sprachtherapeutische Handlungskonsequenzen und Einflußmöglichkeiten abzuleiten. Wenn man, Kanngießer (1984) folgend, Sprachtherapie als Angewandte Wissenschaft oder zumindest als verwissenschaftlichte Handlungspraxis versteht, ist ein solches Vorgehen unabdingbare Voraussetzung für die Begründung und Initiierung jeder sprachtherapeutischen Intervention. Mit anderen Worten, eine wissenschaftlich fundierte Sprachtherapie setzt in jedem Fall den methodisch gesicherten Erwerb diagnostischer Informationen voraus.

Die sprachdiagnostische Praxis ist indes weit entfernt von diesen Ansprüchen und Zielvorstellungen. Seit Jahren wird ein offensichtlicher Mangel an praktikablen Untersuchungsverfahren, die eine differenzierte Diagnose des Dysgrammatismus ermöglichten und therapierelevante diagnostische Informationen lieferten, von Wissenschaftlern und Praktikern gleichermaßen beklagt; die angewandten diagnostischen Methoden sowie die vorhandenen Verfahren wie zum Beispiel standardisierte Sprachtests werden in der Fachliteratur als unzureichend eingeschätzt (Ihssen 1978, Füssenich/Heidtmann 1985, Heidtmann 1981 und 1988). Die Kritik bezieht sich hauptsächlich auf folgende Punkte:

– Die Diagnose besteht in vielen Fällen lediglich in einer durch Berufserfahrung gestützten subjektiven Einschätzung der sprachlichen Fähigkeiten und des sprachlichen Entwicklungsstandes und erschöpft sich in der Feststellung der Auffälligkeit.[34] Damit ist aber kaum ein nennenswerter diagnostischer Informationsgewinn verbunden; die Bestätigung der Vermutung, daß das Kind hinsichtlich seiner Sprachentwicklung von der Norm abweicht, impliziert keineswegs eine genaue Kennzeichnung oder Wesensbestimmung dieser Abweichung, noch weist sie aus, ob eine sprachtherapeutische Intervention indiziert ist und worin sie bestehen soll.

– In vielen Fällen erfolgt keine Objektivierung des Befundes. In einigen Fällen kann auf eine methodisch aufwendige Objektivierung auch durchaus verzichtet werden: „Fehler" bei der Verwendung von Verbflexiven oder „falsche" Kasusmarkierungen sind im 2. Lebensjahr sicher kein Hinweis auf Dysgrammatismus. In anderen Fällen muß hingegen differentialdiagnostisch abgeklärt werden, ob es sich um zeitliche oder strukturelle Variationen handelt, die im Bereich des „Normalen" liegen, das heißt zum Erscheinungsbild des ungestört verlaufenden Erstspracherwerbs gehören und demnach keine Eingriffe in den natürlichen Spracherwerbsprozeß erfordern, oder ob ein Erwerbsprozeß vorliegt, der aufgrund seiner internen Struktur und seines Verlaufs ein Erreichen des Erwerbszieles unmöglich oder unwahrscheinlich erscheinen läßt und deshalb spezifische sprachtherapeutische Interventionen indiziert. Eine derartige Differenzierung wird seit mehr als 20 Jahren immer wieder gefordert (Scholz 1970; 1985, 103f), ohne daß sie in Theorie und Praxis berücksichtigt würde.

– Informelle Prüfmittel dienen lediglich der Systematisierung von Beobachtungen und der Aufzeichnung von Auffälligkeiten und „Fehlern", und selbst diese Funktion erfüllen sie nur unzureichend, weil sie keine vollständigen Analysen des kindlichen Sprachgebrauchs anstreben, sondern stets nur eine Auswahl von Analysekategorien bereithalten, die der jeweilige Verfasser offensichtlich für relevant hält, die aber weder generell als kriteriale Merkmale für Sprachstörungen angesehen werden können noch in jedem Fall differentialdiagnostisch von Bedeutung sind. So tauchen zum Beispiel die in der Schweregradskala des Dysgrammatismus von Remmler (1975) aufgeführten grammatischen Merkmale als diagnostische Kategorien in fast allen „Sprachüberprüfungsverfahren für Dysgrammatiker" (Rutte 1983, 151f) auf, obwohl sie allesamt auch beim ungestörten Grammatikerwerb zu beobachten sind. Ob das Auftreten dieser Merkmale als „noch normal" oder „schon sprachpathologisch" einzuschätzen ist, bleibt in Ermangelung eines expliziten und validen Bewertungsmaßstabes ins subjektive Ermessen des Praktikers gestellt.

– Bei standardisierten Sprachtests geht es um die psychometrisch bestimmte Feststellung der Auffälligkeit. Da der Befund mit Hilfe wissenschaftlicher Methoden objektiviert wird, stellt er eine vermeintlich sichere Basis für administrative Entscheidungen dar, die er gleichsam legitimiert.

Über einen interindividuellen Leistungsvergleich auf quantitativer Basis gehen die nach der klassischen Testtheorie konstruierten Verfahren nicht hinaus, auch wenn – wie beim Heidelberger Sprachentwicklungstest (Grimm/Schöler 1978) – propagiert wird, die Testergebnisse seien u. a. dazu geeignet, Aussagen über die linguistische Regelkompetenz eines Probanden auf verschiedenen Struktur- und Inhaltsebenen der Sprache zuzulassen und damit eine psycholinguistisch gesicherte Grundlage für eine differenzierte Frühdiagnose und Frühförderung bereitzustellen. Dies erforderte jedoch sehr detaillierte Sprachanalysen, die mit Hilfe eines standardisierten Testverfahrens aufgrund seiner Konstruktionsmerkmale überhaupt nicht geleistet werden können. So wird die Untersuchung syntaktischer Fähigkeiten beim H – S – E – T zum Beispiel auf Einzelaspekte des komplexen und umfangreichen Bereichs der Syntax reduziert und in nur zwei Untertests abgehandelt, was die im Handbuch deklamierten Ansprüche als geradezu vermessen erscheinen läßt.[35]

Ein anderes mit der Anwendung standardisierter Sprachtests verbundenes Problem ist folgendes: In den Fällen, in denen eine detaillierte therapeutische Untersuchung (v. Riper/Irvin 1970) geboten ist, lassen sich gerade diese Verfahren oft nicht erfolgreich durchführen. Das liegt vor allem an der auf die Erfassung quantitativer Merkmale ausgerichteten Konzeption standardisierter Tests und an der mit ihren Durchführungsbedingungen verbundenen, von Testgegnern kritisierten „unnatürlichen Kommunikationssituation", die sich im Sinne einer „Zwangskommunikation" (Ehlich/Rehbein 1977) in höchst einschränkender und beeinträchtigender Weise auf das vom Kind gezeigte sprachliche Verhalten auswirken kann.

Hinsichtlich des Verhältnisses von Sprachdiagnostik und Sprachtherapie kommt Dannenbauer zu der ernüchternden Einschätzung:

> Ein nahezu generelles, recht erstaunliches Kennzeichen der Sprachtherapie ist ihre weitgehende Unabhängigkeit von der sogenannten Sprach-"Diagnostik". Zwar wird betont, daß sich die Sprachtherapie den individuellen Voraussetzungen und der besonderen Ausprägungsform der Störung bei jedem Kind anpassen müsse. Jedoch wird nicht aufgezeigt, wie eine solche Therapieplanung auf der Grundlage der vorhandenen pauschalen und grobgerasterten „Sprachprüfmaterialien", problematischer informeller Praktiken (z. B. Nachsprechproben) und fast ausnahmslos fragwürdiger Sprachtests überhaupt möglich sein soll. Infol-

gedessen wird meist mehr oder weniger intuitiv ein geeigneter Einstiegspunkt ermittelt, von dem aus dann der „Sprachausbau" in systematischer, vorstrukturierter und auch bei verschiedenen Kindern ziemlich einheitlicher Weise erfolgt. (Dannenbauer 1985, 145)

Als Alternative: Spontansprachanalysen

Als Alternative[36] zum herkömmlichen diagnostischen Vorgehen wird seit einigen Jahren die Erhebung und Analyse von Spontansprachdaten gesehen (Scholz 1981, Sarimski 1983, Hansen 1988, Heidtmann 1988).

Spontansprachanalysen haben in der Sprachwissenschaft eine lange Tradition – zum Beispiel bei der Erforschung unbekannter Sprachen, in der Dialektologie, in der Kreolistik – und auch schon die frühen Arbeiten zur Kindersprachforschung (Scupin/Scupin 1907, Stern/Stern 1928) basieren auf der Untersuchung spontansprachlicher Äußerungen.

Die Forderung, nicht nur das in standardisierten Testsituationen erhobene verbale Reaktionsverhalten oder die Nachsprechleistungen von Kindern als Grundlage für die Beurteilung ihrer grammatischen Kompetenz zu nehmen, trägt den im vorangegangenen exemplarisch dargestellten theoretischen und praktischen Schwierigkeiten, die mit den herkömmlichen diagnostischen Methoden und Verfahren verbunden sind, Rechnung.

Wenn daraus jedoch nur Handlungsanweisungen bezüglich der Erhebung sprachlicher Daten abgeleitet werden, ohne daß zugleich diagnostische Konzepte und Verfahren für die Datenanalyse und die Interpretation der Ergebnisse bereitstehen, wird dem Diagnostiker in der Praxis damit keinesfalls die Möglichkeit eröffnet, zu mehr konkreten diagnostischen Erkenntnissen zu gelangen als er durch den Kontakt mit dem Kind oder durch den Einsatz der kritisierten herkömmlichen Verfahren ohnehin gewinnt; denn er wird ja in jedem Fall eine gezielte Beobachtung der gesprochenen Sprache des Kindes vornehmen, die ihn dann zu einer mehr oder weniger zutreffenden Beurteilung seiner sprachlichen Leistungen veranlaßt. Die Maßgabe, daß die spontane Sprache des Kindes mittels audiovisueller Aufzeichnungsgeräte konserviert und anschließend schriftlich fixiert werden sollte, gewährleistet zwar eine systematischere Datenerfassung und genauere Beobachtungsmöglichkeiten. Damit werden jedoch lediglich Voraussetzungen für die Diagnostik geschaffen. Die erklärte Absicht, anhand spontansprachlicher

Äußerungen „die grammatische und syntaktische Struktur der gestörten Sprache aufzuzeigen" (Rutte 1983, 149), ist weder neu noch hilfreich, solange keine wissenschaftlich fundierten Analyseprozeduren und kein psycholinguistisch begründeter Bewertungsmaßstab für die Interpretation der Ergebnisse angegeben werden. Die handelsüblichen Protokollbögen (Fiege 1965, Frank/Grziwotz o. J., Grunwald 1982, Meixner 1978, Staps o. J., Sulser 1975), in die der Diagnostiker seine Beobachtungen eintragen kann, weisen diesbezüglich keinerlei Angaben oder Handlungsanweisungen auf.[37]

Die Profilanalyse

Ein für die Analyse von Spontansprachproben entwickeltes sprachdiagnostisches Verfahren, das sowohl detaillierte systematische Analysen der Kindersprache als auch eine psycholinguistisch fundierte Evaluation der Analyseergebnisse ermöglicht, wurde im Jahr 1976 von dem an der Universität Readings in Großbritannien arbeitenden Linguisten Crystal und seinen Mitarbeitern vorgelegt (Crystal et al. 1976). Es ist auch bei uns unter der Bezeichnung LARSP, einer Abkürzung für „Language Assessment Remediation and Screening Procedure", bekannt geworden und wird im englisch-sprachigen Raum mit großem Erfolg in der diagnostischen Praxis eingesetzt (Crystal 1979).

Ein auf der Idee des LARSP basierendes diagnostisches Verfahren für das Deutsche liegt seit 1986 in Form der „Profilanalyse" (Clahsen 1986) vor. Es besteht im wesentlichen aus einem Profilbogen, auf dem die einzelnen Phasen des Grammatikerwerbs dargestellt sind. Die Phaseneinteilung basiert auf den empirischen Ergebnissen der Spracherwerbsforschung und stellt die sukzessiven Veränderungen und Erweiterungen des kindlichen Wissenssystems in verschiedenen Bereichen von Syntax und Morphologie dar.

In Teil C des Profilbogens, dem Entwicklungsprofil, ist ein wesentlicher Ausschnitt des ungestört verlaufenden Grammatikerwerbs abgebildet. Die einzelnen Phasen dieses Profils entsprechen den Übergangsgrammatiken, die Kinder im Verlauf ihrer Sprachentwicklung erwerben. Das bedeutet, daß sie nur solche linguistischen Merkmale enthalten, für die aufgrund der verfügbaren empirischen Evidenz aus der Spracherwerbsforschung erwiesen ist, daß sie in streng geordneter und invarianter Reihenfolge erworben werden. Mit anderen Worten, die Phaseneinteilung des Profilbogens bildet keine Schwierigkeits- oder Komplexitätshierarchie ab, sondern

Name: Alter: Datum: Situation:

A. Nicht-analysierte Äußerungen
    unverständlich   :   abgebrochen   :
    mehrdeutig   :   imitativ   :
    einfache Antworten :   stereotype Ausdrücke:
    formalisierte Ausdrücke: Andere   :

B. Analysierte Äußerungen
            EKÄ   ZKÄ   MKÄ
    Ellipsen: Wiederholungen:
    Andere :

C. Entwicklungsprofil

I   N :   Pr :   Frage: Q: Negation:'nein':

II   ProP :   ProA :   SV: VS: SO: OS: SA: AS:
     DN   :   AdjN :   VO: OV: VA: AV: OA: AO:
     DAdjN: NPNP :   AA: Andere:
     Adv :   PNP :
     V   :   Adj :   Frage: QXY: Negation: Neg V:
     PrV :   Andere: V Neg:

     O: n: t:
    --------------------- Auslassungen   Kop: Aux: V:
III   P :   Art: S:

     Aux :   SXV   :   XS(Y)V   :   XYV   :   SXY   :
     Mod :   SXAdj :   XS(Y)Adj :   XYAdj :   X(Y)S(Z)*:
     Kop :   SXPr(V):   XS(Y)Pr(V):   XYPr(V):   XYZ   :
                    SXPt   :   XS(Y)Pt :   XYPt :   Andere :
                    SVX   :   XSVY   :   (X)VY(Z)*:

     Gen.suff.:
                    Frage: QXYZ: Negation:(X)Neg(Y)V(Z)*:
     e   :   Andere:
    ---------------------- Komplementstruktur ----------------
IV   (V)XA: (V)XAA: Andere:

     Nominativform (X) Aux Y Pt :   (X) V Y Pr: X V S (Y):
     Akk.kon.:   (X) Mod Y Inf: (X) V A O :
     Dat.kon.:   (X) Kop Y Adj:

     st: Frage: (w) V S (X):   Negation:(X) V Neg (Y)*:
     Andere: Q V S (X):

V   Akkusativform   (sK)SXV: (sK)SV: (sK)X :
     Akk.kon.:   (sK)XV :   (sK)SX: Andere :
     Dat.kon.:
                     Frage:(ob) X: Negation:(sK) X Neg V :
     Dativform: (w) X: (X) V Y Neg (Z):
     Andere :
                     Komplementstruktur
     sK: kK: 2Obj: 2Obj+A: Andere:

     MLU: EWÄ: ZWÄ: MWÄ:

Profilbogen COPROF 1.0

spiegelt den tatsächlichen, anhand empirischer Untersuchungen zum Erwerb des Deutschen ermittelten Spracherwerbsverlauf für eine Reihe grammatischer Regeln und Prinzipien wider. Dabei handelt es sich um zentrale Phänomene der Grammatik: innerhalb der Syntax werden die Bereiche Verbstellung, Komplementstrukturen, Interrogation und Negation in Haupt- und Nebensätzen systematisch erfaßt, innerhalb der Morphologie insbesondere die Bereiche der regulären Verbflexion und der Kasusformen, ferner die Erwerbsreihenfolge der wichtigsten Wortarten und entwicklungsbedingte Auslassungen sowie der Aufbau von Konstituentenstrukturen. Außerdem werden quantitative Werte ermittelt.[38]

Bei der Diagnose werden die erhobenen Äußerungen in Hinblick auf die im Entwicklungsprofil vorkommenden grammatischen Kategorien und Strukturen analysiert und den entsprechenden Erwerbsphasen zugeordnet. Damit dient die Profilanalyse zum einen der Beurteilung des sprachlichen Entwicklungsstandes eines Kindes, zum anderen aber auch der Beschreibung abweichender Strukturen und Erwerbsverläufe bei sprachauffälligen Kindern. Der diagnostische Maßstab zur Evaluation der Analyseergebnisse ist dabei nicht die Erwachsenensprache, sondern die jeweils einer bestimmten Phase des ungestört verlaufenden Spracherwerbs entsprechende Übergangsgrammatik.

Das Verfahren ermöglicht eine sehr detaillierte Rekonstruktion der kindlichen Grammatik. Auch die in neueren Untersuchungen zum Dysgrammatismus herausgestellten Phänomene lassen sich mit Hilfe der Profilanalyse präzise erfassen. Die mit Hilfe der Profilanalyse gewonnenen diagnostischen Informationen haben sich als tragfähige Basis zur Beurteilung struktureller Abweichungen beim Grammatikerwerb erwiesen (Clahsen 1988 und 1989).

Die Anwendbarkeit des Verfahrens ist durch die Erstellung eines Computerprogramms für die Datenanalyse – COPROF – (Clahsen/Hansen 1991) entscheidend verbessert worden. Diese Weiterentwicklung hat dazu beigetragen, daß linguistische Profilanalysen nicht länger nur im Rahmen der wissenschaftlichen Forschung, sondern zunehmend auch in der sprachdiagnostischen Praxis durchgeführt werden.[39]

Die wesentlichen Leistungen der Profilanalyse bestehen darin, den Sprachentwicklungsstand im Bereich der Grammatik zu bestimmen und gegebenenfalls Störungen des Erwerbsverlaufs zu erfassen. Außerdem können Lern- und Therapieziele für eine logopädische Behandlung von Störungen des Grammatikerwerbs aus den Analyseergebnissen abgeleitet werden. In den Falldarstellungen (Kapitel 8ff) werden die Durchführung des Verfahrens und seine Nutzanwendung in der sprachtherapeutischen Praxis verdeutlicht.

6 Sprachtherapie bei Dysgrammatismus

**Sprachtherapie – mal symptomorientiert,
mal mehrdimensional**

Man kann als gesichert annehmen, daß die Entwicklung des menschlichen Kortex und die damit verbundene Ausbildung der Intelligenz und der Sprachfähigkeit dem Menschen jenen entscheidenden Selektionsvorteil verschafften, der ihm ein Überleben als Gattungswesen ermöglichte. Sobald der Mensch die Vorteile, die ihm durch den Besitz und den Gebrauch eines differenzierten lautsprachlichen Symbolsystems beschert wurden, erfahren und erkannt hatte, dürften ihm seine sprachlichen Fähigkeiten bedeutsam erschienen und – nachdem sein Überleben gesichert war – nach und nach auch zum Gegenstand gedanklicher Beschäftigung geworden sein. Zeugnisse aus den Anfängen der Menschheitsgeschichte, die das belegen könnten, liegen uns nicht vor, doch zeugen die immerhin bis in die Antike zurückreichenden Überlieferungen von den verschiedenartigsten Bemühungen um die Verbesserung oder Verfeinerung sprachlicher Fähigkeiten. Diese bezogen sich zum Beispiel auf die Ausbildung der politisch höchst wichtigen Redekunst, einer elaborierten Form der Rhetorik mit hohen Ansprüchen an die sprechtechnische und formal-stilistische Gestaltung des Vortrags sowie seiner adressatenbezogenen, pragmatischen Wirkung. Zum anderen gab es schon damals Behandlungsversuche zur Beseitigung individueller, als abweichend und beeinträchtigend empfundener sprachlicher Besonderheiten, die man heutzutage durchaus als Sprachstörungen bezeichnen würde.[40]

Auch wenn sich in manchen Fällen – trotz oder wegen der vorgenommenen „therapeutischen Maßnahmen" – Erfolge eingestellt haben mögen, dem Unwissen und den zum Teil mystischen Vorstellungen über Verursachung und Wesen dieser Störungen entsprechend sind viele Behandlungsmethoden aus heutiger Sicht geradezu indiskutabel, zumal einige von ihnen – wie zum Beispiel die noch Mitte des 19. Jahrhunderts von Dieffenbach als *ultima ratio* der Stottererbehandlung empfohlene und praktizierte Durchtrennung der Zungenwurzel – hinsichtlich ihrer Folgen für Gesundheit und Leben der Betroffenen nicht immer unbedenklich gewesen sein dürften. Was den Behandlungskonzepten solcher Zeiten in jedem Fall fehlte, war die wissenschaftliche Begründung ihrer Methoden.

Die systematische Erfassung und schulische Betreuung sprachlich auffälliger Kinder ist in den Anfängen des Sprachheilwesens hierzulande zunächst von Ärzten und Taubstummenlehrern geleistet worden. Auch die logopädische Behandlung lag im Tätigkeitsbereich dieser Berufsgruppen und fand im wesentlichen in Taubstummenanstalten statt (Dupuis 1983, 266f). Während Ärzte sprachpathologische Betrachtungen und die Entwicklung von Behandlungsansätzen aus medizinischer Sicht betrieben, was aufgrund der damit verbundenen „organphysiologischen Sichtverengung" (Knura 1980, 13) in neuerer Zeit immer wieder als schwere, historisch bedingte Hypothek der Sprachbehindertenpädagogik beklagt wird, liegen speziell den therapeutischen Bemühungen und Vorschlägen zur Behandlung dysgrammatisch sprechender Kinder offenkundlich seit jeher pädagogische Begründungen und Zielsetzungen zugrunde, die sich auf die gesamte Bildung und Erziehung des Kindes (Rothe 1923, 161), seine geistigen Fähigkeiten (Nadoleczny 1926, 56; Fröschels 1931, 379), seine musisch-ästhetische Entwicklung und Persönlichkeitsfestigung (Zuckrigl 1964, 74) sowie explizit auch auf einzelne nicht-sprachliche Bereiche und Basisfunktionen wie Wahrnehmung, Konzentration, Merkfähigkeit, Motorik beziehen (Becker/Sovák 1975, Elstner 1974, Heese 1963 und 1975, Löhnig 1973).[41]

Außer diesen mehrdimensionalen Fördermaßnahmen wurden auch immer schon Handlungsanweisungen formuliert, die die Beseitigung der sprachlichen Beeinträchtigungen selbst zum Ziel hatten, das heißt symptomorientiert waren. Dabei standen Vermittlungsformen im Vordergrund, die geradezu zum Charakteristikum der klassischen Sprachheilbehandlung dysgrammatisch sprechender Kinder wurden und bis zum heutigen Tag praktiziert werden: Nachsprech- und Satzmusterübungen. Sie werden von Liebmann (1901), von Rothe (1923), von Nadoleczny (1926), von Fröschels (1931) empfohlen und finden sich in gleicher Form selbst in zeitgenössischen Werken wieder, in denen ein spracherwerbsorientiertes Vorgehen bei der Behandlung von Sprachentwicklungsstörungen gefordert wird (Grohnfeldt 1990).

Aus den Behandlungsvorschlägen früherer Zeiten haben sich indes keine wissenschaftlich begründeten Therapiemethoden entwickelt. Zwar hat es eine quantitative Bereicherung des Repertoires an Übungsformen und Sprachlernmaterialien für dysgrammatisch sprechende Kinder gegeben; die Methode selbst aber ist unkritisch übernommen und weitergegeben worden, ohne daß man sich über ihre Effektivität und Angemessenheit ernsthaft Gedanken gemacht hätte. Hier begnügte man sich offensichtlich mit der allgemeinen lerntheoretischen Begründung, daß Übungen zur langfristigen Sicherung von Lerninhalten führen und die Verfügbarkeit über diese Inhalte gewährleisten, und vertraute darauf, daß dies auch im Fall des Sprachlernens so sei. Der völlige Verzicht auf eine wissenschaftliche, sprachtheoretisch begründete Auseinandersetzung mit dem Lerngegenstand selbst hat lange Zeit verhindert, daß die klassischen Sprachübungsmethoden hinsichtlich der ihr unterstellten sprachaufbauenden und transferfördernden Wirkung kritisch hinterfragt wurden.

Erst in neuerer Zeit sind die im Kontext der Dysgrammatismustherapie angewandten Verfahren, mit deren Hilfe sprachliche Lernprozesse durch übendes Wiederholen und Einschleifen vorgegebener Muster initiiert werden sollen, einer eingehenden Kritik unterzogen worden. In Anbetracht der Tatsache, daß die sogenannte Übungstherapie mit dysgrammatisch sprechenden Kindern meist erfolglos verläuft, spricht Dannenbauer gar vom „Unsinn der Satzmusterübungen" (Dannenbauer 1991, 202). Seine Kritik richtet sich nicht auf die ungenügende „Einbettung" der Übungen in für das Kind handlungs- und kommunikationsbedeutsame Kontexte, sondern in erster Linie auf die mangelhafte wissenschaftliche Begründung dieser Methode: Sprachlerntheoretisch ist die Durchführung klassischer Übungsformen, die dem Kind eine ständige Reproduktion vorgegebener oder sich aufgrund der dargebotenen Stimuli immer wiederholender, stereotyper Muster abverlangen, kaum zu rechtfertigen, und sie führt in der Regel auch nicht zum Erwerb grammatischer Regeln, sondern zum Abspeichern sogenannter *frames*, Satzschablonen, deren Konstituentenstrukturen nicht variiert werden können und deren Verwendungsmöglichkeiten auf bestimmte zwangskommunikative Standardsituationen der Sprachtherapie beschränkt bleiben.[42] Daraus erklärt sich auch die Beobachtung, daß ein Transfer des vermeintlich Gelernten auf das spontansprachliche Verhalten des Kindes selbst nach mehreren Jahren übungstherapeutischen Bemühens meist ausbleibt.[43]

Die mangelnde Anpassung der Sprachübungen an das bereits erworbene grammatische Wissen des Kindes, die u. a. als unausbleibliche Konsequenz aus der Verwendung unzureichender sprachdiagnostischer Verfahren oder einem völligen Verzicht auf eine Sprachdiagnose resultiert, sowie die Vernachlässigung der rezeptiven Dimension der Sprachverarbeitung stellen die wichtigsten Gründe für das Scheitern der Übungstherapie mit dysgrammatisch sprechenden Kindern dar.

Lerntheoretisch-behavioristisch begründete Übungsmethoden sind aus psycholinguistischer Sicht als ungeeignet für die Initiierung sprachlicher, insbesondere grammatischer Lernprozesse anzusehen. Bei Störungen des Grammatikerwerbs müssen Lernstrategien unterstützt werden, die auch beim ungestörten Grammatikerwerb wirksam sind. Dabei handelt es sich vor allem um Prinzipien der Identifizierung und Kategorisierung grammatisch relevanter Informationen und Elemente des sprachlichen Input, die durch die Erweiterung des lexikalischen Wissens und Interaktion mit formalen Parametern des Spracherwerbsmechanismus zu Erwerbsfortschritten führen (siehe Kapitel 3). Daraus folgt, daß sprachtherapeutische Maßnahmen nicht einseitig produktionsorientiert sein dürfen, sondern auch die Prozesse der rezeptiven Sprachverarbeitung gezielt fördern müssen.

Sprachtherapie im Wandel der Zeit

Die Favorisierung übungstherapeutischer Methoden bei der Behandlung dysgrammatisch sprechender Kinder in den Anfängen des Sprachheilwesens ist weit weniger erstaunlich als die Tatsache, daß sie die sprachtherapeutische Praxis bis in unsere Zeit hinein maßgeblich geprägt haben. Die Durchführung von Sprachtherapie lag in jener Zeit vornehmlich in den Händen von Lehrern, die sich in ihren Überlegungen zur Gestaltung spezifischer sprachtherapeutischer Maßnahmen an den pädagogischen Konzepten zur unterrichtlichen Vermittlung sprachlicher Lernprozesse orientiert haben dürften. Der Sprachunterricht, dessen Ziel hauptsächlich in der Vermittlung formal-sprachlicher Normen in den Bereichen Rechtschreibung und Grammatik bestand, war methodisch durch den Einsatz von Übungsverfahren geprägt, und so bot es sich an, diese Techniken in abgewandelter Form auch in der Sprachtherapie einzusetzen, wo sie bei der Behandlung dysgrammatisch sprechender Kinder zur Beseitigung grammatischer „Fehler" und zum Aufbau formal-sprachlicher Fähigkeiten beitragen sollten.[44] In diesem Punkt stimmten auch die Ziele von Sprachtherapie und Sprachunterricht *grosso modo* überein, wenngleich sich die Anwendungsbedingungen und Voraussetzungen für den Einsatz der Übungsverfahren selbstverständlich unterschieden.

In den 60er/70er Jahren gerieten die eng gefaßten Zielsetzungen des Sprachunterrichts in heftige Kritik. In ihrer einseitigen Fixierung auf soziale und sprachliche Anpassungsleistungen paßten sie nicht mehr zu bildungspolitischen Vorstellungen und Forderungen, die auf der Grundlage eines veränderten gesellschaftlichen Bewußtseins und einer kritischen Reflexion der bestehenden Verhältnisse Chancengleichheit, die Verwirklichung emanzipatorischer Erziehung, kompensatorische Maßnahmen zur Erhöhung der sozialen Mobilität und in letzter Konsequenz die Umgestaltung des Schul- und Bildungswesens sowie von Staat und Gesellschaft einklagten.

Infolgedessen wurden auch die Ziele des Sprachunterrichts weiter gesteckt; von der Förderung und Erweiterung der sprachlichen Kommunikationsfähigkeit bis hin zur Entwicklung eines gesellschaftskritischen Bewußtseins, politischer Mündigkeit und Handlungsfähigkeit (Maas 1974, 141ff) reichte der neue Anforderungskatalog, der mit der „kommunikativen Wende" schon bald in die Richtlinien und Lehrpläne eingearbeitet wurde. Es dürfte klar sein, daß eine Reihe traditioneller Unterrichtspraktiken, zu denen auch die Sprachübungen gehören, der Neubesinnung zum Opfer fielen, weil sie den Zielen eines emanzipatorischen Sprachunterrichts nicht dienlich waren oder ihnen gar widersprachen.[45]

Auch in der Sprachbehindertenpädagogik hat es – wie in anderen Bereichen der Behindertenpädagogik – eine folgenreiche Umorientierung gegeben. Unter dem Einfluß von Einsichten aus humanwissenschaftlichen Disziplinen, die sich mit den psycho-sozialen Implikationen von Sprachentwicklung, Sprachwissen und Sprachgebrauch befassen, der Kommunikationstheorie und nicht zuletzt der linguistischen Pragmatik wurde die soziale Dimension sprachlicher und kommunikativer Beeinträchtigungen in den Mittelpunkt des Interesses gerückt. Damit änderten sich die Vorstellungen von Sprachstörungen und ihrer Behandlung gewaltig: Sprachstörungen werden nicht mehr als statische Größen mit Defizitcharakter betrachtet. Vielmehr werden sie als dynamische Prozesse aufgefaßt, die sich in Abhängigkeit von der Gesamtentwicklung des Individuums und in Wechselwirkung mit allen erdenklichen, diese Entwicklung affizierenden Bedingungen verändern. Die mit dieser Perspektivenerweiterung verbundene Abkehr von der Konzentration auf die Sprachstörung gibt den Blick auf den Menschen und seine gesamte Lebenswirklichkeit frei und entspricht somit einem „ganzheitlich-interaktionalen Selbstverständnis" (Grohnfeldt 1989, 22).

Damit wurden auch einige Ziele der Sprachtherapie einer Kurskorrektur unterzogen. Nicht mehr die Beseitigung der sprachlichen Symptomatik, die sich ohnehin in vielen Fällen als nicht einzulösendes Versprechen erweist, sondern die Erweiterung der Kommunikations- und Handlungsfähigkeit, die Erziehung zur Mündigkeit und Selbständigkeit und die individuelle Persönlichkeitsentfaltung sind nun die in den Mittelpunkt gestellten Zielbestimmungen. Als die eigentlichen pädagogischen Bezugspunkte der therapeutischen Arbeit werden u. a. die „Bedeutung der Beziehung", „Mehrdimensionalität und Ganzheitlichkeit der menschlichen Entwicklung", „Interaktionalität und systemische Veränderung", „Lebensbedeutsamkeit", „Handlungsorientierung" und das Menschenbild des Therapeuten (Grohnfeldt 1989) angeführt.

Die entscheidende Frage scheint hier zu sein, ob die aus den neuen Sichtweisen und Soll-Bestimmungen abgeleiteten Konsequenzen rein programmatischer Natur geblieben sind oder tatsächlich wissenschaftlich besser begründete und effizientere Formen sprachtherapeutischen Handelns hervorgebracht haben. Zur Beantwortung dieser Frage werden im Folgenden einige der neueren Ansätze zur Behandlung von Sprachstörungen skizziert und einer kritischen Betrachtung unterzogen. Dabei werden insbesondere die sprachtherapeutischen bzw. sprachdidaktischen Aspekte berücksichtigt, die sich auf die Behandlung des kindlichen Dysgrammatismus beziehen.[46]

Sprachtherapie und Menschenbild

In zahlreichen Publikationen verweist Grohnfeldt auf die Bedeutung der wissenschaftstheoretischen Orientierung und des Menschenbildes von Therapeuten als grundlegende Kategorien für die Konstituierung sprachtherapeutischer Konzeptionen und sprachtherapeutischen Handelns (Grohnfeldt 1987, 1989, 1990). Auch die Zielsetzungen der Sprachtherapie werden aus diesen Kategorien abgeleitet. Dabei argumentiert er für eine pädagogische Sichtweise, die sich zu einer Wissenschaftsauffassung bekennt, deren Bezugspunkte er unter Hinweis auf Antor (1987), Gauch (1985), Scarbath (1983) und Speck (1987) mit den Stichwörtern *Neue Ganzheitlichkeit, Ethik der Verantwortung, Handlungs- und Aktionsfor-*

schung, wiedererwachte Normativität, Suche nach sinngebenden Zusammenhängen und *Betonung des pädagogischen Verstehens* (Grohnfeldt 1989, 27) umreißt und die der Einsicht entspricht, daß „... Sprachstörungen nie isoliert, sondern nur zusammen mit ihrer Bedeutung für den betroffenen Menschen und seine sozialen Bezüge" (Knura/Neumann 1980, 165) zu betrachten sind. Die Kritik an traditionellen, symptomverhafteten therapeutischen Vorgehensweisen und den entsprechenden Methoden begründet Grohnfeldt (1987, 4) aus einem pädagogischen Grundverständnis heraus, nach dem das „Kind als Subjekt seiner Erziehung" gesehen werden sollte. Die „Fähigkeit des Menschen zur Eigenaktivität" stelle die Antriebskraft für die Entwicklung von Sprache und Persönlichkeit dar, die es auf der Grundlage einer partnerschaftlichen Beziehung im gemeinsamen Prozeß symmetrischer Kommunikation zu fördern gelte. Handlungsorientierung und Lebensbedeutsamkeit des sprachtherapeutischen Tuns sollen richtungsweisend für ein Konzept sein, das Sprachtherapie als „komplexe Persönlichkeitsbildung" (Grohnfeldt 1989, 24) ausweist.

Die praktischen Konsequenzen der „pädagogischen Perspektive", die sich für die Arbeit mit sprachentwicklungsgestörten Kindern ergeben, werden u. a. in Grohnfeldt (1990) dargelegt.

Dabei erweisen sich die von Grohnfeldt eingenommenen pädagogischen Grundhaltungen als durchaus geeignet, ein großes Spektrum erziehungswissenschaftlich und pädagogisch-ethisch begründeter therapeutischer Handlungsmaximen abzuleiten. Die auf die Sprachtherapie im engeren Sinn bezogenen Überlegungen zur konkreten Planung und Gestaltung von Sprachlernprozessen hingegen lassen eine explizite wissenschaftliche Begründung, die u. a. die Einbeziehung neuerer psycholinguistischer und sprachlerntheoretischer Modelle und Erkenntnisse erforderte, vermissen.

Was die kindliche Sprachentwicklung anbelangt, wird zum Beispiel lediglich darauf verwiesen, daß sie nur im Kontext der komplexen Gesamtentwicklung des Kindes und in Abhängigkeit von neurophysiologischen Reifungsvorgängen sowie sozialer Umweltstimulanz gesehen werden könne und ein von vielen unterschiedlichen Funktionen und Faktoren bestimmtes Geschehen darstelle – ein Tatbestand, der nicht widerlegt werden kann, aber auch von niemandem jemals ernsthaft bezweifelt wurde.[47] Theorien über den Zusammenhang und die Dynamik des Entwicklungsprozesses, über die Interdependenz der Determinanten dieser Entwicklung, die Entwicklungslogik und die daran beteiligten Lernstrategien und Erwerbsmechanismen werden nicht genannt, geschweige denn diskutiert und hinsichtlich ihrer Bedeutung für das Verständnis von Sprachstörungen erörtert.

Im Rahmen eines Überblicks über die kindliche Sprachentwicklung werden Sprachentwicklungsverläufe auf verschiedenen sprachlichen Ebenen dargestellt (Grohnfeldt 1990, 11). Der Grammatikerwerb wird dabei folgendermaßen charakterisiert:

> Die *syntaktisch-morphologische* Ebene geht auf das Verständnis und den Gebrauch grammatischer Regeln ein. Dabei wird angenommen, daß das Kind nicht einfach Wörter lernt, sondern Konstruktionsregeln aus der Erwachsenensprache extrahiert, die es ihm durch Transformationen erlauben, eigenständige und dabei grammatisch richtige Sätze zu erzeugen. Über Generalisierung von Regeln erwirbt das Kind die Fähigkeit, morphosyntaktische Strukturen zu beherrschen und durch Analogiebildungen zu erweitern. Dieser Vorgang ist eng an die semantische und kognitive Strukturierung gebunden, die wiederum auf sensomotorische Grundprozesse zurückgreift. (Grohnfeldt 1990, 12)

Dieser Abriß der Prozesse des Grammatikerwerbs dürfte als spracherwerbstheoretische Basis für die Entwicklung therapeutischer Konzepte zur Behandlung von Störungen im Bereich der Syntax und Morphologie kaum genügen, und auch der Verfasser selbst leitet aus seinen Ausführungen nur höchst allgemeine Forderungen und Absichtsbekundungen ab:

> Prinzipiell gilt es, sprachfördernde Situationen zu gestalten, in denen das Kind
> – zu einer Erweiterung seiner Selbstlernaktivität angeregt wird,
> – möglichst gegenständlich handelt bzw. konkrete altersspezifische Hilfen bekommt,
> – die emotionale Beziehung ebenso wie der Erwachsene als angenehm empfindet,
> – durch Rhythmus, Tonfall, Sprechmelodie usw. die Sprachübernahme leichter er-lernt,
> – zu einem Regellernen geführt wird, das auf den Erwerb sprachlich-kognitiver Strategien abzielt und nicht nur auf die Übernahme isolierter Wörter und Sätze,
> – zum aktiven Sprachgebrauch und nicht nur zur passiven Imitation geführt wird. (Grohnfeldt 1990, 13)

Im Rahmen didaktisch-methodischer Überlegungen werden „sprachstörungsspezifische Verfahren" (Grohnfeldt 1990, 70ff) dargelegt, für deren Einsatz ein ganzheitliches, spracherwerbsorientiertes Vorgehen empfohlen wird:

Sprachtherapie bei Dysgrammatismus

> Ein derartiges spracherwerbsorientiertes Vorgehen beinhaltet eine weitgehende Vermeidung unnatürlicher Imitationsverfahren (Vor- und Nachsprechen) und konzentriert sich dafür auf eine Intensivierung der natürlichen Sprechsituation durch eine Kombination unterschiedlich stark vorstrukturierter Kommunikationsabläufe, in denen der Therapeut korrigierende Rückmeldungen gibt. Im günstigsten Fall sollte dabei möglichst *ursachen- statt symptomspezifisch* vorgegangen werden. Dabei sollte die Sprachtherapie nicht durch das Üben einer Vielzahl sprachlicher Teilleistungen zersplittert werden. (Grohnfeldt 1990, 70)

Als wesentlich für ein spracherwerbsorientiertes Vorgehen werden hier der Situations- und Kommunikationsbezug, das korrigierende Rückmeldungsverhalten des Therapeuten sowie das Vermeiden bestimmter Übungsmethoden angegeben. Diesen Vorgaben fügt Grohnfeldt eine nach sprachlichen Ebenen bzw. Teilleistungen und den klassischen Störungsbildern eingeteilte Zusammenstellung von Übungsmethoden an (1990, 71ff). Daß Spracherwerbsorientierung auch bedeuten könnte, die Auswahl sprachlicher Lernziele und therapeutischer Maßnahmen auf der Basis detaillierter Analysen des Sprachentwicklungsstandes und empirisch überprüfter spracherwerbstheoretischer Erkenntnisse vorzunehmen, wird hier nicht angesprochen. Als Kriterium für die im Rahmen des „Auf- und Ausbau(s) der expressiven Sprachstruktur" (98) zu treffende Auswahl von Satzbauplänen empfiehlt der Autor stattdessen, neben dem „beobachteten Störungsverhalten der Kinder" (98) die von Grebe (1966!) ermittelte Gebrauchshäufigkeit von Sätzen im Deutschen zugrundezulegen.

Nachsprechübungen werden als wenig sinnvoll erachtet, „da keine affektiven Beziehungen auftreten, die das Behalten erleichtern" (Grohnfeldt 1990, 98). Tatsächlich ist das hier in den Mittelpunkt gestellte Behalten nur eine sehr allgemeine Bedingung, die bei jedem Lernvorgang eine Rolle spielt; die subjektive Bedeutsamkeit des Lerninhalts und die Behaltensleistung korrelieren sicher in vielen Fällen miteinander. Beim Syntaxerwerb geht es aber überhaupt nicht primär um Gedächtnisleistungen und schon gar nicht um das Behalten von Sätzen oder Satzmustern, sondern um einen komplizierten und höchst spezifischen Prozeß, der durch mechanisch vollzogene Reproduktionsleistungen nicht in Gang gesetzt oder gezielt gefördert werden kann.[48] Sehr wohl kann es aber – auch wenn sich keine „affektiven Beziehungen" ergeben – zum Behalten der vorgesprochenen Sätze kommen. Dann entsteht jedoch nicht unbedingt grammatischer Fortschritt, sondern oft eine Art Übungs- oder Therapiesprache, die strukturell und als Kommunikationsmittel äußerst beschränkt ist und keinen Einfluß auf das produktive grammatische Wissen hat.

Als Strukturierungshilfe für den Aufbau der Therapie mit dysgrammatisch sprechenden Kindern gibt Grohnfeldt das Prinzip „vom Einfachen zum Schwierigen" an; eine Maßgabe, die völlig offen läßt, was unter *einfach* und *schwierig* verstanden werden soll. Sind hier strukturelle und/oder quantitative Merkmale von Äußerungen gemeint oder sollen der Verzweigungsgrad linguistischer Strukturen oder etwa die Art und Anzahl von Einsetzungen oder Transformationen in zugrundeliegenden Strukturen bestimmen, was grammatisch *einfach* und was *schwierig* ist? Ist vielleicht so etwas wie kognitive Verarbeitungskomplexität gemeint oder steht hier eine Vorstellung von Schwierigkeit Pate, die sich aus der Vermutung herleitet, daß spät Erworbenes schwieriger sei als früh Erworbenes oder weniger oft gebrauchte Äußerungen schwieriger als häufig verwendete seien? Die Liste solcher Mutmaßungen ließe sich beliebig erweitern. Es dürfte klar sein, daß derartige „didaktisch-methodische Gesichtspunkte bei der Auswahl und Strukturierung von Therapiesequenzen" (Grohnfeldt 1990, 98) tatsächlich keine begründeten Entscheidungskriterien enthalten und nur das zum Programm erheben, was in der Praxis ohnehin geschieht: daß man sich nämlich in Ermangelung wissenschaftlich fundierter therapeutischer Konzepte bei der Planung und Gestaltung sprachtherapeutischer Maßnahmen in erster Linie auf Alltagstheorien stützt und dabei subjektiv auszulegende Alltagsweisheiten wie die, daß Einfaches vor Schwierigem gelernt werden sollte, befolgt. Lernhierarchien lassen sich daraus schwerlich ableiten; hinsichtlich des Grammatikerwerbs bedarf es dazu psycholinguistischer und sprachlerntheoretischer Begründungen.

Kritisch sind auch die anderen Vorgaben zur Gestaltung der Sprachtherapie zu sehen. Ob die „Veranschaulichung durch gegenständliches Material" die beim Dysgrammatismus affizierten Erwerbsprozesse tatsächlich fördert, ist genau so zweifelhaft wie die dem Language Master und der „Rhythmisierung" zugeschriebene therapeutische Wirksamkeit. Unter psycholinguistischem Gesichtspunkt muß jedenfalls bezweifelt werden, daß derartige Methoden und Verfahren überzufällige und wiederholbare Effekte zeitigen, deren Ausbleiben in Theorie und Praxis ja auch zur Genüge beklagt wird.

Die den Lernbereichen Syntax und Morphologie zugeordneten Therapieinhalte beziehen sich auf Einzelphänomene der Grammatik, deren Auswahl nicht begründet wird. So ist zum Beispiel nicht nachzuvollziehen, warum in der Zweiwortphase Befehlssätze zu üben sind, und auch der Hinweis, dabei sollte „... auf praktisches Handeln sowie rhythmisiertes Klatschen zur Unterstützung nicht verzichtet werden" (Grohnfeldt 1990, 101), schafft hier nicht mehr Klarheit. Weitergeführt werden soll der Lernprozeß im Bereich der Syntax dann offensichtlich über die durch Bildkartenvorlage unterstützte Vermittlung von Dreiwortsätzen, dann von Mehrwortsätzen. Daß der Satzbau von Zweiwortsätzen wie *Peter kommt* identisch mit der Konstituentenstruktur der hier angegebenen Dreiwortsätze ist, wird dabei ebenso wenig berücksichtigt wie die spracherwerbstheoretischen Implikationen, die sich aus der Bezugnahme auf ein Grammatikmodell mit schablonenartigen Satzbauplänen ergeben, reflektiert werden.[49]

Zusammenfassend muß festgestellt werden, daß die Begründung einer sprachtherapeutischen Konzeption zu kurz greift, wenn sie ausschließlich als pädagogische Obliegenheit gesehen und unter alleiniger Berücksichtigung pädagogischer Gesichtspunkte vorgenommen wird. Sicher gehört eine Bestimmung übergeordneter Zielsetzungen therapeutischen Handelns und eine gesellschaftskritische, erziehungsphilosophische Reflexion der Grundkategorien dieses Handelns zu den wesentlichen pädagogischen Aufgaben, denen sich auch die Sprachbehindertenpädagogik immer wieder stellen muß, wenn sie ihre Bemühungen an die sich ständig verändernden individuellen und gesellschaftlichen Bedingungen und Bedürfnisse adjustieren will. Darin unterscheidet sie sich von anderen Disziplinen, die sich mit der Bildung, Erziehung und Therapie von Menschen befassen, in keiner Weise.

Sich bei der Begründung einer sprachtherapeutischen Konzeption nur auf diesen Aufgabenbereich zu beschränken bedeutet aber, den speziellen Erfordernissen auszuweichen, die sich aus einer naheliegenden, fachspezifischen Zielsetzung ergeben: nämlich Menschen bei der Bewältigung von Lebenssituationen zu helfen, die maßgeblich durch *sprachliche* Beeinträchtigungen erschwert sind. Daß es dazu einer differenzierten und wissenschaftlich fundierten Auseinandersetzung mit dem Phänomen der menschlichen Sprache bedarf, ist wohl kaum zu bestreiten. Dies trifft insbesondere auch für die Arbeit mit dysgrammatisch sprechenden Kindern zu; sie darf sich nicht darin erschöpfen, auf der Grundlage eines humanistischen Menschenbildes und einer förderlichen Beziehung zum Kind jene Übungen zu praktizieren, die seit jeher zum Standardrepertoire der Sprachheilkunde gehören und zum Teil längst überholten Vorstellungen von sprachlichen Lernprozessen entsprechen.

Der phänomenologische Ansatz

Ausgehend von einer rigorosen Ablehnung naturwissenschaftlich-objektivistischer Methoden und Sichtweisen und in tiefem Mißtrauen gegenüber den Erklärungsansprüchen und -möglichkeiten medizinisch-biologischer und sprachwissenschaftlicher Theorien, die jeweils nur Teilaspekte der komplexen menschlichen Natur und Entwicklung zu erfassen vermögen, legt Rodenwaldt (1990) einen ganzheitlich-phänomenologischen Ansatz zur Sprachdiagnose und Sprachtherapie vor.[50] Wie Grohnfeldt geht auch er von einem ganzheitlichen Menschenbild, der Betonung der Subjekthaftigkeit und Handlungsfähigkeit des Kindes und der besonderen Bedeutung einer auf Gleichheit und Gleichrangigkeit basierenden partnerschaftlichen Beziehung zwischen Kind und Therapeuten aus und gibt damit allgemeine Bedingungen für den diagnostischen und therapeutischen Prozeß vor, die durchaus erfolgsrelevante geistige Grundhaltungen in der pädagogischen Arbeit darstellen.

Die Begründung für seinen Ansatz bezieht Rodenwaldt aus der u. a. bei Buber (1984) vorzufindenden Idee des „Dialogischen Prinzips", nach der die wichtigsten Determinanten der menschlichen Entwicklung und des Lernens in interpersonalen Bedingungen und Wechselwirkungen gesehen werden. Angefangen bei der intrauterinen Entwicklung des Embryos bis hin zur Ausbildung der Persönlichkeit und des Selbstbewußtseins im Zuge der Menschwerdung wird alles der wegbereitenden und vorantreibenden Kraft und Wirkung des „Dialogischen" zugeschrieben.

Gemäß dieser Vorstellung sind die Ursachen für sprachliche Fehlentwicklungen oder Beeinträchtigungen grundsätzlich auf unzulängliche dialogische Lernprozesse zurückzuführen, auf die sich die sprachdiagnostischen und sprachtherapeutischen Bemühungen zu beziehen haben. Nicht die Analyse und Beurteilung der sprachlichen Fähigkeiten des Kindes ist demnach die dringlichste Aufgabe der sprachdiagnostischen Erkenntnisgewinnung, sondern das Sprachverhalten des Kindes „... als sinnvolles Verhalten innerhalb eines ganzheitlichen Geschehens verstehbar zu machen" (Rodenwaldt 1990, 15). Die von Rodenwaldt unterbreiteten Vorschläge zur Gestaltung sprachtherapeutischer Maßnahmen stellen den dialogischen Austausch, die Handlungsfähigkeit, Eigenaktivität und

Selbstgestaltungskräfte des Kindes in den Mittelpunkt, die bei der „Erziehung zur Sprachlichkeit" (Rodenwaldt 1990, 158) vorzugsweise durch die Lernform des Spiels gefördert werden sollen. Da sprachliche Beeinträchtigungen ausnahmslos auf dem Hintergrund sozialer Bedingungen und Beziehungsstrukturen gesehen und auf kommunikative Unzulänglichkeiten zurückgeführt werden, bildet die Beratung der Bezugspersonen des Kindes einen weiteren Arbeitsschwerpunkt.

Während in der von Grohnfeldt vorgelegten Konzeption der Sprachtherapie mit sprachentwicklungsgestörten Kindern sprachliche Aspekte symptomatologisch, sprachdiagnostisch und sprachtherapeutisch berücksichtigt werden, kommen derartige Überlegungen in Rodenwaldts phänomenologisch-dialogorientierten Betrachtungen erst gar nicht vor. Indem er die Position vertritt, „... daß die Annahme eines eigenen Funktionssystems ‚Sprache' lediglich ein theoretisches Konstrukt darstellt" (Rodenwaldt 1990, 14), verweist er jede linguistische Theorie, die sich mit der mentalen Repräsentation sprachlichen Wissens beschäftigt, in den Bereich des Fiktiven und entbindet sich so von einer fachwissenschaftlichen Auseinandersetzung mit sprachtheoretischen und psycholinguistischen Erkenntnissen.

In einer oberflächlichen und einseitigen Fokussierung auf die darstellende Funktion der Sprache, ihre Bedeutung für die Selbstwerdung und das Weltverständnis des Menschen sowie ihre Rolle als Kommunikationsmittel blendet er alle anderen Wesensmerkmale des komplexen und vielschichtigen Phänomens der menschlichen Sprache aus. Einige alt-philologische Darlegungen zur Rolle der Sprache in der Erziehung, die er bei Bollnow (1979) entleiht, genügen ihm offensichtlich als theoretische Basis für eine wissenschaftliche Beschäftigung mit diesem Gegenstand. Dies dokumentiert sich vor allem in seinen Darlegungen zum kindlichen Spracherwerb, in denen er unkritisch Bezug nimmt auf vorwissenschaftliche, zum Teil esoterische Vorstellungen, nach denen über die Einstellung der Mutter zum ungeborenen Kind schon „die Weichen für das Gelingen oder Entgleisen des Dialogischen" und damit – im Sinne seiner „Theorie" – auch für den Spracherwerb gestellt werden oder das „wichtigste Organ der Menschwerdung" das Ohr sei (Rodenwaldt 1990, 85). Wissenschaftliche Erkenntnisse zum Spracherwerb, die innerhalb der Psycholinguistik und Kindersprachforschung in den letzten Jahrzehnten zusammengetragen wurden, werden von Rodenwaldt hingegen schlichtweg ignoriert.

Um den Geltungsbereich des von ihm vertretenen Anspruchs möglichst weit zu spannen, dehnt er den Begriff des Dialogs so weit, daß man sich ernsthaft fragen muß, ob es auf dieser Welt überhaupt etwas gibt, das nicht dialogbedingt oder dialogbestimmt ist.

Seine Vorstellungen und Vorschläge zur Sprachdiagnostik und Sprachtherapie entsprechen sehr allgemeinen humanistisch-heilpädagogischen Grundeinstellungen, aus denen heraus er jede einzelwissenschaftliche Betrachtung und Analyse, die nicht seinem Verständnis von heilpädagogischer Arbeit entspricht, als geradezu verwerflich erkennt:

> Ist es nicht oft so, daß in den diagnostisch-therapeutischen Situationen zu den Begriffen, zur Semantik, zur Syntax, zur Grammatik oder zur Phonetik von Kindern 'hinabgestiegen' wird, ohne zu erkennen, daß dabei ihre Gefühle mißachtet oder gar verletzt werden? (Rodenwaldt 1991, 163)

Die Ausblendung aller sprachlichen Aspekte der Sprachdiagnostik gelingt ihm dann auch perfekt: In einem Traktat über „mehrdimensionale Diagnostik als Voraussetzung heilpädagogischen Handelns" (Rodenwaldt 1991) steckt er alle erdenklichen Handlungsfelder ab, auf die sich die Erkenntnistätigkeit zu beziehen habe. Dies sind seiner Meinung nach nicht weniger als die gesamte Lebenswirklichkeit, die Umwelt- und Mitweltbedingungen des Kindes, die kommunikativen und interaktiven Bedingungen, die familiären und außerfamiliären Dialog- und Handlungsstrukturen, Erziehungsstile und Erziehungsziele, sowie intraindividuelle, lernauswirkende Ich-Faktoren (Rodenwaldt 1991, 166). Die „diffuse Vielfalt des Sprachlichen" (loc. cit.) erwähnt er dabei nur am Rande, wobei er die spärlichen Hinweise auf sprachdiagnostische Maßnahmen stets mit der Warnung versieht, daß sie sich nur ja nicht ausschließlich auf die Sprache des Kindes beziehen dürften. Hinweise zu Möglichkeiten der Beschreibung und Beurteilung sprachlicher Fähigkeiten sucht man in dem weitgefaßten, lebenswelt- und dialogorientierten Ansatz Rodenwaldts vergebens.

In gleicher Weise verfährt Rodenwaldt bei der Darstellung therapeutischer Handlungsmöglichkeiten, die sich darin erschöpft, daß er unter Bezugnahme auf allgemeine pädagogische Prinzipien (Dialogorientierung und Selbstgestaltung) ebenso allgemeine Absichtsbekundungen und Zielvorstellungen entwirft. In einem Unterkapitel widmet er sich schließlich unter dem Titel „Personale Entwicklungs- und Lernhilfen" (Rodenwaldt 1990, 162) verschiedenen sprachlichen Beeinträchtigungen, die er nach Unzulänglichkeiten in der Aussprache, im grammatischen Bereich und in der Rede einteilt und auf wenigen Seiten abhandelt. Auszüge aus seinen Darlegungen zum Dysgrammatismus zeigen exemplarisch, daß er dabei nicht einmal die grundlegenden Einsichten der traditionellen Sprachheilkunde berücksichtigt und in seinen Ausführungen hinter den bereits von Liebmann zu Anfang des Jahrhunderts dokumentierten Wissensstand zurückfällt:

> Unzulänglichkeiten im grammatisch-syntaktischen Bereich
> Sie verweisen auf Beeinträchtigungen im Erfassen und Durchgliedern der Sinnstruktur von sprachlichen Äußerungen aufgrund unzulänglich durchlaufener Lernprozesse. (...) Um eine dysgrammatische Sprechweise zu verhindern, darf es (das Kind, D. H.) bei der Darstellung eines Sachverhaltes den Sinnzusammenhang nicht aus dem „Auge" verlieren. (Rodenwaldt 1990, 164)

Rodenwaldt reduziert die beim Dysgrammatismus zu beobachtenden Störungen beim Erwerb formaler Eigenschaften der Sprache kurzerhand auf allgemeine Schwierigkeiten mit der Sinnstruktur von Äußerungen, die er wiederum auf unzureichende Umwelterfahrungen zurückführt.[51] Abgesehen davon, daß sein Statement *in puncto* Unbestimmtheit und Undifferenziertheit kaum zu überbieten ist, stellt er nichts als Behauptungen in den Raum, die nicht einmal jedermanns Erfahrungen oder Alltagstheorien entsprechen, geschweige denn in irgendeiner Weise auch nur ansatzweise wissenschaftlich begründet werden. Mit ebenso großer Unbefangenheit verfährt Rodenwaldt bei der Unterbreitung von Vorschlägen zur Therapie jener Störungen, die aufgrund der von ihm eingenommenen phänomenologisch-ganzheitlichen Perspektive im Dunkeln und damit einer differenzierenden Betrachtung vorenthalten bleiben. Den spezifischen Schwierigkeiten dysgrammatisch sprechender Kinder gedenkt er mit Maßnahmen und Arrangements zu begegnen, die er auch für die Therapie bei anderen Sprachstörungen vorschlägt und die sich in höchst unspezifischer Weise auf die „Ganzheit Kind" und alle Umgebungsbedingungen beziehen. Es ist völlig unerfindlich, was Rodenwaldt zu der Mutmaßung veranlaßt, daß kommunikative Bedingungen und Umstände, die er für förderlich hält, gleichsam automatisch zur Beseitigung der beim Dysgrammatismus auftretenden sprachlichen Störungen führen könnten.

Der erlebnisorientierte Dialog, das immerwährende sprachliche und nicht-sprachliche Handeln und Kommunizieren werden hier als sprachbehindertenpädagogische Allheilmittel, die in jeweils leicht abgewandelter Form und Dosierung zu applizieren sind, empfohlen. Sprachtherapie wird somit auf unspezifische Fördermaßnahmen, die zwar die Lebens- und Erlebniswelt des Kindes, nicht aber die Besonderheiten seiner sprachlichen Beeinträchtigungen berücksichtigen, reduziert. Unabhängig von jeder wissenschaftlichen Fundierung und Überprüfung der Methode und jenseits aller wissenschaftlichen Erkenntnisse über die Art der sprachlichen Beeinträchtigungen dienen allein der phänomenologisch-ganzheitliche Anspruch und die humanistisch-pädagogische Gesinnung als Begründungsbasis für die von Rodenwaldt skizzierte Konzeption einer modernen Sprachbehindertenpädagogik.

Es stellt sich hier die Frage, ob eine derartige, zur erkenntnisabstinenten Haltung übersteigerte Wissenschaftskritik nicht die Entprofessionalisierung der Sprachtherapie fördert und in ihrer Rückschrittlichkeit eine ebenso große Gefahr darstellt wie eine allzu enge Sichtweise, die ausschließlich die sprachlichen Besonderheiten sprachlich beeinträchtigter Menschen in den Blick nimmt.

Sprachtherapie als Kommunikationstherapie

Der Einsicht folgend, daß die zwischenmenschliche Kommunikation Ausgangspunkt, Mittel und Ziel der Sprachentwicklung ist und die kommunikative Funktion der Sprache eine ihrer wichtigsten Bestimmungsgrößen darstellt, werden die Methoden und Zielsetzungen sprachtherapeutischen Handelns in verschiedenen Behandlungsansätzen im Rekurs auf kommunikationstheoretische Modelle begründet.

So stellt zum Beispiel Motsch (1989) die Auswirkungen gestörter Sprachentwicklung und gestörten Sprechens auf die Entwicklung kommunikativer Fähigkeiten und das Kommunikationsverhalten Sprachbehinderter und ihrer Bezugspersonen in den Mittelpunkt der Betrachtung und verweist damit über die individuelle auf die soziale Dimension von Sprachbehinderungen. Folgerichtig beziehen sich seine Behandlungsvorschläge primär auf die Förderung der sozialen und kommunikativen Kompetenz und schließen die Arbeit mit den Kommunikationspartnern Sprachbehinderter ein. Hinsichtlich der erziehungsphilosophischen Begründungen und Zielbestimmungen sowie der eingenommenen pädagogischen Grundhaltung ist Motschs Position in vielen Punkten mit den beiden vorgenannten Ansätzen vergleichbar; doch darüber hinaus verschafft er seinem Ansatz eine diskutable theoretische Basis, indem er explizit Bezug auf pragmalinguistische und kommunikationswissenschaftliche Theorien zur Sprache und zum Spracherwerb (Bruner 1987, Snow 1972, Wyatt 1973) nimmt.

Handlungskonsequenzen für die Diagnose und Therapie bei dysgrammatisch sprechenden Kindern leitet Harden (1989) aus den Ergebnissen einer Studie ab, in der sie die Erwerbsprobleme dieser Kinder auf dem Hintergrund eines interaktionistischen Verständnisses vom Spracherwerb zu erklären versucht.

Wenngleich es begrüßenswert erscheint, daß die sozial-interaktive Dimension von Sprachstörungen nicht nur folgenlos zur Kenntnis genommen, sondern zum Gegenstand wissenschaftlicher Untersuchungen gemacht wird, ist mit der hier vorgenommenen Perspektivenerweiterung von den sprachlichen auf die kommunikativen Bedingungszusammenhänge und den daraus abgeleiteten Verallgemeinerungen zugleich eine Verkürzung verbunden, die in Anbetracht der Komplexität und Eigenständigkeit des Untersuchungsgegenstandes als geradezu vernichtend angesehen werden muß. Bemerkenswerterweise warnt die Autorin selbst eindringlich vor derartigen Verkürzungen – wobei sie allerdings die eigenen geflissentlich übersieht:

> Die Gefahr, daß die Ausblendung bestimmter Phänomene des Objekts wesenskonstitutive Eigenschaften eben gerade dieses Objekts ausschaltet, muß immer gegenwärtig bleiben. (Harden 1989, 87)

Zu den „wesenskonstitutiven Eigenschaften des Objekts" Sprache gehören nämlich eine Reihe formaler Merkmale, deren Erwerb eben nicht auf interaktionale Gegebenheiten, sondern auf die Wirksamkeit grammatikspezifischer Erwerbsmechanismen zurückgeführt werden muß.[52] In Anbetracht des aktuellen Wissensstandes und der verfügbaren psycholinguistischen Erkenntnisse sowie empirischer Forschungsergebnisse zum Grammatikerwerb entspricht der von Harden vertretene Standpunkt, Dysgrammatismus sei „... in erster Linie auf defektive familiäre Interaktionsstrukturen zurückzuführen" (Harden 1989, 243), einer Mutmaßung, die durch nichts weiter als durch den Glauben der Autorin gerechtfertigt erscheint.

Wie nicht anders zu erwarten, beziehen sich Hardens Behandlungsvorschläge ausnahmslos auf interaktionale und kommunikative Gegebenheiten, deren Gestaltung und Modifikation Hauptanliegen und einziges Mittel der Therapie mit dysgrammatisch sprechenden Kindern ist. Die spezifisch sprachlichen Schwierigkeiten dysgrammatisch sprechender Kinder werden dabei schlichtweg ignoriert. Weder wird eine systematische Untersuchung der strukturellen Besonderheiten von Äußerungen oder Erwerbsverläufen für notwendig erachtet, noch werden sprachtherapeutische Interventionsmaßnahmen aufgezeigt, die auf der Grundlage einer solchen Analyse auf eine zielgerichtete und entwicklungsangemessene Einflußnahme auf den Prozeß des Grammatikerwerbs ausgerichtet wären. Ein derartiges Vorgehen wird mit der fragwürdigen Begründung, daß jede Berücksichtigung formaler Lernziele Beeinträchtigungen im Kommunikationsprozeß bewirke, entschieden abgelehnt und in Anlehnung an Pawlowski (1983) selbst dann als „Prozeß kommunikativer Verachtung" gedeutet, wenn – wie bei der entwicklungsproximalen Sprachtherapie (Dannenbauer 1983, 1992) – die Einbettung in für das Kind bedeutsame Kommunikations- und Handlungskontexte zu den wesentlichen therapeutischen Handlungsmaximen gehört.

Stattdessen wird bei der Behandlung des Dysgrammatismus auf die Wirksamkeit einer Methode gesetzt, die sich – wenn man sie von ihrem hohen Abstraktionsniveau herunterholt und sie ihrer verbrämenden Spezialterminologie entkleidet – auf die simple Maßgabe reduziert, Sprachtherapeuten sollten mit Kindern kommunizieren und darauf achten, daß die Kommunikation für alle Beteiligten interessant und erfolgreich ist.[53] Die Hoffnung, das Kind könne seinen Dysgrammatismus überwinden und sich eines besseren Sprachgebrauchs befleißigen, wenn es merkt, daß seine Äußerungen formal unzureichend oder kommunikativ wenig wirkungsvoll sind, widerspricht allen wissenschaftlichen Erkenntnissen über den speziellen Lernvorgang des Grammatikerwerbs sowie der Alltagserfahrung, daß es mehr als nur der Motivation bedarf, komplexe Fähigkeiten und Wissenssysteme zu erwerben. Hier verkennt Harden, daß der Grammatikerwerb kein primär motivationsgesteuerter, sondern – zumindest zum Teil – ein eigendynamischer Prozeß ist, der in aller Regel unabhängig von sozialer Schicht, Bildungsstand, familiären Beziehungsstrukturen und dem Kommunikationsverhalten der Beteiligten zur Aneignung der höchst abstrakten Regeln und Prinzipien einer oder sogar mehrerer Sprachen führt und damit seine weitreichende Unabhängigkeit von exogenen Faktoren beweist.

Kommunikationstheoretisch begründete Vorschläge, wie sie für die Therapie mit dysgrammatisch sprechenden Kindern zum Beispiel von Harden vorgelegt werden, treffen die selben Einwände, die bereits in bezug auf die vorgenannten Behandlungskonzepte erhoben wurden: Die mit der vielbeschworenen Perspektivenerweiterung verbundene Berücksichtigung wichtiger nicht-sprachlicher Bedingungsfaktoren und Aspekte der diagnostischen und therapeutischen Arbeit bedeutet keinesfalls einen Hinzugewinn an effektiveren Handlungsmöglichkeiten, wenn dabei die vorliegenden wissenschaftlichen Erkenntnisse über die Sprache vernachlässigt oder gar ignoriert werden. Das trifft besonders im Fall der Störungen zu, die die linguistische Kompetenz von Menschen betreffen. Daß man einer Spracherwerbsstörung wie dem Dysgrammatismus erfolgreich begegnen kann, indem man Einfluß auf die psychosozialen Bedingungen der Interaktion und Kommunikation nimmt, muß entschieden bezweifelt werden; eine stichhaltige theoretische Begründung oder empirisch ernstzunehmende Nachweise gibt es dafür jedenfalls nicht.

Der ökolinguopädische Ansatz

Neben den therapeutischen Vorstellungen und Konzeptionen, die das Problem des Dysgrammatismus und seiner Behandlung auf Bedingungsvariablen und Bezugsgrößen reduzieren, die außerhalb der Sprache selbst liegen, gibt es Ansätze, in denen sprachwissenschaftliche Theorien und Erkenntnisse explizit berücksichtigt werden, ohne daß die wesentlichen Voraussetzungen, Bedingungen und Gestaltungsformen der pädagogisch-therapeutischen Arbeit dabei außer acht gelassen werden und ihre auf das Gesamt der personalen und sozialen Entwicklung des Kindes ausgerichtete Sichtweise somit entscheidend verengt würde.[54]

Ein Beispiel dafür liegt mit den konzeptionellen Darlegungen zur Dysgrammatismustherapie durch Homburg (1991) vor. Homburg sieht die Therapie mit dysgrammatisch sprechenden Kindern aus einem humanistischen Grundverständnis heraus als einen Spezialfall von Menschenführung, bei der das Kind – und nicht seine sprachliche Störung – im Mittelpunkt aller Bemühungen steht. Gleichwohl hebt er hervor, daß zu den Wesensmerkmalen der Therapie auch ihre Zentrierung auf die Sprache des Kindes gehört und daß eine wesentliche Aufgabe darin zu sehen sei, spezifische, am individuellen sprachlichen Entwicklungsstand ausgerichtete Maßnahmen zur Förderung von Erwerbsfortschritten im Bereich der Grammatik durchzuführen. Dysgrammatismustherapie wird als ökolinguopädische Entscheidungs- und Handlungssituation charakterisiert:

Sie ist „öko", weil sie auf ein Fließgleichgewicht von Forderungen und Wohlbefinden, von Strukturzentriertheit und Kommunikationszentriertheit gerichtet ist. Sie ist „linguo", weil sie auf die ganze Sprache (und nicht nur auf den Logos) gerichtet ist. Sie ist „päd(agog)isch", weil sie erziehungswissenschaftliche Methoden der Lern- und Verhaltenssteuerung anwendet.(Homburg 1991, 115)

In diesem Behandlungskonzept besteht eine Ausgewogenheit in der Berücksichtigung formaler sprachwissenschaftlicher Modelle zum kindlichen Grammatikerwerb einerseits und allgemeiner pädagogischer, lerntheoretischer und kommunikationswissenschaftlicher Überlegungen andererseits. Es wird der Versuch gemacht, Erkenntnisse und Modelle aus verschiedenen Disziplinen im sprachtherapeutischen Gesamtprozeß miteinander zu verbinden. Dabei zeigt sich, daß Dysgrammatismustherapie nur auf der Grundlage detaillierter sprachdiagnostischer Informationsgewinnung und psycholinguistischer Erkenntnisse denkbar ist; nur so können die unmittelbaren sprachlichen Lernziele bestimmt und wissenschaftlich begründet werden. Auch die Vermittlungsstrategien und -methoden sind unter Berücksichtigung von Erkenntnissen zum gestörten und ungestörten Grammatikerwerb auszuwählen und zu überdenken. Sprachwissenschaftliche Theorien und Methoden stellen somit wesentliche Entscheidungsgrundlagen zur Verfügung. Bei der Durchführung der Therapie müssen jedoch zusätzlich eine Vielzahl weiterer handlungsleitender Dimensionen berücksichtigt werden, die allgemeine und individuelle Bedingungen und Lernvoraussetzungen betreffen. Nur so kann gewährleistet werden, daß die aus sprachdiagnostischen Erkenntnissen und wissenschaftlichen Theorien abgeleiteten Maßgaben in ihrer Umsetzung in sprachtherapeutische Handlungskonsequenzen beim Kind auf einen dafür vorbereiteten, fruchtbaren Boden fallen und die angezielten Lerneffekte auch tatsächlich eintreten. Mit anderen Worten, so unverzichtbar wie sprachwissenschaftliche und psycholinguistische Erkenntnisse und Methoden bei der Frage, welche grammatischen Prinzipien beim Dysgrammatismus affiziert sind und welche sprachlichen Strukturbereiche im Einzelfall in der Therapie gezielt gefördert werden müssen, sind, so wirkungslos bleiben diese Vorgaben, wenn sie als therapeutische Schablonen mißbraucht und dem Kind losgelöst von einer die Gesamtheit der personalen und sozialen Gegebenheiten berücksichtigenden Analyse der therapeutischen Bedingungen übergestülpt werden.

Der Vorteil der von Homburg vorgelegten Konzeption liegt vor allem darin, daß er den Zusammenhang der in ihrem Wesen so verschiedenen theoretischen und praktischen Bezugspunkte im Rahmen eines umfassenden Modells sprachtherapeutischen Handelns darstellt. Er entwirft so einen sprachtherapeutischen Handlungsaufbau, der durch die Planungsgrundsätze *Entwicklungsnähe, Strukturzentrierung, Wissensaufbau* und *Kommunikationszentrierung* bestimmt wird und als ein geeigneter Orientierungsrahmen für die Gestaltung der Therapie mit dysgrammatisch sprechenden Kindern gelten kann.

Homburg projiziert den Entwurf einer Dysgrammatismustherapie, indem er die einzelnen Entscheidungs- und Handlungsfelder absteckt und exemplarisch erläutert. Dabei werden theoretisch gut begründbare Strukturierungsvorgaben aufzeigt, die die Funktion von Leitlinien haben können.

Die entwicklungsproximale Sprachtherapie

Eine elaborierte sprachtherapeutische Konzeption stellt die im deutschsprachigen Raum von Dannenbauer (1983) vorgestellte *entwicklungsproximale Sprachtherapie* dar, die nicht nur als Modell imponiert, sondern auf eine seit Jahren erprobte sprachtherapeutische Handlungspraxis zurückblicken kann.[55]

Die sprachtherapeutische Intervention, zu deren Planung und Verwirklichung Dannenbauers Konzeption anleitet, besteht im Kern in der Vermittlung sprachlicher Zielstrukturen, die auf der Basis einer detaillierten linguistischen Analyse und Beschreibung der Grammatik des Kindes als therapierelevant und entwicklungsangemessen ermittelt werden.[56]

Therapierelevante Lernziele auszuwählen bedeutet hier, daß sich die therapeutische Arbeit nicht auf vordergründige sprachliche Defizite bezieht, sondern gezielt bei den linguistischen Strukturen ansetzt, die Voraussetzung und Auslöser weiterer grammatischer Erwerbsprozesse darstellen. Indem diese Entscheidung auf der Grundlage •einer detaillierten linguistischen Untersuchung der Spontansprache des Kindes und unter Berücksichtigung der verfügbaren psycholinguistischen Erkenntnisse über Entwicklungszusammenhänge, Lernhierarchien und Erwerbsverläufe getroffen wird, entspricht sie auch dem Kriterium der Entwicklungsangemessenheit. Das Bezugssystem für die Beurteilung des sprachlichen Entwicklungsstandes und für die Ableitung der nächstliegenden Lernziele ist bei diesem Vorgehen nicht die Erwachsenensprache, sondern die Kindersprache in ihren verschiedenen Entwicklungszuständen und Erwerbsphasen. Innerhalb dieser Konzeption stellt die Diagnostik keine halbherzig betriebene Pflichtübung dar, die ohne Folgen und Konsequenzen für die therapeutische Arbeit bleibt. Vielmehr bildet sie die unverzichtbare Erkenntnisbasis für eine auf die individuellen Erwerbsvoraussetzungen ausgerichtete und gezielt inszenierte Sprachtherapie.[57]

Obwohl der Grundgedanke und die unmittelbare Zielsetzung der entwicklungsproximalen sprachtherapeutischen Arbeit darin bestehen, gezielt auf die internen Prozesse der kindlichen Sprachverarbeitung einzuwirken und die sprachspezifischen Lernprozesse des Grammatikerwerbs zu beeinflussen bzw. zu forcieren, kann sie sich nur indirekter Methoden bedienen; schließlich sind die zentralen Erwerbsprozesse einer direkten Einsicht und Einflußnahme nicht zugänglich. Wie jede andere Form der Sprachtherapie kann auch die entwicklungsproximale Intervention nur *von außen*, das heißt über die Manipulation externer Variablen wirken.

Zu den wesentlichen äußeren Faktoren des Spracherwerbs gehört der sprachliche Input, der relevante linguistische Merkmale und Eigenschaften der Zielsprache aufweist bzw. widerspiegelt. Auch wenn ihm nicht der Status eines kausalen Faktors für den Dysgrammatismus zugesprochen werden kann und er nur eine notwendige, aber nicht hinreichende Bedingung des Grammatikerwerbs darstellt, so hat er als sprachliches Modell doch erwerbssteuernde Funktionen; immerhin enthält er wesentliche linguistische Informationen und Indikatoren, die spezifische Sprachverarbeitungsprozesse auslösen und damit zu Erwerbsfortschritten führen. Zudem ist der sprachliche Input – im Gegensatz zu den internen Bedingungsfaktoren des Grammatikerwerbs – direkt manipulierbar, und zwar sowohl in quantitativer als auch in qualitativer Hinsicht. So kann man zum Beispiel die Vorkommenshäufigkeit für bestimmte Äußerungstypen durch die Initialisierung entsprechender Interaktionsroutinen erhöhen oder die (Re)produktion bestimmter Strukturen in der Interaktion mit dem Kind gezielt steuern. Mit anderen Worten, in einem vorstrukturierten und bewußt gestalteten Situations- und Interaktionsrahmen kann das dem Kind dargebotene sprachliche Angebot so aufbereitet werden, daß aufgrund seiner Prägnanz ein Auslösen oder Forcieren der angezielten Verarbeitungs- und Lernprozesse wahrscheinlich wird.

Von dieser Zugangsmöglichkeit macht die entwicklungsproximale Sprachtherapie Gebrauch. Bei ihrer Verwirklichung müssen demnach zwei komplexe Bedingungshintergründe ganz besonders berücksichtigt werden: zum einen die linguistischen Erkenntnisse und sprachlerntheoretischen Erfordernisse, die für die Vermittlung sprachlicher Strukturen und Prinzipien relevant sind und das Handlungsfeld der spezifischen sprachtherapeutischen Arbeit bestimmen, zum anderen die für diesen Vermittlungsprozeß konstitutiven personalen und sozialen Gegebenheiten, auf die die unspezifische, aber nicht weniger bedeutsame sprachtherapeutische Arbeit gerichtet ist.

Der Unterschied zu anderen Konzeptionen der Sprachtherapie besteht im wesentlichen darin, daß die entwicklungsproximale Therapie nicht in unsystematischer und allgemeiner Weise auf die Beeinflussung von Faktoren, die in irgendeinem Zusammenhang mit den sprachlichen Schwierigkeiten dysgrammatisch sprechender Kinder stehen oder etwa aus heilpädagogisch-erziehungsphilosophischer Überzeugung heraus als besonders beachtenswert angesehen werden, ausgerichtet ist. Vielmehr wird in jeder einzelnen Planungsphase erneut gefragt und unter psycholinguistischen sowie sprachentwicklungspsychologischen Gesichtspunkten überprüft, in welchen sprachlichen und nicht-sprachlichen Bereichen welche Lernziele jeweils vorrangig zu berücksichtigen sind und auf welche Variablen des Sprachlernprozesses gezielt einzuwirken ist. Die einzelnen Schritte der Therapie unterliegen einer permanenten empirischen Kontrolle und wissenschaftlichen Reflexion.

In einer von Dannenbauer formulierten Begriffsbestimmung spiegeln sich die Handlungsmaximen dieser Sprachtherapie wider:

Der Begriff „Sprachtherapie" bezeichnet
1. jene speziellen Interaktionssequenzen,
2. die von einer entsprechend sachkundigen, flexibel und einfühlsam (re)agierenden Person
3. in zielgerichteter, planvoll strukturierter und wissenschaftlich begründbarer Weise organisiert werden,
4. um einer Person mit subjektiv erlebter und/oder von der Mitwelt zugeschriebener massiver Gefährdung oder Beeinträchtigung sprachlicher Handlungsfähigkeit
5. Lernmöglichkeiten einschließlich der hierzu nötigen Voraussetzungen und unterstützenden Bedingungen zugänglich zu machen,
6. mit dem Ziel der Besserung und Überwindung wie auch der Prävention und Kompensation von Defiziten des Erwerbs und der Anwendung sprachlicher Fertigkeiten,
7. wobei die Inhalte und Methoden hinsichtlich Effizienz und individueller Angemessenheit ständiger empirischer Kontrolle, Reflexion und Revision unterliegen.
(Dannenbauer 1992, 168)

Diese Definition verdeutlicht sowohl die hohen Ansprüche an die Persönlichkeit und Sachkunde des Therapeuten als auch an sein Engagement und seine Gestaltungsfähigkeit in bezug auf den therapeutischen Prozeß.

Zur Praxis der entwicklungsproximalen Sprachtherapie

Der Vorzug von Dannenbauers Konzeption einer entwicklungsproximalen Sprachtherapie liegt vor allem in ihrer sprachwissenschaftlichen und sprachentwicklungspsychologischen Begründung. Sie entspricht einer Vorstellung von pädagogischer Arbeit, in der hohe wissenschaftliche Ansprüche und Qualitäten sowie humanistische Erziehungsideale und heilpädagogische Zielsetzungen nicht unverbunden nebeneinander stehen oder gar in Widerspruch zueinander geraten, sondern sinnvoll aufeinander bezogen werden.

Dazu gehört eine Abgrenzung des Anwendungsbereichs und des Geltungsrahmens der verschiedenen Theorien und Handlungsbegründungen, die in Hinsicht auf die in den einzelnen Phasen der Sprachtherapie jeweils intendierten Ziele vorgenommen werden muß. Kommunikationswissenschaftliche und interaktionstheoretische Aspekte sowie die persönlichen sozialen Fähigkeiten und die menschlichen Qualitäten des Therapeuten sind zum Beispiel bei der Aufnahme und Sicherung einer förderlichen Beziehung zum Kind wichtig, während sie für die Auswahl linguistisch begründeter Zielstrukturen kaum von Bedeutung sind. Andererseits lassen sich aus linguistischen Theorien keine direkten Handlungsmaximen für sozialpsychologische und pädagogische Aspekte der therapeutischen Arbeit ableiten.

Zu Beginn der entwicklungsproximalen Sprachtherapie müssen zunächst die Voraussetzungen dafür geschaffen werden, daß das Kind empfänglich für das sprachliche Angebot des Therapeuten wird, das heißt bereit ist, in ein „vielfältiges, anregendes und symmetrisches Ich-du-Geschehen" (Dannenbauer/Künzig 1991, 172) einzutreten. Nur auf der Basis einer funktionablen, vertrauensvollen und aufrichtigen Kind-Therapeut-Beziehung kann eine Sprachtherapie durchgeführt werden, in der individuell abgestimmte Interaktionsschemata und gemeinsam erarbeitete Kommunikations- und Handlungsmuster den Bezugsrahmen für die Vermittlung spezifischer sprachlicher Zielstrukturen darstellen. Damit das Kind die relevanten linguistischen Merkmale des Input überhaupt wahrnehmen, diskriminieren, identifizieren und als grammatische Informationen gemäß ihrer Funktion in der Zielsprache kategorisieren kann, müssen seine ganze Aufmerksamkeit und sein Interesse auf die Person des Therapeuten und auf das (sprachliche) Interaktionsgeschehen gerichtet sein.

Die wichtigsten Aspekte, die bei der Schaffung von Grundvoraussetzungen für das sprachtherapeutische Handeln berücksichtigt werden müssen, sind in Dannenbauers Leitlinien der Sprachtherapie zu zwölf Handlungsmaximen zusammengefaßt, die als Orientierungspunkte für die Einleitung entwicklungsproximaler sprachtherapeutischer Maßnahmen[58] dienen:

(1) Nimm Dir in jedem Fall ausreichend Zeit, um die Beziehungsbasis zu optimieren. Sei geduldig und überwältige das Kind nicht mit fremdbestimmten Therapiezielen.

(2) Lerne das Kind, seine Lebenswirklichkeit, seine Erfahrungen, Bedürfnisse, Interessen und Verhaltensweisen genau kennen.

(3) Akzeptiere das Kind, seine kommunikativen Bemühungen und die Natur seiner Probleme. Lerne, es zu verstehen, und vermeide subjektive Bewertungen und Vor-Urteile.

(4) Um das Vertrauen und die Achtung des Kindes zu gewinnen, orientiere Deine Einstellungen und Dein Verhalten an Kriterien wie Wärme, Empathie, Klarheit, Ruhe, Flexibilität, Ermutigung, Echtheit und Reversibilität.

(5) Sei eher responsiv als stimulierend! Halte Dich mit Fragen und Aufforderungen zurück und gehe wohlwollend auf kindliche Initiativen ein durch interessiertes Teilnehmen und Kommentieren. Laß das Kind erleben, daß es in den gemeinsamen Situationen auch mitgestaltend und selbständig agieren kann.

(6) Überbrücke die Erwachsenen-Kind-Distanz durch soziale, geistige und sprachliche Annäherung. Erstrebe wechselseitige Wertschätzung, gemeinsame Interessensbereiche und Aktionsstrukturen sowie gegenseitige Verständigung.

(7) Präsentiere Dich dem Kind als glaubhafte(r) und vollwertige(r) Partner(in), der/die auch Hilfen, eigene Impulse und Themen anbietet und Anspruch auf Symmetrie im Beziehungsgeschehen erheben kann.

(8) Versuche den Status einer Modellperson zu erlangen, die dem Kind nahe und verständlich ist und deren Regeln und Tun für das Kind attraktiv und wichtig sind.

(9) Gestalte Interaktionen, die eine zunehmende Koordination von Aufmerksamkeitsausrichtung und Handlungsregulation von Dir und Kind bewirken.

(10) Führe einen allmählichen Ausbau gemeinsamer Kommunikations- und Handlungsschemata herbei, der ein vielfältiges und flexibles Ich-Du-Geschehen zur Folge hat.

(11) Etabliere mit dem Kind ein gemeinsames Repertoire funktionierender Spiel- und Handlungskontexte, Themen und Interaktionsrituale, die als Prototypen künftiger Therapiesituationsgestaltungen wiederholt, erweitert und modifiziert werden können.

(Dannenbauer 1992, 171f)

Selbstverständlich gehört auch die Förderung der Gesamtentwicklung des Kindes zu den Aufgaben der Sprachtherapie, wenn diesbezüglich Defizite oder Entwicklungsrückstände festgestellt werden können; schließlich stehen eine Reihe von Basisfunktionen in engem Zusammenhang mit der Sprachentwicklung. Zu diesem Aspekt der unspezifischen sprachtherapeutischen Arbeit formuliert Dannenbauer eine weitere Leitlinie:

(12) Wenn Du entsprechende Schwächen festgestellt hast, fördere das Kind in allen Funktionsbereichen, die sprachliches Lernen unterstützen und für den Therapieerfolg prognostisch bedeutsam sind. Hierzu gehören zum Beispiel Initiative und Responsivität in der Kommunikation, moduliertes Aktivitätsniveau, Diskursverständnis, Niveau der Spielentwicklung und allgemeine kognitive Funktionen (Wahrnehmungsverarbeitung, mentale Repräsentation, Gedächtnisprozesse, Mustererkennung, analoges Schließen usw.).

(Dannenbauer 1992, 174)

Die aufbauenden und vorbereitenden Maßnahmen zur Sicherung einer stabilen Beziehungsbasis, zur Etablierung von Interaktionsroutinen und gemeinsamen Handlungsstrukturen sowie die Förderung allgemeiner und spezieller Basisfunktionen sollten die Voraussetzungen schaffen, unter denen die eigentlichen sprachtherapeutischen Maßnahmen der Strukturvermittlung eingeleitet werden können. Der erste Schritt dazu besteht in der Durchführung einer detaillierten Sprachdiagnose, die die Entscheidungsgrundlagen für die Ableitung von Therapiezielen liefert. Die Analyse von Spontansprachproben, die für den Bereich der Grammatik mit Hilfe von COPROF (Clahsen/Hansen 1991) geleistet werden kann, steht dabei im Mittelpunkt. Die Bestimmung der Therapieziele erfolgt ausschließlich in Abhängigkeit von den individuellen Erfordernissen, die durch die vom Kind erreichte Stufe der Sprachentwicklung und die Struktur seines sprachlichen Wissenssystems vorgegeben werden.[59]

Zur Verdeutlichung der Planungsprinzipien des entwicklungsproximalen Ansatzes seien hier weitere Leitlinien aus der Arbeit von Dannenbauer, die sich auf die Therapiezielbestimmung beziehen, zitiert:

(22) Orientiere Dich bei der Auswahl grammatischer Zielstrukturen zunächst an den Ergebnissen der Spontansprachanalyse und informellen Prüfungen, die sowohl Ansätze zu Fortschritten, Vorformen von Regelverwendungen, Aktualisierung sprachlichen Wissens in einer anderen Performanzmodalität (z. B. Verstehen, Imitieren, Beurteilen) zeigen können, als auch schwerwiegende Retardierungen anderer Teilentwicklungen.

(23) Benütze daneben Informationen der Spracherwerbsforschung (z. B. Entwicklungsprofil), die mögliche normale Entwicklungsdynamiken verdeutlichen, um durch den Vergleich dieser Daten mit dem individuellen Entwicklungsmuster begründete Hypothesen ableiten zu können, welche Zielstrukturen in der Zone der nächsten Entwicklung liegen, bzw. welche sprachlichen Rückstände aufgeholt werden müssen („eingebaute Prioritäten des Spracherwerbs").

(24) Versuche vor allem „kritische" Zielstrukturen (syntaktische Prinzipien, Wortkategorien, morphologische Regeln u. a.) zu identifizieren, die in besonderem Maße auf breiterer Basis grammatische Lernfortschritte freisetzen können (bzw. durch ihr Fehlen bisher hemmten).

(Dannenbauer 1992, 184)

Die Bestimmung der sprachlichen Lernziele wird nicht nur zu Beginn der Therapie geleistet; vielmehr muß sie einer ständigen empirischen Überprüfung unterzogen und unter Berücksichtigung der Lerneffekte gegebenenfalls auch revidiert werden.

Ein weiterer Planungsschritt betrifft die Vorstrukturierung von Situationen und Kontextbedingungen, die Möglichkeiten zur hochfrequenten und prägnanten Darbietung ausgewählter sprachlicher Strukturen eröffnen und das Kind motivieren, in eine möglichst intensive sprachliche Interaktion einzutreten. Seine Bereitschaft dazu und die aktive Mitgestaltung des Dialogs durch das Kind bilden die Grundlage dafür, daß mit dem ausgewählten sprachlichen Material gearbeitet werden kann. Durch das Zuspielen von Äußerungsformen, die möglichst signifikant in bezug auf die jeweils relevanten, das heißt der Lernzielbestimmung entsprechenden linguistischen Eigenschaften (z. B. Wortstellung oder grammatische Markierungen) sind, und durch ihre gezielte Formveränderung im Dialog, die durch Perspektiven-, Sprecher- oder Satztypwechsel motiviert ist, sollen genau die sprachlichen Verarbeitungsprozesse in Gang gesetzt oder unterstützt werden, die in den aufgrund der psycholinguistischen Evaluation als unterentwickelt oder defizitär ausgewiesenen grammatischen Lernbereichen zu Erwerbsfortschritten führen.

Die Methode zielt im wesentlichen auf eine Input-gesteuerte

Auslösung sprachlicher Lernprozesse ab. Dabei werden dem dysgrammatisch sprechenden Kind prinzipiell die selben grammatischen Erwerbsmechanismen und Verarbeitungsmöglichkeiten zugesprochen, über die auch sprachunauffällige Kinder verfügen. Im Gegensatz zu ihnen bedürfen dysgrammatisch sprechende Kinder jedoch eines spezifizierten, hochfrequenten und besonders prägnanten sprachlichen Strukturangebots, um die spezifischen Prozesse des Grammatikerwerbs auszulösen. Dieses Angebot kann in für das Kind bedeutsamer, interessanter und damit lernwirksamer Weise nur durch die an seinen Kommunikations- und Handlungsbedürfnissen ausgerichtete Gestaltung des situativen und interaktionalen Rahmens bereitgestellt werden. Mit Hilfe der Techniken des Modellierens können die so eingebrachten sprachlichen Zielstrukturen dann in vielfältiger Weise verändert, reduziert, expandiert, mehrfach wiederholt und zwischen den Gesprächspartnern „hin- und hergeschoben" werden.[60]

Zur Verdeutlichung seien hier einige Leitlinien, die sich auf den Kern der eigentlichen sprachtherapeutischen Arbeit – die Präsentation und Formveränderung von Zielstrukturen im Kontext – beziehen, zitiert:

(38) Präsentiere dem Kind die Zielstruktur in abwechslungsreichen und prägnanten Modell- und Feedbackäußerungen, die funktional in den Kontext gemeinsamer Aufmerksamkeitsausrichtung, Sachbezüge und Interaktionsformen eingepaßt sind.

(39) Modelliere die Zielstruktur mit erhöhter Frequenz, Intensität und Rekurrenz, um dem Kind einen spezifizierten und möglichst transparenten Input für die rezeptive Verarbeitung zu liefern, mit der grammatisches Lernen grundsätzlich beginnt.

(40) Vermeide schematisches Sprechen (kein *pattern-drill* durch den Therapeutinnenmund!). Schaffe dagegen wo immer möglich sprachliche Kontraste, aus denen sich die Zielstruktur in ihren Merkmalen abheben kann.

(41) Konzentriere Dich nur auf die Zielstruktur als Konstante in Deinen Modelläußerungen; konstruiere diese ansonsten variabel, situationsangemessen und relevant.

(42) Wo es sinnvoll ist, modelliere aufeinander bezogene grammatische Informationen, damit sie das Kind zu sich wechselseitig bedingenden und stützenden Elementen in einem Informationskomplex integrieren kann (z. B. Genus: *Der* Löffel/masc. ... *er*... *ihn*... ein*en* gro*ßen* usw.).

(49) Gestalte Situationen des „dialogischen Einübens" durch ein kurzrhythmisches, funktionales Hin- und Herwechseln der Zielstruktur zwischen Dir und Kind in einem relevanten Kontext („Dialogpartitur").

(50) Nach einem grammatischen Erkenntnisprozeß (nicht zu dessen Herbeiführung!) können auch kindgerecht gestaltete Formen des *pattern-drill* (Einsprechen) nützlich werden. Setze sie nur vorübergehend, phantasievoll und stets in einem motivierenden Kontext ein.

(51) Akzeptiere kindliche Vor- und Zwischenformen der Zielstruktur durch wohlwollendes korrektives Feedback (ohne Nachsprechübungen).

(Dannenbauer 1992, 192 und 196)

Es sollte deutlich geworden sein, daß die Planung und Gestaltung sprachtherapeutischer Maßnahmen im Rahmen des entwicklungsproximalen Ansatzes einerseits stark auf die Optimierung allgemeiner Rahmenbedingungen für Spracherwerbsprozesse ausgerichtet ist. Da andererseits kaum anzunehmen ist, daß die Bereitstellung günstiger kommunikativer Bedingungen und sprachlicher Vorbilder allein schon zum Abbau grammatischer Schwierigkeiten führt, bedarf es zusätzlicher sprachtherapeutischer Maßnahmen, die möglichst unmittelbar und effektiv auf die grammatischen Erwerbsprozesse, das individuelle System grammatischer Regeln und Prinzipien des Kindes Einfluß nehmen. Die explizite Berücksichtigung linguistischer und sprachentwicklungspsychologischer Theorien und Erkenntnisse sowie eine detaillierte Sprachdiagnostik gehören zu den Voraussetzungen, unter denen eine dem entsprechende Konzeption von Sprachtherapie in der Praxis verwirklicht werden kann.

Ein psycholinguistisch begründetes Modell von Sprachtherapie bei Dysgrammatismus

Ein Blick auf die geschichtliche Entwicklung der Sprachheilkunde und ihre Therapiemethoden sowie eine kritische Betrachtung der verschiedenen aktuellen sprachtherapeutischen Vorstellungen und Konzeptionen zur Behandlung dysgrammatisch sprechender Kinder offenbart einen zeitüberdauernden Zustand, der sich durch eine gänzlich fehlende oder unzureichende Berücksichtigung wissenschaftlicher Theorien und Erkenntnisse auszeichnet. In bezug auf die theoretischen Grundlagen und Modelle der Sprachtherapie ist besonders zu beklagen, daß anstelle einer längst überfälligen Einbeziehung wissenschaftlicher Erkenntnisse über den Lerngegenstand und Lernprozeß diverse weltanschaulich begründete und zeitgeistabhängige Neuorientierungen als Ausdruck eines angeblich veränderten Selbstverständnisses der Sprachbehindertenpädagogik proklamiert werden. Der vorwiegend wissenschaftsfernen und forschungsabstinenten Haltung in der Theorie entspricht eine Handlungspraxis, die zumindest zum Teil in der unreflektierten Anwendung wissenschaftlich überholter Verfahren oder unspezifischer, in ihrer Wirksamkeit zweifelhafter und vornehmlich durch Alltagstheorien und die subjektive Überzeugung ihrer Verfechter begründeter Methoden besteht.

Erst in jüngster Zeit werden Bemühungen erkennbar, die Theorie und Praxis der Sprachtherapie mit dysgrammatisch sprechenden Kindern auf eine wissenschaftlich fundierte Basis zu stellen. Die konzeptionellen und praktisch-therapeutischen Arbeiten von Dannenbauer geben ein Beispiel für die Möglichkeiten theoriegeleiteten, systematisch aufgebauten und empirisch kontrollierten sprachtherapeutischen Handelns, das den Ansprüchen einer wissenschaftlich begründeten Praxis entspricht.

Sofern es um die Behandlung von Störungen des linguistischen Systems einer Sprache geht, wie dies beim Dysgrammatismus der Fall ist, dürfen linguistische und sprachentwicklungspsychologische Theorien und Erkenntnisse nicht ausgeklammert werden, auch wenn die sprachspezifischen Störungen meist nicht isoliert auftreten und der Gesamtbefund vorbereitende, begleitende und unterstützende therapeutische Maßnahmen in verschiedenen nichtsprachlichen Bereichen indiziert.

Bei der Frage nach den aus einem diagnostischen Befund abzuleitenden Handlungskonsequenzen besteht ein wesentliches Problem darin, daß Sprache prinzipiell – und die sogenannte sprachliche Symptomatik im besonderen – eingefaßt in ein individuell-personales und soziales Gesamtbild erscheint. Aus der speziellen Beziehung zwischen der sprachlichen Symptomatik und eben diesen Rahmenbedingungen ergibt sich jeweils eine andere therapeutische Handlungstrategie: Sind die sprachlichen Störungen Ausdruck von Fehlentwicklungen, Störungen oder Defiziten, die in nichtsprachlichen Bereichen der Persönlichkeit angesiedelt oder auf gestörte interpersonale Bedingungen und Beziehungsstrukturen (z. B. die Familiensituation) zurückzuführen sind, so ist eine Sprachtherapie, die sich an der sprachlichen Symptomatik orientiert und primär auf die Beseitigung der sprachlichen Schwierigkeiten ausgerichtet ist, eindeutig kontraindiziert. Sprachtherapie im engeren Sinn kann in solchen Fällen allenfalls unterstützende Funktion haben. Ganz andere Handlungskonsequenzen ergeben sich, wenn die sprachliche Symptomatik Ausdruck von Fehlentwicklungen, Störungen oder Defiziten ist, die im Bereich des Sprachsystems selbst liegen und spezifischen linguistischen Gesetzmäßigkeiten folgen. In diesen Fällen ist eine spezifische Therapie nötig, die unter genauester Berücksichtigung des Wesens, Ausmaßes und der Dynamik der sprachlichen Symptomatik auf die internen Verarbeitungsprozesse bzw. Erwerbsmechanismen einwirkt.

So einfach und plausibel diese Differenzierung in der Theorie erscheint, ist sie doch im Einzelfall oft nur sehr schwer zu treffen, und die weitverbreitete und fast schon triviale Einsicht, daß Sprachstörungen nicht nur multidimensionalen Charakter haben, sondern auch multikausal bedingt sein können, trägt in Anbetracht der Komplexität und Verwobenheit des Ganzen sicher zu der resignativen Haltung bei, als deren Ergebnis die oben skizzierte Differenzierung ignoriert, bestritten oder als nicht nachvollziehbar abgetan wird. Stattdessen werden therapeutische Modelle favorisiert, in denen nicht-differenzierende Sichtweisen vertreten und in der Konsequenz höchst allgemeine Behandlungsvorschläge unterbreitet werden.

Die daraus erwachsenden Schwierigkeiten für die Theorie und Praxis der Sprachtherapie bei Dysgrammatismus wiegen schwer, weil sie prinzipieller Natur sind: Es ist nämlich weder theoretisch nachzuvollziehen, noch konnte jemals empirisch nachgewiesen werden, daß sich die hochspezialisierten und teilautonomen Prozesse des Grammatikerwerbs in nennenswerter Weise durch den Einsatz unspezifischer therapeutischer Maßnahmen beeinflussen lassen. Das Scheitern derartiger therapeutischer Bemühungen bei der Behandlung dysgrammatisch sprechender Kinder ist demnach zumindest zum Teil darauf zurückzuführen, daß die formalen Eigenheiten und die sprachlichen Besonderheiten des Grammatikerwerbs beim Dysgrammatismus ignoriert oder verkannt und folglich auch nicht in angemessener Weise in die Planung und Gestaltung der Behandlungsmaßnahmen einbezogen werden.

Das bedeutet, daß eine differenzierende Handlungsstrategie bei der Behandlung von Sprachstörungen not tut. Im Einzelfall und abhängig von den jeweiligen Determinanten der Störung muß unterschieden werden können, worauf sich die Intervention *schwerpunktmäßig* zu beziehen hat: auf das Gesamt der sozialen und psychischen Gegebenheiten oder auf die Sprache selbst.

An diesem Entscheidungspunkt sind sprachwissenschaftliche und psycholinguistische Theorien und Erkenntnisse unbedingt zu berücksichtigen. Sie geben Aufschluß über die Wirkungszusammenhänge verschiedener sprachlicher und nicht-sprachlicher Faktoren bei sprachlichen Prozessen, und nur unter Berücksichtigung einer wissenschaftlichen Theorie zur menschlichen Sprache bzw. zur Grammatik kann entschieden werden, ob die therapeutische Einflußnahme auf eine bestimmte Größe zur Veränderung der sprachlichen Verarbeitungs- oder Erwerbsprozesse, die bei dysgrammatisch sprechenden Kindern betroffen sind, führen kann. In diesem Punkt ist die Sprachtherapie, sofern sie im Sinne einer Angewandten Wissenschaft verstanden und betrieben wird (Kanngießer 1984), unmittelbar abhängig von sprachtheoretischen und psycholinguistischen Erkenntnissen.

Andererseits muß gesehen werden, daß Sprachtherapie keine linguistische, sondern eine pädagogische Handlungskategorie ist. Auch wenn wichtige methodische und didaktische Bezugspunkte der praktischen Arbeit, wie die Sprachdiagnostik und die Bestimmung entwicklungsangemessener sprachlicher Lernziele, sprachwissenschaftlich begründet werden müssen, würde jede Intervention, die in einseitiger Fokussierung auf die formalen Aspekte des Grammatikerwerbs alle nicht-sprachlichen Bedingungsgrößen ausblendete, als mechanistischer und die angezielten Lernprozesse erst gar nicht erreichender Strukturvermittlungsversuch ebenso scheitern wie die in diesem Kapitel exemplarisch kritisierten rein pädagogisch, erziehungsphilosophisch oder kommunikationstheoretisch begründeten Therapiekonzepte.

Die Abbildung 1 stellt ein Modell von Sprachtherapie dar, das die wichtigsten sprachlichen und nicht-sprachlichen Bezugspunkte der praktischen Arbeit mit dysgrammatisch sprechenden Kindern aufweist. Es liegt der Verwirklichung des im empirischen Teil dieser Arbeit dargestellten und überprüften sprachtherapeutischen Ansatzes zugrunde und enthält Strukturkomponenten, die in ähnlicher Form auch in den Darlegungen von Dannenbauer (1992) und Homburg (1991) zu finden sind.

Im Zentrum dieses Modells der Sprachtherapie mit dysgrammatisch sprechenden Kindern steht die Vermittlung sprachlicher Strukturen und Regeln. Auf diesen Punkt konzentriert sich die sprachtherapeutische Arbeit; und auch Bemühungen, die sich im Rahmen der Therapie auf allgemeinere oder nicht-sprachliche Voraussetzungen und Bedingungen beziehen, sind teleologisch auf die-

114 Sprachtherapie bei Dysgrammatismus

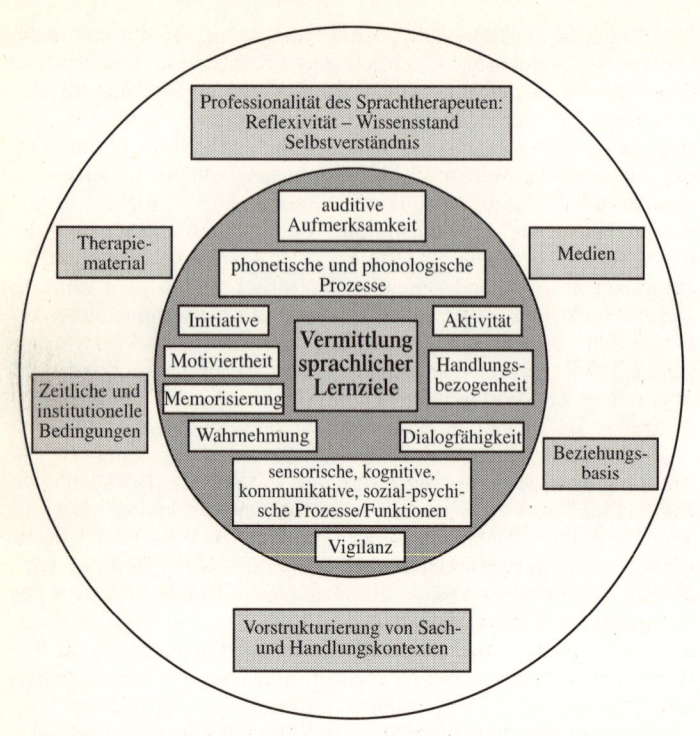

Abb. 1: Bezugspunkte der Sprachtherapie mit dysgrammatisch sprechenden Kindern

sen zentralen Aspekt der Arbeit ausgerichtet. Zur Spezifizierung der sprachlichen Lernziele dient eine detaillierte linguistische Untersuchung der Sprache des Kindes, deren Ergebnisse psycholinguistisch evaluiert werden und somit Aussagen zum erreichten Sprachentwicklungsstand im Bereich der Grammatik, zur Struktur des erworbenen Systems grammatischer Regeln, zu entwicklungsrelevanten Funktionszusammenhängen in verschiedenen Bereichen von Morphologie und Syntax sowie zu den entwicklungslogisch nächstliegenden Lernschritten ermöglichen. Der Mittelpunkt des hier skizzierten Modells, der zentraler Bezugspunkt der sprachtherapeutischen Arbeit ist, bildet zugleich eine Schnittstelle, an der interne, nach eigenen Gesetzmäßigkeiten verlaufende linguistische

Verarbeitungsprozeduren an allgemeinere sprachliche und nichtsprachliche Bedingungen und Lernprozesse gekoppelt sind. Es liegt daher auf der Hand, daß alle Faktoren, die bei der Vermittlung sprachlicher Strukturen und Regeln relevant sind, angemessen, das heißt gemäß ihres jeweils unterschiedlichen Einflusses auf den Vermittlungs- und Erwerbsprozeß, berücksichtigt werden müssen. Es kann sogar sein, daß einige dieser Faktoren in bestimmten Phasen in den Mittelpunkt der Therapie gestellt werden müssen, weil es unabdingbare Voraussetzungen für spezielle sprachliche Lernprozesse erst zu schaffen gilt; doch dürfen die sprachlich unspezifischen Aspekte der therapeutischen Arbeit nicht zu ihrem Hauptanliegen schlechthin hochstilisiert werden, wenn die im Rahmen dieses Modells vorgenommene und sprach(erwerbs)theoretisch begründete Zielbestimmung der Sprachtherapie nicht aufgegeben werden soll.

Die wichtigsten, auf die Person des Kindes, seine Fähigkeiten und psycho-physischen Voraussetzungen bezogenen Bedingungsfaktoren sind im inneren Kreis des Modells dargestellt. Sie sind Voraussetzungen für die Initiierung der internen Verarbeitungs- und Lernprozesse; einige von ihnen müssen gegebenenfalls erst erarbeitet werden und stehen dann als Basis für die weitere Arbeit zur Verfügung (z. B. grundlegende kognitive Funktionen oder Wahrnehmungsleistungen), andere müssen immer wieder geweckt, aufrechterhalten und gesichert werden (z. B. Motivation, Dialogbereitschaft, Initiative).

Die äußeren Rahmenbedingungen werden maßgeblich durch den Therapeuten vorgegeben bzw. gestaltet. Sie müssen an die individuellen Voraussetzungen des Kindes angepaßt und auf die Optimierung von Vermittlungsmöglichkeiten für die ausgewählten sprachlichen Lernziele ausgerichtet sein. Dabei sind sowohl organisatorische und institutionelle Gesichtspunkte zu berücksichtigen als auch auf der Grundlage einer stabilen Kind-Therapeut-Beziehung spezielle Sach- und Handlungskontexte als Bezugsrahmen für sprachliche Interaktionsmöglichkeiten gemeinsam zu gestalten. In diesem Bereich sind die sozial-kommunikativen Fähigkeiten des Therapeuten ebenso gefordert wie seine fachlichen Qualitäten.

Die „inneren" und „äußeren" Rahmenbedingungen, auf die sich die sprachtherapeutische Arbeit in jedem Einzelfall in unterschiedlicher Gewichtung zu beziehen hat, werden hier nicht näher erläutert; sie wurden zum Teil bei der Darstellung des entwicklungsproximalen Ansatzes behandelt und sind darüber hinaus in den zitierten Veröffentlichungen von Dannenbauer und Homburg ausführlich dargestellt. Im Zentrum der empirischen Studie der vorliegenden Arbeit steht der Versuch, spezielle Lerneffekte im Bereich der Grammatik mit Hilfe einer linguistisch und sprachlerntheoretisch begründeten Vermittlungsmethode herbeizuführen, um den Nachweis der Wirksamkeit dieses Vorgehens zu führen. Gemäß des vorgelegten sprachtherapeutischen Modells und seiner Begründung besteht diese Methode im Kern darin, über eine Spezifizierung des an das Kind gerichteten Input in sprachdiagnostisch bestimmten Bereichen der Grammatik Verarbeitungs- und Erwerbsprozesse herbeizuführen, die zur Beseitigung der speziellen sprachlichen Schwierigkeiten dysgrammatisch sprechender Kinder beitragen.

Daß dies alles den übergeordneten Zielen der Erweiterung von Kommunikations- und Handlungsmöglichkeiten und damit einer möglichst ungehinderten, individuell und gesellschaftlich positiven Persönlichkeitsentfaltung dient, ist meines Erachtens im Kontext pädagogisch-therapeutischen Handelns so selbstverständlich, daß es keiner weiteren Begründung bedarf. Vor allem aber sollten Ziel und Mittel keinesfalls verwechselt werden und die spezifischen, symptombezogenen Einzelschritte der Sprachtherapie nicht den weiter gesteckten Zielvisionen zum Opfer fallen und aus dem therapeutischen Prozeß eliminiert werden.

7 Erkundung neuer Wege der Sprachtherapie

Ein Blick hinter die Kulissen einer Therapiestudie

In den folgenden Kapiteln dieses Buches geht es um eine wissenschaftliche Untersuchung. Mit ihr sollte herausgefunden werden, ob es tatsächlich möglich ist, die grammatischen Systeme von Kindern mit Dysgrammatismus gezielt zu verändern, indem man die Kinder einem auf ihren Entwicklungsstand und die Besonderheiten ihrer Grammatiken zugeschnittenen sprachlichen Input aussetzt. So sollte z. B. untersucht werden, ob ein hochfrequentes Auftreten verschiedener Verbformen in der Kommunikation dazu führt, daß die Kinder die funktionale grammatische Bedeutung der Verbendungen erkennen. Ausgehend von den in den Kapiteln 3 und 4 erörterten Theorien und Erkenntnissen über den Grammatikerwerb, würde man erwarten, daß den Kindern mit dem Erwerb des Prinzips der Subjekt-Verb-Kongruenz dann automatisch auch die Verbzweitstellungsregel des Deutschen verfügbar ist. Es geht also im wesentlichen um den empirischen Nachweis der Wirksamkeit einer sprachtherapeutischen Methode, die sich von anderen Vorgehensweisen vor allem hinsichtlich ihrer expliziten linguistischen und sprachlerntheoretischen Begründung unterscheidet. Indem die zugrundeliegenden wissenschaftlichen Theorien und Erkenntnisse handlungsleitend für die Planung, Gestaltung und Durchführung der Therapie sind, können die Ergebnisse dieser Handlungspraxis auch zur Überprüfung der wissenschaftlichen, im vorliegenden Fall der linguistischen und sprachlerntheoretischen Grundlagen, beitragen und somit ein Entscheidungskriterium für ihre Angemessenheit als wissenschaftliche Theorien liefern.

Die folgenden Ausführungen sollen nicht nur dem Zweck dienen, die empirischen Befunde der Untersuchung darzustellen. Sie sollen darüber hinaus auch zeigen, wie eine psycholinguistisch begründete Form von Sprachtherapie in der Praxis durchgeführt werden kann. Mit anderen Worten, es soll exemplarisch vorgeführt werden, wie aus Sprachanalysen diagnostische Ergebnisse gewonnen und Lernzielbestimmungen abgeleitet, wie einzelne sprachtherapeutische Inszenierungen gestaltet und die Wirkungen der getroffenen Maßnahmen überprüft werden können. Es soll also gezeigt werden, wie der Schritt von der Theorie zur Praxis aussehen kann, und es sollen Hilfen und Anregungen geboten werden, diesen Schritt auch zu tun.

Einige Probleme von Therapiestudien

Zunächst wird die empirische Untersuchung in einigen Punkten genauer beschrieben. Von den vielen Problemen, die sich im Zusammenhang mit der Durchführung von Therapiestudien stellen, sollen hier zwei besonders wichtige herausgegriffen und kurz erörtert werden.

Der erste Punkt betrifft die Frage, was als sprachtherapeutischer Erfolg gelten soll und wie er zu bemessen sei. Nach einem weitgefaßten Verständnis geht das Ziel sprachtherapeutischen Bemühens grundsätzlich über die Verbesserung rein sprachlicher Fähigkeiten hinaus und ist auf die Optimierung kommunikativer Fähigkeiten sowie auf die gesamtpersonalen, psychischen und sozialen Entwicklungsmöglichkeiten und Lebensbedingungen des einzelnen ausgerichtet.[61] Ob die sprachtherapeutische Arbeit hinsichtlich derartig weitgesteckter Zielsetzungen erfolgreich war oder nicht, entzieht sich einer wissenschaftlich-objektivierenden Überprüfung weitestgehend und kann meist nur subjektiv, das heißt von den Betroffenen selbst und ihren Bezugspersonen eingeschätzt werden.

Der Maßstab und die Bezugspunkte für die Messung des Wirkungsgrades der Sprachtherapie liegen bei der vorliegenden Studie im engeren und überprüfbaren Bereich der formal-sprachlichen Fähigkeiten von Kindern. Zwar stehen die therapeutischen Bemühungen selbstverständlich auch hier im Dienste pädagogisch begründeter Zielsetzungen, die weit über das Beseitigen der sprachlichen Symptomatik hinausgehen, jedoch konzentriert sich die eigentliche sprachtherapeutische Arbeit auf die Beseitigung der spezifischen sprachlichen Störungen des Grammatikerwerbs. Aus folgenden Gründen erscheint es opportun und realistisch, dieses Ziel erreichen zu wollen: Die Tatsache, daß der Dysgrammatismus zwar zu den häufigsten Sprachentwicklungsstörungen im Kindesalter gehört und seine Therapie als schwierig, langwierig und meist auch als erfolglos eingeschätzt wird, er andererseits jedoch nur in äußerst seltenen Fällen bis ins Erwachsenenalter fortbesteht, deutet darauf hin, daß die erworbene Grammatik in ihrer abweichenden Form keine stabile, unveränderbare Größe darstellt. Sprachtherapeutische Einflußmöglichkeiten sind somit prinzipiell denkbar. Die Forschungsergebnisse zum Dysgrammatismus weisen in dieselbe Richtung; bei den meisten Kindern sind universalgrammatische Prinzipien, die aus lernbarkeitstheoretischen Gründen nicht zu beeinflussen sind, von der Störung nicht betroffen. Die selektiven Defizite liegen in Bereichen, die von der Wirkungsweise abstrakter formal-grammatischer Prinzipien dominiert sind, einer äußeren Einflußnahme jedoch indirekt zugänglich sein dürften. Da die Kindersprachforschung detaillierte und neue Erkenntnisse zum Dysgrammatismus bereitstellt, erscheint der Versuch, die Sprachstörung mit Hilfe spezieller sprachtherapeutischer Maßnahmen, die dem neuesten Wissensstand entsprechen, zu beheben, als angemessen und aussichtsreich.

Als Kriterium für den Therapieerfolg dient hier die sprachtherapeutisch intendierte und forcierte Veränderung der kindlichen Grammatik in Richtung Zielsprache. Die Fortschritte werden mit Hilfe der diagnostischen Methode der Spontansprachanalyse (COPROF) evaluiert. Es kann angenommen werden, daß mit der Beseitigung der spezifischen sprachlichen Störungen im Bereich der Grammatik auch eine Reihe potentieller oder tatsächlicher, von diesen verursachter oder aufrechterhaltener Kommunikations-, Lern- und Entwicklungsbeeinträchtigungen reduziert, abgebaut oder verhindert werden. Diese übergeordneten und jeder pädagogischen Arbeit inhärenten sprachtherapeutischen Erfolge werden im Rahmen der vorliegenden Studie nicht erhoben und ausgewertet.

Der zweite Punkt betrifft einen wichtigen methodologischen und erkenntnistheoretischen Aspekt der Therapieforschung. Im Rahmen von Therapiestudien müssen die erzielten Erfolge auf den Einfluß der therapeutischen Bemühungen zurückgeführt werden. Mit anderen Worten, es muß gezeigt werden, daß eine bestimmte therapeutische Methode oder Maßnahme nicht irgendwelche, sondern ganz bestimmte Veränderungen bewirkt hat.

Ist der Funktions- und Wirkungszusammenhang von Einflußnahme und erzieltem Effekt direkt und monofaktoriell und nur im Rahmen einer einzigen wissenschaftlichen Theorie erklärbar, so stellt die empirische Evaluation kein besonderes Problem dar. Bei einer Vielzahl naturwissenschaftlicher Experimente ist das der Fall. Wenn hingegen multifaktorielle Begründungszusammenhänge und ein Geflecht multikausaler Bedingungsfaktoren anzunehmen sind, kann ein empirisch eindeutiger Nachweis für die Wirksamkeit einer therapeutischen Einflußnahme theoretisch nur dann erbracht werden, wenn alle relevanten Einflußgrößen bekannt sind und es gelingt, methodisch eine Differenzierung, Isolierung und Kontrolle aller beteiligten Faktoren herbeizuführen. Das ist jedoch insbesondere im Rahmen von Forschungsvorhaben, die sich auf komplexe mentale Fähigkeiten und Leistungen und deren Entwicklungs- bzw. Veränderungsbedingungen beziehen, eher Desiderat als Wirklichkeit und aufgrund des aktuellen Wissensstandes in diesem humanwissenschaftlichen Bereich kaum einzulösen.

Unter diesem Gesichtspunkt kann im Prinzip nicht ausgeschlossen werden, daß die beobachteten Veränderungen tatsächlich in anderen Einflußgrößen als den angenommenen begründet sind. Ungünstigstenfalls stellen sie sogar nur scheinbare Therapieeffekte dar, die in Wirklichkeit auf Gegebenheiten zurückzuführen sind, die möglicherweise überhaupt nicht im Blickfeld der Betrachtung standen. Die Gefahr von Artefakten ist umso größer, je unspezifischer die Behandlungsmaßnahmen, je diffuser die Zielsetzung und je dürftiger die wissenschaftlichen Erkenntnisse über den Gegenstand und die wissenschaftliche Begründung der Intervention sind.

Für die vorliegende Studie wurde eine konkrete und hinlänglich objektivierbare Zielsetzung gewählt. Die therapeutische Methode besteht im Kern in einer Spezifizierung und Steuerung des Sprachverhaltens von Therapeutin und Kind, das aufgrund beobachtbarer linguistischer Eigenschaften und Merkmale der verwendeten Äußerungen empirisch erfaßt werden kann. Antizipierte und tatsächlich erfolgte Veränderungen im Sprachverhalten und in der Grammatik des Kindes, die sich zeitlich unmittelbar und chronologisch auf die linguistischen Spezifika der therapeutischen Interaktion beziehen lassen, werden auf der Grundlage der oben beschriebenen Theorie über sprachliche Erwerbsprozesse als Folgeeffekte eben dieser Interventionen interpretiert. Die zugrundeliegende Theorie stellt dabei das entscheidende Bindeglied dar, über das die beobachtbaren Fakten zueinander in Beziehung gesetzt werden. Auf diesem Weg werden die empirisch nachgewiesenen Lerneffekte im Rahmen einer expliziten Theorie über den Gegenstand und den Prozeß des Lernens erklärt.

Mit anderen Worten, in der vorliegenden Studie werden nicht allgemeine sprachliche Lernfortschritte auf allgemein förderliche Lernbedingungen, die in sprachtherapeutischen Sitzungen hergestellt werden, zurückgeführt. Das Anliegen besteht vielmehr darin, sprachlerntheoretisch begründete und linguistisch spezifizierte therapeutische Einflußmöglichkeiten hinsichtlich ihrer sprachlerntheoretisch vorherbestimmten Wirkungen zu überprüfen. Solange für die empirisch nachgewiesenen spezifischen Erfolge der Sprachtherapie, das heißt für die erzielten Erwerbsfortschritte im Bereich der Grammatik, keine theoretisch ebenso gut begründeten, nicht-trivialen Erklärungen vorgelegt werden können, werden sie als Bestätigungen der Ausgangshypothesen und als Wirksamkeitsnachweise betrachtet.

Ein weiterer Punkt spricht für die Annahme, daß die spezifischen Lerneffekte maßgeblich auf die formal-sprachlichen Merkmale der therapeutischen Interaktion zurückzuführen sind: Alle Kinder dieser Studie hatten schon eine mehrjährige sprachtherapeutische Vergangenheit hinter sich, als sie vorgestellt und für die Therapiestudie ausgewählt wurden. Sie waren sowohl übungstherapeutischen Behandlungsmethoden als auch unspezifisch-ganzheitlichen sprachtherapeutischen Therapiebemühungen ausgesetzt, wobei die eine Vorgehensweise so erfolglos wie die andere blieb. Da sich die im Rahmen dieser Studie praktizierte sprachtherapeutische Methode im wesentlichen in ihrer expliziten linguistischen und sprachlerntheoretischen Begründung und Spezifizierung von den anderen Methoden unterscheidet, liegt es nahe, die erzielten Erfolge als Effekte dieser theoretischen Orientierung und ihrer Verwirklichung in der Praxis zu interpretieren.

Konzeption und Aufbau der vorliegenden Untersuchung

Die vorliegende Untersuchung ist als Längsschnittstudie angelegt. Sie besteht aus vier Einzelfalluntersuchungen, deren Daten das empirische Ausgangsmaterial für die Überprüfung der Wirkungsweise und Wirksamkeit einer sprachtherapeutischen Methode liefern.

Mit vier Kindern wurde eine den im Vorangegangenen dargelegten wissenschaftlichen Ansprüchen einerseits sowie den individuellen Voraussetzungen und Erfordernissen andererseits entsprechende Form von entwicklungsproximaler Sprachtherapie durchgeführt und sorgfältig dokumentiert. Dieser Dokumentation liegen Videoaufnahmen von Interaktionssequenzen, die im Rahmen der sprachdiagnostischen und sprachtherapeutischen Arbeit aufgezeichnet wurden, sowie schriftliche Aufzeichnungen über Lernzielbestimmungen, geplante und realisierte sprachtherapeutische Maßnahmen, allgemeine Angaben zum Therapieverlauf etc. zugrunde.

Die Induktionsbasis für die im Rahmen dieser Studie gewonnenen Erkenntnisse stellen vor allem die sprachbezogenen Daten dar, die durch Videoaufzeichnungen bereitgestellt werden und in Form von Transkripten, Profilbögen, Listen, Tabellen und graphischen Darstellungen eine wissenschaftliche Analyse des sprachtherapeutischen Prozesses ermöglichen. Gemäß der zugrundeliegenden Theorie kann eine linguistisch begründete Spezifizierung des in der therapeutischen Interaktion vermittelten sprachlichen Input zu Veränderungen im Bereich der kindlichen Grammatik führen und somit zur Beseitigung der speziellen sprachlichen Schwierigkeiten dysgrammatisch sprechender Kinder entscheidend beitragen. Aus diesem Grund stehen die linguistischen Aspekte der Sprachtherapie im Mittelpunkt der Betrachtung; die systematische Erfassung und wissenschaftliche Auswertung bezieht sich fast ausschließlich auf die diesbezüglichen Daten.

Der Aufbau der Gesamtstudie hat folgende Struktur: Nachdem festgestellt werden konnte, daß sich zwischen Kind und Sprachtherapeutin eine sich stabilisierende und vertrauensvolle Beziehung als Grundlage für die intendierte Form der sprachtherapeutischen Intervention anbahnte, wurden die Spontansprachdaten für den Eingangsbefund erhoben, um den sprachlichen Entwicklungsstand im Bereich der Grammatik beurteilen und die sprachlichen Lernziele festsetzen zu können.[62] Die Sprachtherapie wurde auf der Grundlage der aus den Ergebnissen der Eingangsdiagnose abgeleiteten Lernzielbestimmungen geplant und durchgeführt. In zeitlichen Abständen von ca. 4 Monaten wurden weitere Spontansprachdaten erhoben und ausgewertet, so daß im Laufe von 12-14 Monaten für jedes Kind vier detaillierte Spontansprachanalysen durchgeführt werden konnten. Im therapeutischen Prozeß dienten sie vor allem der Verlaufskontrolle und Korrekturmöglichkeit in bezug auf die Ausrichtung der sprachtherapeutischen Maßnahmen. Im Rahmen der vorliegenden Therapiestudie stellen sie die entscheidenden Daten zur Evaluation der Wirksamkeit der sprachtherapeutischen Methode zur Verfügung.

Zwischen den vier Erhebungszeitpunkten fand die Sprachtherapie kontinuierlich mit einer Intensität von zwei Sitzungen à 60 Minuten pro Woche statt. Berücksichtigt man krankheitsbedingte Ausfälle, Ferien etc., so ergibt sich für den Zeitraum der Therapiestudie eine durchschnittliche Anzahl von ca. 90 Sitzungen pro Kind.

Die Sprachtherapie mit Denis, Sebastian und Sonja wurde von einer Sprachtherapeutin mit langjähriger Berufserfahrung durchgeführt, die sich vor Beginn der Studie intensiv mit den theoretischen Grundlagen des entwicklungsproximalen Ansatzes beschäftigt hatte und bereits über positive Erfahrungen mit der Anwendung der Methode verfügte. Die Sprachtherapie mit Max übernahm eine Logopädin, die die entwicklungsproximale Sprachtherapie im Rahmen ihrer Ausbildung kennengelernt und bislang auch nur in diesem Kontext unter Supervision praktiziert hatte. In beiden Fällen wurde die im Rahmen dieser Studie durchgeführte Sprachtherapie regelmäßig jeweils von mir und zusätzlich zumeist auch von einer der Therapeutinnen supervidiert und anschließend insbesondere hinsichtlich des Sprach- und Interaktionsverhaltens der jeweils betroffenen Therapeutin reflektiert, um eine möglichst optimale Anpassung an die individuellen und lernzielbestimmten Erfordernisse zu gewährleisten. Zudem wurden die Ergebnisse der Spontansprachanalysen sowie das weitere, daran zu adjustierende Vorgehen grundsätzlich im Team besprochen.[63]

Eine der vier durchgeführten Einzelfallstudien wird hinsichtlich der Verlaufsplanung und der Gestaltung einzelner sprachtherapeutischer Sequenzen sehr detailliert beschrieben. Damit werden im wesentlichen zwei Ziele verfolgt: Zum einen soll exemplarisch gezeigt werden, wie eine entwicklungsproximale Sprachtherapie der hier intendierten Form in der Praxis realisiert werden kann. Zu diesem Zweck wird dargelegt, wie die mittels linguistischer Analysen gewonnenen Informationen psycholinguistisch evaluiert und zur Ableitung entwicklungsproximaler Therapieziele nutzbar gemacht werden können. Zudem wird exemplarisch gezeigt, wie die sprachlichen Lernziele der Therapie erreicht werden können, das heißt welche Überlegungen bei der Vorstrukturierung sprachtherapeutischer Handlungskontexte und Situationen handlungsleitend sind und in welcher Art und Weise die Spezifizierung des sprachlichen Input, die Gestaltung der sprachlichen Interaktion und die Applikation diverser Techniken des Modellierens in der Praxis erfolgen können.[64]

Zum anderen soll die ausführliche Darstellung der Einzelfallstudie demonstrieren, auf welche Weise die Wirksamkeit der sprachtherapeutischen Methode im Rahmen des vorliegenden Forschungsvorhabens überprüft wurde.

Die aus den Spontansprachanalysen abgeleiteten Lernziele und die spezifischen Aspekte der realisierten sprachtherapeutischen Maßnahmen müssen im Detail begründet und dargestellt werden, damit sie in Beziehung zu den Veränderungen der kindlichen Grammatik gesetzt werden können. Die komplexen Funktionszusammenhänge im Bereich der Grammatik werden erst auf der

Grundlage detaillierter Betrachtungen und Analysen transparent und können nur auf diesem Weg dargestellt werden. Eine Untersuchung, die sich auf eine oberflächenstrukturbezogene Sprachanalyse oder eine rein quantitative Erfassung von Lerneffekten beschränkte, könnte die Vielschichtigkeit der initiierten Erwerbsprozesse nur ungenügend abbilden, da sich die Veränderungen nicht unmittelbar an den beobachtbaren Merkmalen von Einzeläußerungen der kindlichen Sprachproduktion erkennen lassen, sondern erst erschlossen werden müssen. Mit anderen Worten, die Analyse des Datenmaterials muß die Rekonstruktion des zugrundeliegenden grammatischen Systems ermöglichen. Genauso kann auch der angenommene Zusammenhang zwischen in der Sprachtherapie hergestellten Veränderungsbedingungen und Lernfortschritten nur überprüft werden, wenn die linguistischen Spezifika der sprachlichen Interaktion explizit gemacht und erfaßt werden. Dies alles soll exemplarisch mit Hilfe der ausführlich dokumentierten Einzelfallstudie DENIS gezeigt und verdeutlicht werden.

Die zum Therapieverlauf der anderen drei Kinder durchgeführten Untersuchungen dienen vor allem dem Nachweis, daß die sprachtherapeutischen Erfolge wiederholbar sind, das heißt bei sachgerechter Applikation der entwicklungsproximalen Methode auch in anderen Fällen von Dysgrammatismus in vergleichbarer Art und Weise herbeigeführt werden können. Detaillierte Beschreibungen von Einzelentscheidungen und methodischen Schritten, die bei der Durchführung der Sprachtherapie mit Max, Sebastian und Sonja vorgenommen worden sind, würden, auch wenn sie wie im Fall der Studie DENIS nur exemplarischen Charakter hätten, den Rahmen dieses Buches sprengen. Aus diesem Grund beschränke ich mich bezüglich dieser Untersuchungen im wesentlichen auf die ausführliche Erörterung der in Form von Entwicklungsprofilen, Tabellen und graphischen Abbildungen dargestellten Analyseergebnisse.

Die Kinder

Für die vorliegende Studie wurden vier Kinder ausgewählt, bei denen von verschiedenen Logopäden/Sprachtherapeuten die Diagnose „Dysgrammatismus" gestellt wurde. Drei der Kinder, Denis, Sebastian und Sonja, hatten bereits eine oder mehrere Sprachtherapien hinter sich, als sie vorgestellt wurden. Bei keinem der Kinder konnte eine sprachtherapeutische Behandlung des Dysgrammatismus erfolgreich abgeschlossen werden, so daß sie insbesondere wegen ihrer grammatikalischen Abweichungen von ihren Eltern, anderen Bezugspersonen und auch von Fremden als stark sprachauffällig eingeschätzt wurden. Dieser Umstand und die damit in Zusammenhang stehenden Befürchtungen bezüglich der Schullaufbahn der Kinder waren auch der Anlaß dafür, daß die Eltern – zum Teil auf Anraten der Lehrer – einen weiteren Therapieversuch unternehmen wollten bzw. befürworteten.

Im folgenden sind einige personenbezogene Angaben zu den Kindern sowie zu allgemeinen soziokulturellen Bedingungen und Lebensumständen zusammengestellt. Dabei habe ich mich auf die Daten beschränkt, die im Rahmen meines Ansatzes als wichtig erscheinen; eine Reihe von Informationen, die zwar verfügbar, jedoch unter Berücksichtigung der dieser Studie zugrundeliegenden Theorie über sprachliches Lernen als nicht erklärungsrelevant anzusehen sind, werden hier nicht aufgeführt.[65]

Denis

Denis war zum Zeitpunkt der Eingangsdiagnose 6;4 Jahre, zum Zeitpunkt der letzten Untersuchung 7;6 Jahre alt. Er hatte einen eineinhalb Jahre älteren Bruder, der keinerlei Auffälligkeiten im sprachlichen oder in anderen Bereichen zeigte und die Grundschule besuchte. Denis wohnte mit seinen Eltern und seinem Bruder in einem Einfamilienhaus am Rande einer Großstadt. Die Familie gehört unter Berücksichtigung von Beruf, Bildungsstand und Einkommen der Eltern der Mittelschicht an. Denis Vater arbeitete ganztags, Denis Mutter war nicht berufstätig.

Denis war wegen seiner sprachlichen Auffälligkeiten vom Besuch der Grundschule zurückgestellt worden und besuchte zu Anfang der Therapie einen Vorschulkindergarten. Zwischen dem dritten und vierten Untersuchungszeitpunkt wurde er in die Grundschule eingeschult.

Außer im Bereich der Grammatik hatte Denis Schwierigkeiten mit der Bildung der Sibilanten, die mittels einer übungstherapeutischen Behandlung jedoch schon vor Beginn der vorliegenden Studie behoben werden konnten und nur noch selten als Restsymptomatik in Erscheinung traten. Andere sprachliche Probleme oder Defizite waren nicht festzustellen und wurden auch in früheren Berichten und Therapieakten nicht erwähnt. Nach subjektiver Einschätzung der Eltern war Denis Wortschatz – insbesondere im Vergleich zu seinem Bruder – nicht sehr groß. Hinsichtlich des situationsangemessenen und kommunikativ wirkungsvollen Einsatzes sprachlicher Mittel stand Denis seinem Bruder und gleichaltrigen Kindern allerdings um nichts nach, obwohl seine Sprache wegen der deutlichen Defizite und Simplifizierungen im Bereich der Grammatik allgemein als kleinkindhaft und retardiert eingeschätzt wurde.

Abgesehen von allgemeinen erzieherischen Problemen, die u. U. auf einen durch Inkonsequenz geprägten Erziehungsstil zurückzuführen sind, jedoch den Rahmen des üblichen nicht überschritten und keiner professionellen Intervention bedurften, waren Schwierigkeiten oder Auffälligkeiten in nicht-sprachlichen Bereichen nicht bekannt.

Denis war seit 18 Monaten und bis ca. sechs Wochen vor Beginn der Studie in logopädischer Behandlung. Seine Artikulationsschwierigkeiten konnten im Rahmen dieser Behandlung behoben werden; in bezug auf die Therapie des Dysgrammatismus, bei deren Planung und Gestaltung sich die Sprachtherapeutin nach eigenem Bekunden gemäß ihrer Überzeugung stark an handlungstheoretischen Konzepten orientierte, gab es keinerlei Fortschritte. Angesichts der Erfolgslosigkeit aller sprachtherapeutischen Bemühungen sollte zunächst eine Therapiepause eingelegt werden.

Max

Max war zum Zeitpunkt der Eingangsdiagnose 6;1 Jahre, zum Zeitpunkt der letzten Untersuchung 7;1 Jahre alt. Er war ein Einzelkind und besuchte zu Anfang der im Rahmen der vorliegenden Studie durchgeführten Sprachtherapie wegen allgemeiner Entwicklungsrückstände ganztägig einen heilpädagogischen Kindergarten. Gegen Ende der Studie wurde er in eine Grundschule eingeschult. Sein Vater arbeitete als Rechtsanwalt in einer Gemeinschaftskanzlei; Max Mutter übte bis zu seiner Einschulung ihren Beruf als Fremdsprachenkorrespondentin ganztägig aus. Die Familie bewohnte eine Vier-Zimmerwohnung im Zentrum einer Großstadt.

Die bei Max deutlich erkennbaren Entwicklungsrückstände wurden laut ärztlichen Berichten und Gutachten auf perinatale Komplikationen zurückgeführt. Sie bestanden besonders in Retardierungen bzw. Störungen des Spracherwerbs und in motorischen Defiziten. Während eine früh aufgenommene Bobath-Therapie im Laufe einiger Jahre zur fast vollständigen Beseitigung der motorischen Beeinträchtigungen führte, verlief die in bezug auf die Sprachentwicklung gegen Ende des dritten Lebensjahrs begonnene Förderung bzw. Therapie mit unterschiedlichem Erfolg. Max anfänglich stark ausgeprägte Sprechscheu konnte abgebaut werden, so daß laut Aussage der Eltern und der Erzieherinnen mit ca. fünf Jahren keine Auffälligkeiten im Kommunikationsverhalten mehr festzustellen waren. Auch die sich beim Lautspracherwerb einstellenden Schwierigkeiten im Bereich der Artikulation konnten mit Hilfe einer in dem heilpädagogischen Tagesheim von einer Logopädin durchgeführten Übungstherapie aufgefangen bzw. noch vor dem sechsten Lebensjahr beseitigt werden. Eltern und Erzieherinnen attestierten Max eine gute allgemeine Auffassungsgabe, ein ausreichend großes Repertoire an Wörtern und differenzierten Begriffen, mit denen er jede für ihn relevante Sprachverwendungssituation meisterte, sowie ein hohes Maß an damit interagierenden sozialen und kommunikativen Fähigkeiten. Ganz im Gegensatz dazu standen seine formal-sprachlichen Leistungen, die ihn trotz seiner allgemeinen sprachlichen Handlungskompetenz als ein Kind mit einer gravierenden Sprachstörung erscheinen ließen. Spezielle Maßnahmen zur Therapie des Dysgrammatismus wurden am Anfang des vierten Lebensjahres aufgenommen, jedoch nach ca. sechs

Monaten wieder eingestellt, da Max anfing zu stottern und man diese Symptome durch eine die Sprachproduktion in den Mittelpunkt stellende Behandlung nicht verstärken oder verfestigen wollte. Mit Erreichen des fünften Lebensjahres wurde dann eine Form von Behandlung durchgeführt, die kommunikations- und interaktionsorientiert gestaltet war und keine auf die spezifischen sprachlichen Schwierigkeiten des Grammatikerwerbs gerichtete Maßnahmen beinhaltete. Sie wurde vier Wochen vor Beginn der vorliegenden Untersuchung, d. h. nach 2 Jahren, mit negativer Bilanz und Prognose abgebrochen.

Sebastian
Sebastian war zum Zeitpunkt der Eingangsdiagnose 6;8 Jahre, zum Zeitpunkt der letzten Untersuchung 7;9 Jahre alt. Er war das dritte von vier Kindern einer nach o. a. Kriterien der Unterschicht angehörenden Familie. Sein Vater arbeitete als ungelernter Lagerarbeiter in einem Industriewerk, seine Mutter arbeitete stundenweise als Aushilfskraft bei einem Gebäudereinigungsunternehmen im Spätschichtdienst. Die Familie bewohnte eine Drei-Zimmerwohnung im Zentrum einer Großstadt.

Sebastians ältere Geschwister, sein ca. zwei Jahre älterer Bruder und seine neun Monate ältere Schwester, besuchten aufgrund starker Sprachentwicklungsstörungen, die sich sowohl in bezug auf den Grammatikerwerb, als auch in anderen sprachlichen Bereichen zeigten, eine Schule für Sprachbehinderte. Sebastians jüngere Schwester war zum Zeitpunkt des Beginns der Studie erst fünf Monate alt. Sebastian wurde im Verlauf der im Rahmen dieser Studie durchgeführten Sprachtherapie in die Eingangsklasse einer Schule für Sprachbehinderte eingeschult, am Ende des ersten Schuljahres aber in die Regelschule aufgenommen.

Bei Sebastian war im Vorschulalter bereits der Versuch einer sprachtherapeutischen Einflußnahme unternommen worden. Er war bis ca. drei Monate vor Beginn der vorliegenden Therapiestudie fast zwei Jahre lang in ambulanter sprachtherapeutischer Behandlung, die sich auf alle Bereiche der Sprachentwicklung bezog. Nach Auskunft der Sprachtherapeutin wurden übungstherapeutische Verfahren zur Beseitigung gravierender Artikulationsschwierigkeiten eingesetzt. Diese Maßnahmen konnten erfolgreich abgeschlossen werden, so daß im Bereich der Aussprache keine nennenswerten Auffälligkeiten mehr festzustellen waren. Hingegen wurde in bezug auf die Behandlung des Dysgrammatismus sowie die auf Wortschatzerweiterung und Begriffsbildung abzielenden Fördermaßnahmen auf dem Hintergrund negativer therapeutischer Erfahrungen die Prognose gestellt, daß nur noch allgemeine, eventuell durch schulische Förderung bedingte Fortschritte in der Gesamtentwicklung des Kindes über den erreichten Stand hinausgehende Effekte zeitigen könnten. Im Verlauf der Therapie kamen in diesem Fall sowohl streng übungstherapeutische als auch unspezifische, eher auf pragmatische als auf formale Aspekte des Sprachgebrauchs ausgerichtete Verfahren der Sprachtherapie in Anwendung.

Sonja

Sonja war zum Zeitpunkt der Eingangsdiagnose 6;11 Jahre, zum Zeitpunkt der letzten Untersuchung 8;0 Jahre alt. Sie hatte keine Geschwister und wurde tagsüber vorwiegend von ihren Großeltern betreut, weil ihre Eltern berufstätig waren. Eltern und Großeltern wohnten im selben Haus und gehören nach Berufen, Bildungsstand und Einkommen der unteren Mittelschicht an.

Sonja besuchte zum Zeitpunkt der Untersuchung die erste Klasse einer Schule für Sprachbehinderte. Die Absicht, sie im Laufe der Grundschulzeit auf eine Regelschule zu überweisen, konnte nach dem zweiten Schuljahr verwirklicht werden.

Im Zentrum der sprachlichen Auffälligkeiten standen auch bei Sonja die grammatikalischen Besonderheiten, die schon ca. drei Jahre vor Beginn dieser Studie zu der Diagnose „Dysgrammatismus" geführt hatten. Außerdem wurden seit dieser Zeit die mangelhafte sprachliche Ausdrucksfähigkeit in Verbindung mit einem geringen Wortschatz und deutlichen Defiziten im Bereich der Begriffsbildung in den Therapieberichten immer wieder angeführt. Wie bei den anderen Kindern dieser Studie konnte auch bei Sonja insbesondere bei der Behandlung des Dysgrammatismus kein einschneidender sprachtherapeutischer Erfolg erzielt werden; sowohl übungstherapeutische Behandlungsmethoden, die im Rahmen der städtischen Sprachambulanz durchgeführt wurden, als auch ein rein pädagogisch-ganzheitlich begründeter therapeutischer Ansatz, der von einer berufserfahrenen Sprachtherapeutin realisiert wurde, waren zuvor gescheitert.

Die Daten

Das im Rahmen dieser Studie erhobene Datenmaterial umfaßt 1813 spontan-sprachliche Äußerungen, die als Grundlage für detaillierte linguistische Analysen zur Rekonstruktion der grammatischen Fähigkeiten der Kinder und zur Bestimmung der sprachlichen Lernziele dienten. Sie verteilen sich auf je vier Erhebungen pro Kind, das heißt auf 16 Korpora.

Die kindersprachlichen Äußerungen wurden mittels Videokamera und externem Mikrofon aufgezeichnet und – dem Analysezweck entsprechend – in enger Anlehnung an die Orthographie der Erwachsenensprache transkribiert. Das hat zur Folge, daß die transkribierten Äußerungen fast keine dialektalen oder ideolektalen Besonderheiten aufweisen, es sei denn, daß es sich um grammatisch relevante Informationen handelt. Auch Abweichungen bei der phonetischen Realisierung wurden bei der Transkription nur berücksichtigt, wenn grammatische Markierungen (z. B. Verbendungen) davon betroffen waren (Clahsen/Hansen 1991, Teil III, 4f).

Außer den Erhebungen, die diagnostischen Zwecken und der Überprüfung der Wirksamkeit der realisierten sprachtherapeutischen Maßnahmen dienen, wurden Aufzeichnungen von Interaktionssequenzen zur Dokumentation des sprachtherapeutischen Vorgehens gemacht. Um zu zeigen, wie die sprachtherapeutischen Sequenzen aufgebaut und ausgeführt wurden, werden einige dieser Aufzeichnungen im folgenden Kapitel exemplarisch wiedergegeben.

8 DENIS – (k)ein Einzelfall

Warum eine Fallbeschreibung?

Aus der in Kapitel 7 vorgestellten Therapiestudie wird hier ein Fall, das Kind Denis, herausgegriffen. Der sprachdiagnostische Befund, die Planung und Gestaltung einzelner Einheiten der Sprachtherapie sowie die Evaluation der durchgeführten Maßnahmen hinsichtlich ihrer spezifischen Wirkungen auf die Grammatik des Kindes sind Gegenstand der folgenden Darstellungen.

Damit soll dem Leser dieses Buches mehr als nur ein abstraktes Handlungsgerüst in Form von konzeptionellen Überlegungen, Strukturvorgaben und Modellvorstellungen gegeben werden. Es soll ihm die praktische Arbeit in ihren wesentlichen Dimensionen vor Augen geführt und erfahrbar gemacht werden – jedenfalls soweit das durch die Lektüre eines Buches und ohne direkte praktische Unterweisung vor Ort möglich ist.

Mit der folgenden Einzelfallbeschreibung soll exemplarisch gezeigt werden, wie die sprachtherapeutische Behandlung des Dysgrammatismus auf der Grundlage einer sprachwissenschaftlich und sprachlerntheoretisch fundierten Vermittlungsmethode erfolgen kann. Wie in Kapitel 6 dargelegt, besteht diese Methode im wesentlichen darin, die mittels linguistischer Detailanalysen ermittelten Defizite im Bereich der Grammatik durch gezielte, das heißt auf formal-sprachliches Lernen ausgerichtete sprachtherapeutische Interventionen zu beseitigen. Im Zentrum der Untersuchung stehen demnach Veränderungen im Bereich des formalen sprachlichen Wissenssystems, die auf die Wirksamkeit der angewandten Vermittlungsmethode zurückgeführt werden sollen. Da linguistische und formale sprachlerntheoretische Aspekte die wesentlichen Bezugspunkte für die wissenschaftliche Überprüfung und Erklärung der erzielten Lerneffekte darstellen sowie in hohem Maße handlungsleitend für die Planung und Gestaltung der sprachtherapeutischen Maßnahmen waren, gilt ihnen in den folgenden Ausführungen das Hauptaugenmerk.

Der erste Schritt: die Diagnose

Es bedarf wohl keiner weiteren Begründung für die Behauptung, daß jeder therapeutischen Maßnahme eine mit wissenschaftlichen Methoden durchgeführte Analyse und Bewertung des Ist-Zustandes, d. h. eine Diagnose, vorausgehen muß, und es versteht sich von selbst, daß dies auch für die Sprachtherapie gilt. Wenn es um die Analyse und Beurteilung des sprachlichen Entwicklungsstandes im Bereich der Grammatik geht, kommt dafür das linguistische Untersuchungsverfahren der Profilanalyse in Frage. Wie in Kapitel 5 dargelegt wurde, ermöglichen Profilanalysen die Rekonstruktion der kindlichen Grammatik, machen Strukturen und Erwerbsverläufe sichtbar, stellen Vergleichsmöglichkeiten mit dem normalen, d. h. ungestörten Grammatikerwerb zur Verfügung und geben Hinweise auf entwicklungsangemessene Lernziele. Die im Rahmen der vorliegenden Untersuchung durchgeführten Analysen wurden mit Hilfe des Verfahrens der Computerunterstützten Profilanalyse – COPROF – (Clahsen/Hansen 1991) erstellt. Ihre Ergebnisse werden im folgenden dargestellt und diskutiert.

Quantitative Ergebnisse

Der Eingangsdiagnose für Denis liegen insgesamt 112 Äußerungen zugrunde.[66] Nur 13 Äußerungen sind nicht analysiert worden, weil sie keinerlei Rückschlüsse auf die grammatische Kompetenz des Kindes zulassen. Die hier vorkommenden nicht-analysierten Äußerungen können nicht als ungewöhnlich oder gar abweichend angesehen werden. Mit 12% ist ihr Anteil an der Gesamtzahl der Äußerungen wesentlich geringer als dies in den Spontansprachproben vergleichbarer Studien der Fall ist (Clahsen 1988, 132f).

Lediglich eine Äußerung ist unverständlich, weil sie ein nicht zu verstehendes lexikalisches Element enthält. Diese Tatsache zeigt, daß die technische Qualität der Aufzeichnung mehr als zufriedenstellend ist. Bei zwei weiteren Äußerungen ist die Bedeutung auch aus dem Kontext nicht zu erschließen; eine Äußerung besteht aus der Wiederholung des letzten Wortes der unmittelbar vorangehenden Äußerung der Sprachtherapeutin. Die Verwendung der restlichen 9 nicht-analysierten Äußerungen ist eindeutig auf situative Gegebenheiten zurückzuführen. In drei Fällen beantwortet Denis eine Frage mit *ja*, in zwei Fällen besteht die Äußerung aus dem formalisierten Ausdruck *ne?*, der einer von ihm selbst vorangestellten

Aussage folgt und ebenso wie das stereotype *guck mal* auf Zustimmung oder Aufmerksamkeitslenkung abzielt.

Auch der Anteil der elliptischen Äußerungen an der Gesamtzahl der analysierten Äußerungen ist mit 5% sehr gering. In einem Fall kommt eine Ellipse als Teilsatz einer parataktischen Konstruktion vor, bei den restlichen vier Belegen handelt es sich um dialogbedingte Auslassungen von Satzteilen. Bei Ellipsen beschränkt sich die Analyse auf die interne Struktur der vorkommenden Satzteile, der verwendeten Wortarten und Wortformen.

Ein grobes quantitatives Kriterium für den erreichten Sprachentwicklungsstand ist der MLU, der die durchschnittliche Äußerungslänge angibt. In dieser Stichprobe beträgt er 3.13, was der Phase IV des Grammatikerwerbs entspricht (Clahsen/Hansen 1991, Teil II, 30). Auch das dominante Auftreten von Mehrwortäußerungen deutet darauf hin, daß Denis die Phase IV des Grammatikerwerbs erreicht hat – zumindest in Hinblick auf quantitative Aspekte seiner Sprachproduktion.

Die Analyseergebnisse aus den Teilen A und B des Profilbogens zeigen, daß für die Eingangsdiagnose eine tragfähige Datenbasis vorliegt, die vorab keinerlei Einschränkungen bezüglich der Interpretationsmöglichkeiten für die Analyseergebnisse in Teil C des Profilbogens auferlegt.

Wie in Kapitel 5 dargelegt, sind Aussagen zu qualitativen Aspekten des sprachlichen Entwicklungsstandes nur auf der Grundlage sehr detaillierter Sprachanalysen möglich, wie sie zum Beispiel mit Hilfe von COPROF durchgeführt und in Form von Entwicklungsprofilen dargestellt werden können. Im folgenden werden die Ergebnisse aus Teil C des Profilbogens zur Spontansprachprobe DENIS1 diskutiert und ausgewertet.

Linguistische Strukturanalyse der Spontansprachprobe DENIS1

In diesem Kapitel werden die mit Hilfe von COPROF ermittelten Ergebnisse der Grammatikanalyse dargestellt und diskutiert. Die wichtigsten Ergebnisse sind im Entwicklungsprofil (Teil C) des Profilbogens ausgegeben. Außerdem stehen als Grundlage für die Interpretation der Ergebnisse weitere Listen zur Verfügung, die ebenfalls mit Hilfe von COPROF erstellt wurden.

Zunächst wird die lexikalische Repräsentation der einzelnen Wortarten untersucht. Es soll ermittelt werden, welche Elemente und welche Arten von Konstituenten in den Äußerungen vorkommen, welche internen Strukturen sie aufweisen und in welchen grammatischen Funktionen sie auftreten. Außerdem sollen Einblicke in morpho-syntaktische Strukturen und Prozesse bei regulärer Verbflexion und bei kasusmarkierten Nominalphrasen gegeben werden. Die empirischen Ergebnisse dazu sind im wesentlichen im linken Drittel des Entwicklungsprofils dargestellt.

Ein weiterer Analysebereich betrifft die syntaktische Struktur der Äußerungen. Es soll herausgefunden werden, wie die syntaktisch relevanten Bestandteile der Äußerungen plaziert sind und welche grammatischen Regeln und Prinzipien diesen Strukturen zugrundeliegen. Dazu wird in erster Linie die Verbstellung untersucht; von ihr hängen verschiedene andere syntaktische Phänomene unmittelbar ab (Inversion, V-Negation etc.).

Der unter Berücksichtigung quantitativer Kriterien erhobene Befund, Denis habe die Phase IV des Grammatikerwerbs bereits erreicht, muß bei genauer Betrachtung der im folgenden dargestellten Analyseergebnisse revidiert werden. Die Äußerungen aus DENIS1 weisen in keinem der Untersuchungsbereiche konsistent Merkmale fortgeschrittener Erwerbsphasen auf.

Nominalphrasen

Tabelle 1 gibt einen Überblick über die lexikalische Repräsentation von Nominalphrasen. Dazu gibt es in Korpus DENIS1 insgesamt 102 Belege; in 40 Fällen verwendet Denis Pronomen (Pro), in 62 Fällen Nominalphrasen, von denen der größte Teil nur aus Nomen (N) oder Nomen + Determinationselement (DN) besteht. In sieben Fällen wird die Nominalphrase um ein attributives Adjektiv erweitert (AdjN und DAdjN), in keiner dieser erweiterten Strukturen liegt eine Artikelauslassung vor. Expansionen in Form possessiver Genitive (NPNP) kommen nicht vor. Zu berücksichtigen sind noch

Tabelle 1: Nominalphrasen und Artikel-Auslassungen in D1

Pro	N	DN	AdjN	DAdjN	NPNP	Auslass. Art.
40	19	36	1	6	-	10 (16%)

zwei Nominalphrasen, die aufgrund der Verwendung des graduierenden Adverbs *sehr* im Profilbogen unter *Andere* eingeordnet werden mußten. Sie weisen keine formalen Besonderheiten oder Abweichungen auf.

Die Struktur der Nominalphrase umfaßt im vorliegenden Datenmaterial also Nomen, die um Determinationselemente und attributive Adjektive erweitert werden können. In Übereinstimmung mit den entsprechenden Phrasenstrukturregeln des Deutschen und mit Befunden zum ungestörten Spracherwerb (Clahsen 1988) stehen Determinationselemente sowie attributive Adjektive auch hier immer vor dem Kopf der NP, also vor dem Nomen, das sie spezifizieren. Wortstellungsfehler innerhalb der Nominalphrase sind in der Stichprobe DENIS1 nicht zu beobachten.

Der weitaus größte Teil der Nominalphrasen kommt in den grammatischen Funktionen Subjekt und Objekt vor. Unterschiede im Gebrauch pronominaler oder nominaler Referenz gibt es dabei nicht, das heißt, es entfallen auf die beiden Funktionen etwa ebenso viele Belege für Pronomen wie für volle Nominalphrasen. Mit dem Gebrauch nominaler und pronominaler Elemente in Subjekt- und Objektfunktion scheint es demnach keine Schwierigkeiten zu geben. Bis auf Genitivkonstruktionen der Form NPNP kommen alle Arten von Nominalphrasen, die im Profilbogen angegeben sind, vor, und auch der Anteil der Artikelauslassungen (Phase II/III) ist mit 16% nicht besonders hoch.

Auffallend beim Gebrauch der einzelnen Arten von Pronomen ist, daß die vorkommenden 16 Personalpronomen ausschließlich als Subjekte und folglich in neutraler Form vorkommen; eindeutig kasusmarkierte Personalpronomen gibt es in der Stichprobe DENIS1 nicht. Der Befund für den Gebrauch der 24 anderen Pronomen ist ähnlich; auch sie erscheinen zum überwiegenden Teil in nicht-markierter, invarianter Form (z. B. 11 mal *das*, 5 mal *die*).

Ebenso gering ist das Formenrepertoire bei Determinationselementen. Tabelle 2 zeigt, daß Denis zwar verschiedene Arten von Determinationselementen benutzt (definite und indefinite Artikel sowie Quantoren/Numerale); jedoch kommen nur wenige, invariante Formen (überwiegend *ein/eine*) vor. Beim Gebrauch dieser Formen treten Genusfehler auf (*eine zelt, eine turm, die bagger*). Äußerung 54 (*die andere leuten* ...) deutet außerdem darauf hin, daß innerhalb der NP keine Kontrolle über Numerusmerkmale ausgeübt wird; die Markierung wird einfach an irgendein Element der NP – in diesem Fall an das Nomen *leute*, das in der Erwachsenen-

Tabelle 2: Determinationselemente in D1

definite Artikel	unbestimmte Artikel	Pronomen	Quantor / Numeral	Σ
4	*34*	*1*	*3*	*42*

sprache keine formale Pluralmarkierung aufweist – gehängt, beim attributiven Adjektiv hingegen fehlt die Markierung. Eine genaue Betrachtung der DAdjN-Strukturen zeigt zudem, daß die Verwendung von Deklinationsformen des Adjektivs nicht nach Maßgabe grammatischer Erfordernisse (starke/schwache Deklination in Abhängigkeit von der Art des Artikels) erfolgt (z. B. Äußerung 112: *ein große fisch ...*).

Die Struktur der Nominalphrase entspricht im vorliegenden Fall genau den Beobachtungen, die man in diesem Bereich auch bei sprachunauffälligen Kindern machen kann: der Aufbau der syntaktischen Konstituentenstruktur bereitet keinerlei Schwierigkeiten. Hingegen zeichnen sich bezüglich der Verwendung von Artikeln spezielle Defizite ab. Denis unterscheidet zwar definite und indefinite Formen, die grammatischen Dimensionen Genus und Numerus werden jedoch nicht beachtet. Dieser Befund spricht dafür, daß sich die Schwierigkeiten – wie bei anderen dysgrammatisch sprechenden Kindern auch – auf Phänomene der grammatischen Kongruenz (hier: zwischen Nomen und Determinationselement) beziehen, semantische Dimensionen wie Definitheit des Artikels hingegen verfügbar sind. Denis Verwendungsstrategie für Artikel besteht nicht in erster Linie im Auslassen, sondern eher darin, wenige Artikelformen invariant zu gebrauchen und Genus-/Numerusoppositionen zu neutralisieren.

Adverbiale

Wie Tabelle 3 zeigt, kommen in der Stichprobe DENIS1 69 Adverbien in Funktion von Adverbialen vor. In fünf Fällen werden Präpositionalphrasen (PNP) gebraucht, in denen die Präpositionen jedoch allesamt fehlen. Die dazu gehörenden Nominalphrasen bestehen lediglich aus einzelnen Nomen. Für Adverbiale hat Denis offensichtlich nur zwei Realisierungsmöglichkeiten, die entweder in einem

Tabelle 3: Adverbiale in D1

Adverbien	PNP	Auslass. Präp.	volle NP	verwendete Präp.
69	-	*5*	-	-

Adverb oder einem Nomen bestehen. Grammatische Funktionswörter werden hier jedenfalls ausgelassen; es gibt keine Präpositionen und auch keine lexikalischen Elemente in der NP, die Träger von Kongruenzmerkmalen sein könnten. Die für Nominalphrasen festgestellten Schwierigkeiten im Umgang mit grammatischer Kongruenz stellen sich hier erst gar nicht, da bei Präpositionalphrasen weder regierende Kategorien (Präpositionen) noch Artikel oder Adjektive innerhalb der NP vorkommen.

Kasus

Das eingeschränkte Repertoire verschiedenartiger Formen von pronominalen Elementen und Determinationselementen läßt vermuten, daß nur wenige eindeutige Kasusmarkierungen im Datenmaterial DENIS1 vorkommen. Tabelle 4 bestätigt dies; in nur drei Fällen verwendet Denis Akkusativformen in Akkusativkontexten.

Tabelle 4: Kasusmarkierungen in D1

Nom.form im Akk.kon.	Nom.form im Dat.kon.	Akk.form im Dat.kon.	Akk.form im Akk.kon.	Dat.form im Dat.kon.	Andere	Σ
1	-	*1*	*3*	-	*6*	*11*

Dabei handelt es sich allerdings jeweils um die Pronominalform *den*, die außerdem auch in Nominativ- und Dativkontexten erscheint und somit kein sicheres Merkmal für die Beachtung und Kodierung von Kasus darstellt. Es ist offensichtlich kein differenziertes morphologisches System von Kasusformen zur Markierung grammatischer Kongruenz verfügbar. Auch für diesen Untersuchungsbereich bestätigt sich, daß grammatische Merkmale, die nicht zu den primären Eigenschaften einer Kategorie gehören, sondern von anderer Stelle zugewiesen werden (wie z. B. Kasus) nicht beachtet und formal nicht markiert werden.

Verbale Elemente, Verbflexion und Verbstellung

Tabelle 5 gibt Auskunft über die vorkommenden Arten und die Auslassungen verbaler Elemente. In den Äußerungen der Stichprobe DENIS1 kommen mit Ausnahme von Auxiliaren alle Arten verbaler Elemente vor, jedoch in unterschiedlicher Verteilung.

Tabelle 5: Konjugierbare verbale Elemente und Auslassungen verbaler Elemente in D1

V	PrV	MOD	KOP	AUX	Auslass. V	Auslass. KOP	Auslass. AUX
34	15	6	4	-	10 (14%)	8 (67%)	6 (100%)

Für einfache Verben (V) und Präfixverben (PrV) gibt es zahlreiche Belege. In sechs Modalverbkonstruktionen gebraucht Denis unterschiedliche Modalverben (Formen von *können, sollen* und *müssen*). Vier Äußerungen enthalten Kopulae (KOP), in 67% der obligatorischen Kontexte werden Kopulae jedoch ausgelassen. Auxiliare (AUX) werden in allen der für ihren Gebrauch obligatorischen Kontexten ausgelassen. Der Anteil der Auslassungen von Hilfsverben liegt damit deutlich über dem Anteil der Verbauslassungen insgesamt, der 14% beträgt.

Einen Überblick über die verwendeten Formen der regulären Verbflexion gibt Tabelle 6 (S. 138). Hier zeigt sich, daß Denis zunächst hauptsächlich die Endung *n* gebraucht; nur drei Belege entfallen auf die Endung *t*, sechs auf die sogenannte Stammform (0). Dies entspricht einem eingeschränkt verwendeten Formenrepertoire der Erwerbsphase II; Flexive aus fortgeschrittenen Phasen kommen nicht vor.

Tabelle 6: Verbflexion in D1

0	n	t	e	st
6	33	3	-	-

Mit diesem Befund stimmen auch die in Tabelle 7 zusammengestellten Beobachtungen zur Subjekt-Verb-Kongruenz überein. Bei nur 17 Äußerungen der gesamten Sprachprobe stimmen Subjekt und Verb hinsichtlich Person und Numerus eindeutig überein, und auch bei diesen Belegen ist es fraglich, ob die verwendeten Flexive tatsächlich der morphologischen Markierung der Subjekt-Verb-Kongruenz dienen.

Tabelle 7: Subj.-Verb-Kongruenz in D1 beim Gebrauch der Verbflexive. Die Ziffer vor dem Doppelpunkt repräsentiert die Anzahl der Belege für S-V-Kongruenz; die Ziffer hinter dem Doppelpunkt die Anzahl der Belege ohne S-V-Kongruenz.

0	n	t	e	st	Andere
6 : 0	4 : 16	3 : 0	-	-	4 : 1

Die Endung *n* wird als Default-Form für verschiedene grammatische Personen und Numeri verwendet (z. B. *ich jetzt das machen, du hier nochmal bekommen, ein schiff jetzt ankommen*). Die Stammform (0) und die Verbendung *t* machen hier eine Ausnahme; sie stimmen hinsichtlich Person und Numerus stets mit dem Subjekt überein. Bei den Stammformen handelt es sich um Modalverben, die allesamt die für nicht-flektierte verbale Elemente vorgesehene V-Position am Ende besetzen. Es ist also fraglich, ob es sich hier tatsächlich um Subjekt-kongruente Formen oder um Default-Formen handelt. Ein Blick auf die Verwendung der Stammformen in DENIS2 und DENIS3 zeigt, daß letzteres zutrifft. Ob sich die Verwendung von *t* nach Merkmalen der grammatischen Kongruenz richtet oder nach semantischen Merkmalen der Argumentstruktur (Clahsen 1988, 184), kann auf der Grundlage der verfügbaren Daten nicht entschieden werden. In Übereinstimmung mit den Befunden von Clahsen (1988, 188ff) treten die Verben mit der Endung *t* jedenfalls auch hier nur in Argumentstrukturen mit geringer semantischer Transitivität auf.

Ein Blick auf die vorkommenden Verben mit irregulärer Flexion zeigt, daß sich die Schwierigkeiten ebenso auf den Gebrauch wortspezifischer Formen beziehen. Es kommen nur zwei Formen (*bin* und *sind*) vor, die – wie die Belege aus DENIS1 (siehe TRANSKRIPT) zeigen – in recht invarianten Satzmustern gebraucht werden:

(34) *bin naß jetzt*
(35) *ich bin naß jetzt*
(41) *ich bin naß jetzt überall hier*

Hilfsverb und Adjektiv bilden offensichtlich Verbcluster, die als intern nicht-differenzierte Ganzheiten oder „lexikalisierte Syntagmen" (Clahsen 1988, 217) verwendet und in verschiedene Verbpositionen eingesetzt werden. Zudem wird auch bei Verwendung dieser Hilfsverben Subjekt-Verb-Kongruenz nicht konsequent beachtet:

(3) *der so neu sind*

Diese Beobachtungen legen die Vermutung nahe, daß die für Phase IV charakteristischen Verbstellungsregeln in der Sprachprobe DENIS1 noch nicht gelten; denn sie sind normalerweise erst verfügbar, wenn das morphologische System der Flexionsformen aufgebaut ist und das Prinzip der Subjekt-Verb-Kongruenz stringent eingehalten wird.

Die Werte aus Tabelle 8 belegen diese Vermutung: bei 88% der Äußerungen aus DENIS1 stehen die Verben in Endstellung, bei 10% an der zweiten syntaktischen Position; andere Positionen sind selten belegt. Die Verbstellung entspricht somit den Regeln einer frühen Stufe des Grammatikerwerbs. Es zeigt sich aber auch, daß

Tabelle 8: Verbstellung in D1

Verbendstellung	Verbzweitstellung	Verbanfangsstellung
42 (88%)	*5 (10%)*	*1 (2%)*

die Syntax die erforderlichen Positionen für verbale Elemente bereithält.

Während der weitaus größte Teil der verbalen Elemente in Endstellung entweder nicht flektiert ist oder eine Default-Form aufweist, gilt dies nur für zwei Verben in Zweitstellung. Die anderen Verben in dieser syntaktischen Position sind wortspezifische Formen von sein, die Kongruenz zum Subjekt aufweisen.

Die Befunde aus diesem Untersuchungsbereich lassen sich wie folgt zusammenfassen: Denis verfügt – ähnlich wie bei Pronomen und Determinationselementen – über ein eingeschränktes Repertoire an Flexionsformen, das dem Entwicklungsstand der Phase II des Grammatikerwerbs entspricht. Die einzelnen Verbformen werden als Default-Formen für verschiedene grammatische Personen und Numeri verwendet. Erwartungsgemäß besteht – bis auf wenige Fälle – auch keine grammatische Kongruenz zwischen Subjekt und Verb. Die Beachtung der grammatischen Dimensionen Person und Numerus zur Markierung grammatischer Kongruenz ist eine wesentliche Voraussetzung für die im Deutschen geltende Kategorisierung der Verben als stark-flektierte Elemente. Eine solche Kategorisierung ist hier noch nicht vorgenommen worden, ebensowenig wie der Aufbau des Flexionsparadigmas abgeschlossen ist. Verben dürften im vorliegenden Fall generell als schwach-flektierte Elemente vom Lexikon ausgegeben werden. Folglich geraten sie bei der Einsetzung in syntaktische Strukturen vorzugsweise in die Endposition, gelegentlich aber auch an die zweite syntaktische Stelle.

Der für diesen Untersuchungsbereich erhobene Befund, daß finite Verben in Hauptsätzen nicht – wie in der Zielsprache vorgesehen – konsequent in Zweitstellung erscheinen, ist also keineswegs überraschend, sondern kann als Folge einer Entwicklungsstagnation im Bereich des Lexikons bzw. der Morphologie angesehen werden. Die Datenanalyse zeigt zudem, daß ein syntaktisches Defizit nicht anzunehmen ist; die Syntax bietet die notwendigen Positionen für verbale Elemente an.

Wenngleich die beschriebenen Auffälligkeiten auf Erwerbsprobleme im Bereich des Lexikons bzw. der Morphologie zurückgeführt werden können, liegt hier dennoch kein generelles Defizit vor. Denis verfügt zum Beispiel über ein – allerdings nur nach semantischen Merkmalen – differenziertes Artikelsystem und auch über erweiterte Strukturen der Phasen III und IV. Die Schwierigkeiten beziehen sich in sehr spezifischer Weise und offensichtlich ausschließlich auf sprachliche Phänomene, deren Erwerb von der Beachtung grammatischer Dimensionen abhängt.

Folgerungen für die Sprachtherapie

Wie die linguistische Analyse der Spontansprachprobe DENIS1 gezeigt hat, liegen die Schwierigkeiten im vorliegenden Fall im Bereich des lexikalischen Lernens und des Aufbaus morphologischer Paradigmen. Universalgrammatische Prinzipien, auf deren Grundlage zum Beispiel syntaktische Repräsentationen und Phrasenstrukturregeln aufgebaut werden, sind hingegen verfügbar. Unter lernbarkeitstheoretischen Gesichtspunkten betrachtet, ist dieser Befund prognostisch als günstig einzuschätzen, da die Lerndefizite in Bereichen liegen, die einer gezielten sprachtherapeutischen Einflußnahme prinzipiell zugänglich sind.

Von selektiven Defiziten betroffen sind die Lernbereiche, in denen semantische Lernstrategien nicht zu Erwerbsfortschritten führen. Das heißt, Stagnationen der Entwicklung kommen insbesondere im Zusammenhang mit grammatischen Funktionswörtern, grammatischer Kongruenz, Rektion und Kontrolle vor. Da Denis Sprachentwicklung auf anderen Ebenen fortschreitet, stellt sie sich insgesamt als ein asynchron verlaufender Prozeß dar, wie er als charakteristisch für dysgrammatisch sprechende Kinder beschrieben wurde (Dannenbauer 1985, Hansen 1988).

Im folgenden sind einige der sprachlichen Lernziele aufgeführt, die sich unmittelbar aus den Ergebnissen des Profilbogens und der linguistischen Analyse ableiten lassen.

1. Genus- und Numerusmarkierungen als grammatische Merkmale, die dem Artikel vom Nomen zugewiesen werden, sollen konsequent beachtet und sprachlich realisiert werden. Die bereits von Denis vorgenommene semantische Differenzierung der Artikel wird genutzt, indem die verschiedenen Artikelformen bei definiten und indefiniten Artikeln vorgegeben bzw. elizitiert werden. Zunächst sollen einfache Nominalphrasen der Form DN aktualisiert werden, weil die Weitergabe der grammatischen Merkmale hier von der regierenden Kategorie auf das unmittelbar nächste Element der NP erfolgt und nicht über eine größere Distanz – zum Beispiel über ein oder mehrere attributive Adjektive hinweg – kontrolliert werden muß. Erst in einem weiteren Schritt sollen erweiterte Strukturen dieser Art einbezogen werden.

2. Ein weiteres sprachliches Lernziel liegt in der Beachtung und Verwendung der verschiedenen Kasus. Hier sind zwei Kontextbereiche relevant: Kasusmarkierungen bei direkten und indirekten Objekten und Kasusmarkierungen innerhalb von Präpositionalphrasen. Die Frage, welche Zielstrukturen für einen sprachtherapeutischen Einstieg auszuwählen sind, muß vor allem unter lern- und entwicklungstheoretischen Gesichtspunkten erörtert werden.

Die Kodierung des korrekten Kasus setzt in jedem Fall eine korrekte Genus- und Numeruszuweisung voraus. Insofern ist das unter (1) genannte Lernziel vorrangig.

Wenngleich sich die Schwierigkeiten dysgrammatisch sprechender Kinder sowohl auf kasusmarkierte Personalpronomen als auch auf Kasusbildungen mit Flexiven beziehen, werden wortspezifische Paradigmen in der Regel eher aufgebaut als generelle (Clahsen 1988, 174f). Clahsen gibt als Grund dafür die formalen Besonderheiten der Kasusmorphologie des Deutschen an, die insbesondere aufgrund der Homonymie und der synthetischen Formen im Input eine Identifizierung der Kasusflexive enorm erschweren. Diese Faktoren wiegen beim Erwerb wortspezifischer Formen weniger schwer. Kasusmarkierungen sollten demnach zunächst anhand von Elementen aus wortspezifischen Paradigmen, die relativ leicht zugänglich sind, angeboten und eingeübt werden. Hier kommen im Deutschen vor allem Personalpronomen in Frage. Ihre Aktualisierung bietet sich besonders bei direkten und indirekten Objekten an. Die Verwendung von Personalpronomen in diesen grammatischen Funktionen erlaubt einfache und kurze Satzstrukturen mit einem hohen Maß an Prägnanz bezüglich des angezielten Phänomenbereichs Kasus. Erst in einem weiteren Schritt sollen dann vermehrt einfache Nominalphrasen der Form DN, später erweiterte Strukturen kasusmarkierter Nominalphrasen in Objektfunktion präsentiert und auch vom Kind angewandt werden.

Die Ergebnisse der Profilanalyse zeigen, daß bei Adverbialen (und präpositionalen Objekten) die Präposition als Regens in allen Fällen fehlt. Da die Kasuszuweisung über die jeweilige Präposition erfolgt, muß zunächst der Prozeß des lexikalischen Erwerbs und der Kategorisierung dieser Wortart in Gang gesetzt werden.

Im Sinne einer entwicklungsproximalen Sprachtherapie sollte die Auswahl der sprachlichen Lernziele zur Aktivierung der bereits verfügbaren internen Lernstrategien führen. Hier kommen vor allem semantische Lernmechanismen in Frage, die im Zusammenspiel mit universellen Prinzipien zur Konstitution einfacher kindlicher Grammatiken geeignet sind und in frühen Phasen des Grammatikerwerbs auch von sprachunauffälligen Kindern genutzt werden. Nach Untersuchungen von Grimm (1975), Bowerman (1982) und Mills (1985, 200ff) werden lokale Präpositionen vor allen anderen erworben und häufig übergeneralisiert. Eine Erklärung dafür sieht Pinker (1984, 332f) in der Möglichkeit, lokale Präpositionen aufgrund ihres Bedeutungsgehalts mit Hilfe semantischer Lernstrategien im Input zu identifizieren und im Lexikon entsprechend zu kategorisieren. Dies ist bei Präpositionen mit geringeren Bedeutungsanteilen nur über strukturabhängiges distributionelles Lernen möglich, das Denis zum Zeitpunkt des Therapiebeginns offenbar nicht verfügbar ist.

Der erste Schritt zum Aufbau einer Präpositionalphrasenstruktur einschließlich kasusmarkierter Nominalphrasen ist demnach im Erwerb lokaler Präpositionen zu sehen, die mittels semantischer Lernstrategien identifiziert werden können. Der dadurch initiierte lexikalische Lernprozeß umfaßt die Kategorisierung der angebotenen Präpositionen als grammatische Funktionswörter.

Zur Bestimmung lokaler Relationen stehen im Deutschen sehr viele Präpositionen zur Verfügung, von denen der größte Teil in homonymer Form verschiedene Kasus (meist Akkusativ oder Dativ) regiert. Bei der Präsentation des sprachlichen Angebots sollten sowohl die semantischen Unterschiede verschiedener Präpositionen (z. B. *auf* versus *unter*) als auch die formal-grammatischen Kontraste bei homonymen Präpositionen (z. B. *auf* + Akkusativ versus *auf* + Dativ) besonders hervorgehoben werden.

Bei einer schrittweisen Erweiterung des lexikalischen Repertoires an Präpositionen sollte das Prinzip des semantikorientierten Lernens zunächst beibehalten werden. Es bietet sich hier zum Beispiel als nächstes ein spezifiziertes Angebot temporeller Präpositionen an.

Innerhalb der Präpositionalphrase fällt der Präposition die wichtige formale Aufgabe der Rektion und Kasuszuweisung in bezug auf die Elemente der jeweils involvierten Nominalphrase zu. Im Sinne einer wahrnehmungstechnisch prägnanten Darbietung erscheint auch hier zunächst die Verwendung kasusmarkierter Personalpronomen, die als Einzelelemente aus wortspezifischen Paradigmen eingesetzt werden, sinnvoll. In einem weiteren Schritt sollten Nominalphrasen der Form DN, später erweiterte Strukturen einbezogen werden. Dies entspricht dem sukzessiven Vorgehen bei Nominalphrasen in Objektfunktion.

3. Schwierigkeiten mit der Beachtung grammatischer Kongruenz werden auch in einem weiteren Untersuchungsbereich deutlich: Es gibt zum Zeitpunkt der Untersuchung DENIS1 keinerlei Hinweise darauf, daß die formale Übereinstimmung von Subjekt und Verb hinsichtlich der grammatischen Dimensionen Person und Numerus beachtet bzw. kodiert wird. Lernbarkeitstheoretisch ist daraus der Schluß zu ziehen, daß vornehmlich Default-Formen von Verben auftreten, kein Flexionssystem aufgebaut wird, das nach den für die Erwachsenensprache relevanten grammatischen Dimensionen aufgespalten ist, und schließlich auch nicht die für das Deutsche geltende Kategorisierung der Verben als stark-flektierte Elemente im Lexikon vorgenommen wird. Dies alles wird durch die Ergebnisse der Spontansprachanalyse bestätigt.

Ein wichtiges Lernziel ist daher im Aufbau des Flexionsparadigmas für Verben zu sehen. Dabei müssen die Referenz- und Funktionsbeziehungen, die in der Erwachsenensprache zwischen Subjekt und Verb(endung) bestehen, deutlich hervorgehoben werden; denn nur unter Beachtung der Subjekt-Verb-Kongruenz können die für die Systematik des Flexionsparadigmas konstitutiven grammatischen Dimensionen Person und Numerus als relevante Größen erkannt und etabliert werden.

Da nach den Ergebnissen der Profilanalyse DENIS1 keinerlei Defizite in bezug auf die syntaktische Struktur der Äußerungen angenommen werden müssen, können die sprachlichen Muster des spezifizierten Input so gewählt werden, daß die Aufmerksamkeit des Kindes ganz auf die hier relevanten morphologischen Merkmale gelenkt wird. Dazu eignet sich ein hochfrequentes Angebot kurzer Subjekt-Verb-Äußerungen oder wenig komplexer Äußerungen mit nur einem Komplement, bei denen Subjekt und finites Verb unmittelbar nebeneinander stehen.

Zudem sollten Kontexte genutzt werden, in denen sich die angebotenen bzw. modellierten Sätze möglichst oft nur in bezug auf die grammatischen Merkmale Person und Numerus des Subjekts sowie – in Abhängigkeit davon – hinsichtlich der Verbendung voneinander unterscheiden (Prinzip der Kontrastivität).

Zur Verdeutlichung des Prinzips, daß das Verb Träger der Kongruenzmerkmale und somit ein obligatorisches grammatisches Funktionswort ist, kann auch die Erweiterung des Repertoires an Funktionsverben dienen. In den Äußerungen der Sprachprobe DENIS1 werden diese Verben bis auf wenige Ausnahmen ausgelassen; sie sind in einem Sprachsystem, das keine S-V-Kongruenz kennt, überflüssig.

Im vorliegenden Fall bietet sich der Einstieg bei den Modalverben an. Sie kommen in DENIS1 schon vereinzelt vor, haben eigene Bedeutungsanteile und pragmatische Funktion in der Interaktion. Hier gilt es Situationen zu schaffen, in denen ein hohes Maß an intrinsischer Motivation des Kindes den Gebrauch dieser Verbart fördert. Auf die so evozierten Äußerungen können dann verschiedene Techniken des Modellierens angewandt werden.

Auch Formen von *sein* und *haben* gehören zu Denis Wortschatz, als Hilfsverben werden sie jedoch nicht benutzt. Durch ein hochfrequentes und spezielles Angebot von Äußerungen, in denen diese Funktionsverben hervorgehoben und kontrastiv gebraucht werden, soll ihre Bedeutung als obligatorische grammatische Funktionswörter für das Kind erkennbar werden.

Sobald das Prinzip der Subjekt-Verb-Kongruenz konsequent beachtet wird, kommen Verbstellungsfehler im ungestörten Erwerb des Deutschen nicht mehr vor (vgl. Kap. 4). Voraussetzung dafür ist der Aufbau des Flexionssystems und die Kategorisierung der Verben als stark-flektierte Elemente. Es wird angenommen, daß dieser Funktionszusammenhang auch für Denis Sprachverarbeitungssystem gilt.

Die in diesem Abschnitt skizzierten sprachtherapeutischen Maßnahmen zielen folglich auf das morphologisch-lexikalische Lernen ab. Lernfortschritte in diesem Bereich werden nach den hier zugrundeliegenden sprachtheoretischen Prämissen dazu führen, daß bei der Einsetzung verbaler Elemente in syntaktische Strukturen zunehmend weniger Fehler im Sinne der Erwachsenensprache vorkommen, bis schließlich die vollständige Kompetenz in diesem Bereich erreicht ist. Auf spezielle Übungen zum Satzbau wird im wesentlichen aus zwei Gründen verzichtet: (1) weil im vorliegenden Fall keinerlei primär syntaktische Defizite festgestellt werden können und (2) weil die Effektivität derartiger Methoden äußerst fraglich ist (Dannenbauer 1991).

9 Ein Blick in die Praxis

Einzelschritte der Therapie

Dieses Kapitel soll in anschaulicher Weise zeigen, wie die psycholinguistisch begründeten Therapieziele in der Praxis der Sprachtherapie erreicht werden können. Dazu werden eine Reihe von Therapieeinheiten auszugsweise wiedergegeben und ausführlich erörtert. Sie haben exemplarischen Charakter und sind repräsentativ für die im Rahmen der vorliegenden Untersuchung verwirklichte Therapiepraxis. Die Beschreibungen sollen jedoch nicht als starre Anleitungen oder Handlungsanweisungen verstanden werden. Vielmehr sollen sie nur die Möglichkeiten und Wirkungsweisen der gewählten Methode verdeutlichen und zudem belegen, daß die im Verlauf der Therapie erzielten Lernfortschritte im Bereich der Grammatik tatsächlich auf die spezifische Form dieser Arbeit zurückgeführt und im Rekurs auf die zugrundeliegende Theorie über den Erwerb grammatischen Wissens erklärt werden können.

  Die Therapieziele sind im Bereich der Grammatik angesiedelt und betreffen demnach zunächst ausschließlich die sprachliche Kompetenz. Mit einer sprachentwicklungsproximalen Therapie, wie sie in ihren Grundzügen in Kap. 6 beschrieben wurde, soll gezielt in den Prozeß des Erwerbs grammatischer Regeln und Prinzipien eingegriffen werden. Trotz dieser stringenten Sprachlernzielorientierung versteht es sich bei der praktisch-therapeutischen Arbeit von selbst, daß alle Überlegungen zum Erreichen dieser Ziele stets unter Berücksichtigung der Gesamtpersönlichkeit, der jeweiligen (kommunikativen) Motivation, des Lern- und Leistungsverhaltens und -vermögens, der psychischen und sozialen Entwicklung des Kindes erfolgen, das heißt einem pädagogisch begründeten (Be)handlungskonzept entsprechen müssen und dem übergeordneten Zweck der „Erweiterung der individuellen Handlungs- und Kommunikationsfähigkeit" (Grohnfeldt 1989, 17) dienen.

  Bei der Ausarbeitung der im folgenden dargestellten Strukturierungsvorgaben für sprachtherapeutische Handlungsabläufe wurden diese nicht-linguistischen Aspekte der Therapie selbstverständlich berücksichtigt; nachdem die sprachdiagnostische Auswertung der Analyseergebnisse abgeschlossen war, bildeten zum Beispiel motivationale Gesichtspunkte für die Auswahl von Spielen, Materialien, Themen und Handlungsrahmen einen zentralen Arbeitsschwerpunkt bei der Planung und Gestaltung einzelner Einheiten der Sprachtherapie. Außer Motivation und Vigilanz, die beim Kind angesprochen bzw. geweckt werden müssen (Homburg 1991, 120f), stellt besonders die Qualität der Beziehung zwischen Therapeut und Kind eine wichtige Voraussetzung für den Erfolg jeder Sprachtherapie dar (De Vries 1977, Dannenbauer/Künzig 1991, 177ff, Dannenbauer 1992, 168ff). Es mußte zuerst eine stabile, tragfähige Beziehungsgrundlage geschaffen und über die gesamte Therapiedauer hinweg „gepflegt" werden, um zu gewährleisten, daß die Person des Therapeuten, die Interaktion mit ihm und schließlich die von ihm angebotenen Strukturen für das Kind bedeutsam genug waren, um als Modelle angenommen und somit als Auslöser für Lernprozesse wirksam werden zu können.

Auf eine detaillierte Darlegung und Begründung aller nicht-linguistischen Voraussetzungen und Entscheidungen, die für die Durchführung der Sprachtherapie relevant waren, wird hier verzichtet. Da hier nicht die soziale Dimension der Sprachtherapie im Mittelpunkt des Interesses steht, sondern vielmehr die Auswahl und Präsentation linguo-diagnostisch bestimmter Zielstrukturen und ihre Wirksamkeit in bezug auf die in Gang zu setzenden Erwerbsprozesse demonstriert werden soll, beschränke ich mich im folgenden darauf zu zeigen, welche sprachlichen „Einbettungen" und Interaktionsmöglichkeiten geschaffen und genutzt wurden, um die jeweils angezielten linguistischen Merkmale und Strukturen möglichst effektiv vermitteln zu können. Zu den einzelnen sprachlichen Lernzielen wurden spezielle Situations- und Handlungskontexte vorstrukturiert, die die formalen und funktionalen Aspekte der Zielstrukturen besonders deutlich und für das Kind bedeutsam hervortreten lassen, es zur sprachlichen Interaktion motivieren und dem Therapeuten Möglichkeiten zur gezielten Modifizierung seiner und der kindlichen Äußerungen geben.

Anhand von Ausschnitten und Dialogsequenzen aus dem Therapieverlauf soll dies exemplarisch gezeigt werden. Dem Grundsatz der Individualisierung der Sprachtherapie entsprechend, lassen sich die im folgenden dargestellten Strukturierungsvorgaben und methodischen Einzelschritte nicht ohne weiteres auf die Arbeit mit anderen dysgrammatisch sprechenden Kindern übertragen. Dennoch haben sie Modellfunktion für die Gestaltung sprachlicher Interaktionsrahmen und können durchaus in jeweils angepaßter Form auch in anderen Fällen zur Erreichung der angegebenen sprachlichen Lernziele dienen.

Therapieeinheiten zu Genus und Numerus

Den Ergebnissen der Profilanalyse DENIS 1 und den aus ihr abgeleiteten Lernzielen entsprechend, wurde bei der spezifischen sprachtherapeutischen Arbeit zunächst mit der Vermittlung von Genus- und Numerusmarkierungen in einfachen Nominalphrasen (DN) begonnen.

Da dieses Lernziel nur auf eine syntaktische Konstituente ausgerichtet ist, eignen sich dazu besonders Kontexte, in denen wenig Anlaß zur Exploration gegeben ist, das heißt in denen die Äußerungen der an der Interaktion Beteiligten nicht unbedingt als vollständige Sätze formuliert werden müssen. Das ist zum Beispiel beim Benennen von Gegenständen der Fall, wenn die Aufmerksamkeit beider Interaktionspartner gleich ausgerichtet ist. Auch das kommentierende Betrachten von Bildmaterial, auf dem vor allem Gegenstände und weniger Sachverhalte oder Handlungen dargestellt sind, ermöglicht den situations- und kontextangemessenen Gebrauch einzelner Nominalphrasen, die zudem durch einfache Fragen („Was ist das?") elizitiert werden können. Die starke Vorstrukturierung des sprachlichen Verhaltens führt dazu, daß das Kind vorwiegend kurze, oft elliptische Äußerungen hört und produziert. Im Gegensatz zu Lernbestimmungen, die auf satzsyntaktischer Ebene liegen, entspricht der Gebrauch von Ellipsen hier den angezielten Strukturen und damit der spezifischen Vermittlungsintention genau; denn sie weisen außer den zu vermittelnden linguistischen Merkmalen keine weiteren formalen Besonderheiten auf und können deshalb als hochprägnant im Sinne des Sprachlernziels angesehen werden.

In den Therapieeinheiten, in denen die Vermittlung von Genus- und Numerusmarkierungen im Vordergrund stand, wurde folglich die Funktion des Benennens möglichst oft aktualisiert. Dazu dienten zum Beispiel Finder-Spiele, bei denen die einzelnen Gegenstände nach erfolgreicher Suche benannt wurden. Besonders gern ertastete Denis Dinge, die in einem zugeschnürten Sack steckten. Bei Gegenständen, die er nach einiger Zeit wiedererkannte, wurde so die Verwendung des definiten, bei neuen Gegenständen die des unbestimmten Artikels evoziert.

Auch die Arbeit mit Bildmaterial (Bilderbüchern, Fotos, Memorykarten etc.) ergab vielfältige Möglichkeiten der Vorgabe, Elizitation und Modellierung kurzer Äußerungen der Form DN, wobei einfaches Benennen zunächst meist den Gebrauch indefiniter Artikel hervorrief. Bei weiterer Beschäftigung mit demselben Material konnten unbestimmte dann leicht durch definite Artikel ergänzt werden.

Die folgende Sequenz aus der ersten Therapiephase soll dies verdeutlichen. Als Bildmaterial dienten Memorykarten. Das gemeinsame Betrachten dieser Karten sollte Denis dazu anregen, die abgebildeten Gegenstände zu benennen. Damit ergaben sich Möglichkeiten zur Expansion bzw. korrigierten Wiedergabe der Zielstrukturen. Außerdem lernte er das Material kennen, das weiterhin zur Strukturierung von Therapiesituationen dienen sollte.

001 T: Ich glaube, das hier ist eine Ampel.
002 D: Du Ampel. Ich ein Puppe.
003 T: Ja, das ist eine Ampel und das eine Puppe.
004 D: Puppe.
005 T: Ist das da nicht auch eine Puppe?
006 D: Puppe?
007 T: Ja, das ist auch eine Puppe.
008 D: Das eine Puppe ... noch eine Puppe.
009 T: Hm, das ist eine Puppe, und da ist noch eine Puppe. Leg doch die Puppe hier drauf. Auf die Puppe hier.
010 D: Puppe, Puppe.
011 T: Ja, genau, eine Puppe auf die andere Puppe.
012 D: Eine Puppe ... eine Puppe ... die hier.

(D = Denis; T = Therapeutin)

Diese Sequenz zeigt, wie das Kind durch hochfrequente Präsentation von Strukturen zur Übernahme der zielsprachlichen Formen gelangen kann. Denis Artikelsystem weist zunächst keine systematischen Genusoppositionen auf, und der Gebrauch der Artikelformen ist nicht von grammatischen Merkmalen des Nomens abhängig. Ein Beispiel dafür ist Äußerung (002); die von der Sprachtherapeutin korrigiert wiedergegeben wird (003). Denis läßt dann zunächst den Artikel in zwei weiteren Äußerungen weg (004; 006), und die Therapeutin nutzt in beiden Fällen die Möglichkeit zur Expansion (005; 007). Daraufhin verwendet Denis zum ersten Mal den zielsprachlich richtigen Artikel (008), den er auch weiterhin wählt (012). Zudem kann die Sprachtherapeutin den definiten Artikel anbieten (009; 011). Ihn verwendet Denis in dieser Sequenz zwar nicht; jedoch deutet der Gebrauch des artikelartigen Pronomens *die* in Äußerung (012) darauf hin, daß der Genus des Nomens *Puppe* hier beachtet wird.

Diese Beobachtungen sprechen für die Spezifität und Wirksamkeit der gewählten sprachtherapeutischen Methode. Die Übernahme vorgegebener sprachlicher Formen kann sicher als ein spezifischer Lerneffekt bewertet werden. Es ist jedoch zu bedenken, daß das neu erworbene Wissen durch wiederholtes Aktualisieren in möglichst verschiedenen Kontexten gefestigt werden muß. Außerdem liegt das Ziel nicht nur im Erlernen einzelner Genuszuweisungen, sondern darin, daß das Kind das abstrakte linguistische Merkmal *Genus* als konstitutive grammatische Dimension beim Aufbau morphologischer Paradigmen beachtet. Dazu sind sprachliche Kontexte nötig, in denen die angebotenen Formen prägnant und kontrastiv erscheinen. Dies kann durch ein vielfältiges Angebot von DN-Strukturen gewährleistet werden.

Ein weiterer Schritt bestand in der Erweiterung der DN-Strukturen durch Verwendung attributiver Adjektive. Es wurde zunächst auf Spielmaterial zurückgegriffen, das Denis bereits kannte; der zielsprachgerechte Gebrauch der Artikelformen hatte sich in bezug auf die in Frage kommenden Nomen stabilisiert, so daß sich die Aufmerksamkeit ganz auf den Gebrauch der Adjektivformen richten konnte. Da im Deutschen der definite Artikel selbst schon stark dekliniert ist, weist das attributive Adjektiv in Verbindung mit dem bestimmten Artikel nur wenige, schwach deklinierte Formen auf, die – mit Ausnahme des Akkusativ Singular bei Maskulina – innerhalb der einzelnen Kasus alle gleich sind. Hier waren demnach keine großen Schwierigkeiten zu erwarten. Da die Verwendung des indefiniten Artikels die starke Deklination des Adjektivs erfordert, wurde das Hauptgewicht auf diese Strukturen gelegt. Schon im Nominativ muß hier – abhängig vom Genus des Bezugsnomens – zwischen drei verschiedenen Formen gewählt werden. Die linguistische Analyse zeigt, daß genau hier die Schwierigkeiten liegen.

Die Strukturierungsvorgaben konnten für diesen Bereich beibehalten werden; elliptische Äußerungen, die aus Nominalphrasen bestehen, genügen zur Präsentation und Hervorhebung der angezielten Deklinationsformen. Um den häufigen Gebrauch von Adjektiven zu motivieren, wurden Situationen geschaffen, in denen eine eindeutige Referenz auf bestimmte Dinge oder Personen nur durch die sprachliche Kodierung von Eigenschaften dieser Dinge oder Personen gesichert werden konnte, um (zum Teil gezielt von der Sprachtherapeutin provozierte) Mißverständnisse zu vermeiden bzw. auszuräumen.

Auch in diesem Bereich wurde viel mit Bildmaterial, das Gegenstände in verschiedenen Formen, Farben und Qualitäten zeigt, gearbeitet, wobei keinerlei stereotype Benennungsübungen den Spaß an der Beschäftigung verderben und die Vigilanz, Aufmerksamkeit und Motivation des Kindes herabsetzen sollten. Als Anlässe für das differenzierende Benennen von Bildkarten dienten zum Beispiel die Einführung eines neuen Memoryspiels oder Ratespiele, bei denen es auf bestimmte Objekteigenschaften ankommt („Was ist wohl in diesem Sack, ein kleiner Ball oder eine große Apfelsine?"). Insbesondere derartige Ratespiele, die Denis sehr gern spielte, boten vielfältige Möglichkeiten der Variation in bezug auf die Kontrastivität der angebotenen Strukturen: Vorgaben, die sich nur semantisch voneinander unterscheiden und lediglich eine einzige Deklinationsform anbieten *(ein roter Ball/ein gelber Ball/ein grüner Ball)*, wurden sukzessive durch Vorgaben ergänzt, in denen mehrere grammatisch relevante Merkmale beachtet und kodiert werden müssen und ein hohes Maß an linguistischer Kontrastivität aufweisen *(ein gelber Ball/eine kleine Apfelsine/ein großes Osterei)*.

Durch das beabsichtigte Herstellen von Irrtümern und Mißverständnissen konnten die angezielten DAdjN-Strukturen bei Denis besonders erfolgreich elizitiert werden. Dabei erwies sich das Handpuppenspiel als ein sehr geeigneter Situationsrahmen. Der Kasper (gespielt von der Sprachtherapeutin) geriet immer wieder in gefährliche Situationen, in denen er andere Figuren (zum Beispiel den bösen Zauberer und den guten Zauberer) zu verwechseln drohte und auf die Hilfe der zuschauenden Kinder angewiesen war. Dadurch bekam die Sprachtherapeutin die Gelegenheit, auf die kindersprachlichen Äußerungen variabel zu reagieren; mal ließ sie den Kasper (in korrigierter Form) rückfragen, mal wiederholen, expandieren usw. In jedem Fall steigerte sich die Spannung und zugleich die Bereitschaft zur sprachlichen Interaktion, die durch diese Vorstrukturierung in der Regel genau die Form aufwies, die ein flexibles Hin- und Herwechseln der angezielten Zielstrukturen ermöglichte. Die folgende Sequenz soll einen Eindruck davon vermitteln:

```
001 T:    Da geh ich einfach mal hier in dieses schöne, kleine Haus!
002 D:    Nein! Nein!
003 T:    Warum denn nicht? Ist da jemand drin?
004 D:    Zauberer!
005 T:    Ja, ich weiß, der gute Zauberer ist mein Freund!
```

006 D: Nein! Böse Zauberer!
007 T: Was, der böse Zauberer?
008 D: Ja! Böse Zauberer!
009 T: Wirklich, der böse Zauberer?
010 D: Ja! Aufpassen!
011 T: Das glaub ich nicht! Der böse Zauberer! Der gute Zauberer wohnt doch da!
012 D: Nein! Der böse Zauberer!
013 T: Jetzt bin ich ganz durcheinander. Wer wohnt denn nun da: der böse Zauberer oder der gute Zauberer?
014 D: Der böse Zauberer.
015 T: Dann ist ja alles gut, dann kann ich ja da rein.
016 D: Nein! Der böse Zauberer drin!

Hier ist gut zu erkennen, wie das Kind zunächst eine grammatisch und inhaltlich undifferenzierte Äußerung (004) produziert und dann durch die Interaktion mit dem Kasper zu weiteren Expansionen motiviert wird. Das wird erreicht, indem der Kasper die der Äußerung (004) entsprechende kommunikative Intention des Kindes absichtlich ignoriert. Dadurch wird Denis gezwungen, eine semantische Spezifizierung vorzunehmen (006), auf die der Kasper erschrocken mit einer Nachfrage reagiert (007). Sie enthält die notwendige grammatische Expansion, die aber von Denis noch nicht übernommen wird (008), was die Sprachtherapeutin veranlaßt, erneut in gleicher Weise zurückzufragen (009) und ihm mit Äußerung (011) noch einmal zwei weitere DAdjN-Strukturen zuzuspielen. In Äußerung (012) realisiert Denis die angezielte Struktur dann schließlich. Mit Äußerung (013) hebt die Therapeutin die NP-Struktur zwei weitere Male prägnant hervor, worauf Denis in der beabsichtigten Weise reagiert (014). Äußerung (016) zeigt, daß hier keine einfache Imitation vorliegt; Denis produziert die Struktur DAdjN auch, ohne daß die Äußerung der Sprachtherapeutin (015) ein direktes Modell liefert.

Obwohl in dieser Sequenz eine Häufung inhaltlich ähnlicher und strukturell gleichartiger Modelläußerungen vorliegt, wirkt die sprachliche Interaktion keineswegs künstlich. Das Kind wird zu spontanen Äußerungen veranlaßt, die es nicht um des Nachsprechens willen produziert. Vielmehr entsprechen sie seinen Mitteilungsbedürfnissen, die aus dem Einbezogensein in ein interessantes und spannendes Handlungsgeschehen erwachsen. Die sukzessive strukturelle Angleichung der kindersprachlichen Äußerungen an die dargebotenen Modelläußerungen erfolgt in derartigen Kontexten *en passant* und ohne eine vom Sachbezug der Kommunikation ablenkende, explizite oder gar erzwungene Aufmerksamkeitslenkung auf formale linguistische Aspekte. Ein solches Vorgehen entspricht einer kommunikationszentrierten Form sprachtherapeutischen Arbeitens, bei der alle pädagogischen Erfordernisse bezüglich der Vermittlung sprachlicher Strukturen und der Initiierung von Sprachlernprozessen berücksichtigt werden, während die Auswahl und Begründung von Lernzielvorgaben sowie der Aufbau formalen sprachlichen Wissens unter konsequenter Beachtung sprachwissenschaftlicher und psycholinguistischer Erkenntnisse geleistet wird.

Analog zu dem hier exemplarisch dargestellten Vorgehen, bei dem es um den Gebrauch von vollständigen, aus definitem Artikel, schwach dekliniertem Adjektiv und Nomen bestehenden Nominalphrasen ging, wurde der Aufbau erweiterter NP-Strukturen mit unbestimmten Artikeln, die eine starke Deklinationsform des attributiven Adjektivs erfordern, vorangetrieben. Hier mußte vor allem der Gebrauch der richtigen Flexionsformen berücksichtigt werden. Die Profilanalyse DENIS1 ergab nämlich, daß phrasenintern keine Weitergabe und Kontrolle formaler linguistischer Merkmale stattfand. Anders als bei Nominalphrasen mit definitem Artikel fehlte der Artikel in diesen Strukturen nur äußerst selten. Die Zuweisung grammatischer Markierungen beim Artikel erfolgte aber auch hier ohne Berücksichtigung von Genus, und Adjektive traten nur in schwach deklinierter Form auf.

Um eine möglichst hochfrequente und prägnante Präsentation derartiger Zielstrukturen zu erreichen, wurden wiederum stark vorstrukturierte und ihr Auftreten begünstigende Kontexte gewählt, zum Beispiel Spielhandlungen, bei denen Gegenstände nach bestimmten Objektmerkmalen sortiert und benannt werden mußten. Neben DAdjN-Strukturen mit den zu vermittelnden formalen Eigenschaften konnten so auch vollständige AdjN-Strukturen mit Nomen im Plural gezielt dargeboten bzw. elizitiert werden.

Nach einzelstrukturbezogenen Anbahnungs- bzw. Festigungsphasen wurde besonders darauf geachtet, daß die verschiedenen Zielstrukturen gemeinsam auftraten und – dem Prinzip der Kontrastivität entsprechend – ihre formalen Unterschiede somit direkt hervortraten. Damit wurde sichergestellt, daß nicht einzelne DAdjN-Strukturen als unanalysierte Ganzheiten gelernt, sondern die formalen Struktur- und Markierungsprinzipien, nach deren Maßgabe spontansprachliche Äußerungen konstruiert werden, erworben werden konnten.

Therapieeinheiten zu Kasus

Eine weitere grammatisch relevante Dimension bei Nominalphrasen stellen die verschiedenen Kasus dar, die aufgrund der reichhaltigen Flexion im Deutschen sehr unterschiedlich markiert werden. Der aus der Profilanalyse DENIS1 abgeleitete diagnostische Befund bezüglich der Verwendung von Kasusformen weist aus, daß Denis zum Zeitpunkt der Erhebung noch kein differenziertes morphologisches System von Kasusformen erworben hatte, das ihm zur Markierung grammatischer Kongruenz dienen konnte.

Auf der Grundlage der in Kapitel 8 dargelegten sprachlern- und entwicklungstheoretischen Überlegungen wurden von allen kasusfordernden Kontexten zunächst einfache Strukturen mit direktem oder indirektem Objekt gewählt, in denen die wortspezifischen Formen kasusmarkierter Personalpronomen besonders prägnant hervortreten und über den Erwerb der Wortformen hinaus das Prinzip der Kasuszuweisung verdeutlichen sollten.

Neben der Auswahl von Handlungskontexten, in denen der Gebrauch derartiger Äußerungstypen möglich, wahrscheinlich und angemessen ist, bestand eine wichtige vorbereitende Arbeit darin, sich ein Repertoire von dazu passenden Verben zurechtzulegen. In der Praxis führt nämlich der Versuch, den jeweiligen Handlungsrahmen vorzustrukturieren und dabei auf eine intensive Vorbereitung bezüglich der jeweils intendierten Form der sprachlichen Interaktion zu verzichten, meist zu einer Überforderung und damit zu einer Einschränkung der (sprachlichen) (Re)aktionsmöglichkeiten auf seiten des Sprachtherapeuten. Dies kann meiner Erfahrung nach nur durch sehr sorgfältig durchgeführte Vorbereitungsarbeiten vermieden werden, zu denen neben der selbstverständlichen Beschäftigung mit den individuellen Lernvoraussetzungen und pädagogischen Erfordernissen zur Gestaltung der therapeutischen Situationen auch in ganz besonderem Maße die sachbezogene Auseinandersetzung mit dem in der Interaktion zu verwendenden sprachlichen Material gehört.

Für die Therapieeinheiten zum Phänomen Kasus bedeutete das, sich für jeden Handlungsrahmen kasusfordernde sprachliche Kontexte zurechtzulegen. Da die ersten Zielstrukturen einfache Äußerungen mit einem Objekt sein sollten, kam hier vor allem der Gebrauch von Verben, die eine konstitutive, das heißt obligatorische Ergänzung fordern, in Frage.

So wurden zum Beispiel verschiedene Spielhandlungen vorbereitet, die im wesentlichen in einem Verteilen bzw. Austauschen von Gegenständen (Murmeln, Bildern, Quartettkarten etc.) bestanden. Mehrere Kinder (Jungen und Mädchen) nahmen daran teil, so daß die folgenden, in ihrer Grundstruktur gleichartigen, in bezug auf das angezielte Phänomen jedoch kontrastreichen Äußerungstypen immer wieder aktualisiert werden konnten und somit einen prägnanten sprachlichen Input repräsentierten, der das Phänomen der Kasuszuweisung und Kasusmarkierung bei Pronomen hervorhebt:

„Ich nehme *mir* (...). Nimm *dir* auch (...)."
„Ich habe kein(e/n) (...). Gib du *mir* doch (...)."
„X hat auch kein(e/n) (...). Gibst du *ihm/ihr* (...)?"
„Ich habe (...) und tausche *ihn/sie/es* gegen (...)."
„Hast du (...)? Kannst du *ihn/sie/es* abgeben?"
„Ich gebe *dir/ihr/ihm* dafür (...)."
„Ich lege *es/ihn/sie* hierhin. Legst du *es/ihn/sie* da drauf?"
„Du hattest doch eben (...). Hast du *es/ihn/sie* noch?"
„X könnte *es/ihn/sie* gut gebrauchen."
„Wem gibst du (...)?"

Variation und Kontrast entstehen hier durch die Verwendung von mehrvalenten Verben in nach Satztyp verschiedenen Äußerungen (Aussagen und Fragen) sowie durch den Gebrauch von nach Genus und Numerus verschiedenen Satzteilen (Objekten), auf die sich die kasusmarkierten Personalpronomen jeweils beziehen. Prägnanz wird vor allem durch die eindeutigen wortspezifischen Formen der Pronomen, die Einfachheit und Kürze der Satzkonstruktionen sowie die Auftretenshäufigkeit und Hervorhebung durch prosodische Mittel erreicht.

Gemäß der in Kapitel 8 dargelegten Überlegungen zum Aufbau der Therapie wurden einfache Nominalphrasen der Form DN in vergleichbaren Kontexten dargeboten, nachdem Denis Äußerungen zunehmend kasusmarkierte Formen von Pronomen in Objektfunktion aufwiesen. Ihre Verwendung stellte einen starken Hinweis dar, daß Kasus von nun an als grammatische Dimension beachtet wurde, auch wenn die formale Markierung nicht in jedem Fall den Regeln der Zielsprache entsprach. Die Etablierung der Dimension Kasus im grammatischen System des Kindes erfolgte zunächst nur in Verbindung mit Objekten und bei Pronomen. Die sukzessive Einbeziehung verschiedener Formen kasusmarkierter Nominalphrasen diente im wesentlichen zwei sprachlichen Lernzielen: zum einen sollte der Prozeß der Generalisierung von Kasusmarkierung bei Pronomen auf Kasusmarkierung bei DN, DAdjN etc. gefördert und unterstützt und Kasuszuweisung als generelles Prinzip zur Kodierung grammatischer Relationen hervorgehoben werden, zum anderen sollten die regulären Flexionsformen für Kasus bei Determinationselementen und attributiven Adjektiven durch kontrastive und häufige Verwendung prägnant gemacht werden, um den Aufbau eines nach Genus, Numerus und Kasus aufgespaltenen Flexionsparadigmas, wie es die Zielsprache vorsieht, voranzutreiben.

Unter anderem haben sich in diesem Zusammenhang Test- und Spielmaterialien, wie sie im Rahmen des von der Deutschen Forschungsgemeinschaft geförderten Projekts „Grammatikerwerb und Dysgrammatismus" (WU86/9.1-9.3) für die Gewinnung elizitierter Daten entwickelt wurden, als besonders brauchbar erwiesen, um den an das Kind gerichteten sprachlichen Input mit den jeweils spezifischen linguistischen Merkmalen anzureichern, seine Aufmerksamkeit auf diese Merkmale zu lenken, seine Sprachproduktion gezielt zu beeinflussen und zu modellieren.[67] So wurde zum Beispiel der Handlungskontext „Anziehen-Ausziehen von Puppen" gewählt, um akkusativfordernde Kontexte für kasusmarkierte Nominalphrasen zu schaffen, die die Verwendung von definiten als auch von indefiniten Artikeln evozierte („Was hat die Puppe an?" – „*Einen* Mantel, *einen* Pullover, *eine* Jacke, *einen* Rock, *ein* Kleid ..."; „Was hast du ihr ausgezogen?" – „*Den* Mantel, *den* Pullover, *die* Jacke, *den* Rock, *das* Kleid ..."). Spielhandlungen dieser Art boten vielfältige Möglichkeiten zur Einführung und Hervorhebung der Zielstrukturen; durch Beschreiben und Kommentieren konnten die entsprechenden Strukturen vorgegeben werden („Sieh 'mal, die Puppe trägt *einen* Mantel, *einen* Pullover ..."), die mittels Fragetechniken wieder elizitiert und gegebenenfalls modelliert oder korrigiert zurückgegeben wurden.[68] Es entstanden Interaktionen, die vordergründig sach- und spielorientiert waren und in erster Linie den Interaktionsbedürfnissen und Handlungsmotivationen des Kindes entsprachen, aufgrund ihrer sprachlichen Spezifität aber zugleich hochprägnant und im Sinne der angewandten Methode sehr lernwirksam in bezug auf die Akzeleration des formalen sprachlichen Wissens waren.

Außer bei der Kodierung grammatischer Relationen, die der Unterscheidung von grammatischem Subjekt, direktem und indirektem Objekt dient, spielt die Kasuszuweisung innerhalb von Präpositionalphrasen eine wichtige Rolle; die Präposition regiert den Kasus der – im Deutschen meist nachgestellten – Nominalphrase. Wie in der Eingangsdiagnose festgestellt wurde, gehörten Präpositionen zu Beginn der Therapie nicht zum verfügbaren Inventar lexikalischer Einheiten. Es galt also zunächst, den Erwerb dieser Wortart in Gang zu setzen und dabei – im Sinne der entwicklungsproximalen Methode – die wichtigsten Gesetzmäßigkeiten zu beachten, die beim ungestörten Erwerb des Deutschen in diesem Bereich gelten. Dazu gehört zum Beispiel, daß lokale Präpositionen vor allen anderen erworben werden, daß sie vornehmlich in Präpositionalphrasen vorkommen, die die syntaktische Funktion freier Ergänzungen erfüllen und semantisch nicht leer sind (Er stellt die Vase *auf den Tisch* versus Er sorgt *für seine Frau*) etc.

Zur Präsentation und Verwendung lokaler Präpositionen wurde u. a. die Bildvorlage „Das verrückte Haus" genommen, die ein Haus mit Dach, einer Außenwand, vier Zimmern auf zwei Etagen im Querschnitt und als Hintergrund einen Himmel zeigt.[69] Innerhalb und außerhalb des Hauses befinden sich Menschen, Tiere und Gegenstände, die zum Teil in sehr ungewöhnlicher Art plaziert sind; auf dem Dach stehen eine Lampe und ein Huhn, zwischen Bett und Kommode steht ein Schwein, ein Mädchen tanzt auf dem Tisch etc. Die Komik der Darstellung resultiert im wesentlichen aus den räumlichen Anordnungsverhältnissen; ihr Vorzug liegt darin, daß Kinder in der Regel spontan reagieren und sich zu den dargestellten Verhältnissen äußern. Dazu müssen sie sich lokaler Umstandsangaben (Adverbien oder Präpositionalphrasen) oder Präfixverben (*hinterherlaufen, draufsetzen*) bedienen. In jedem Fall können die kindersprachlichen Äußerungen vom Therapeuten aufgegriffen und unter Verwendung der Modelliertechniken in prägnanter Form zurückgegeben werden. Ein kurzer Dialog zwischen Denis und der Sprachtherapeutin verdeutlicht das:

001 D:		Das falsch, ne? Das nicht dadrauf!
002 T:		Tatsächlich, Denis, da ist ja ein Huhn auf dem Dach.
003 D:		Und Licht, da Licht.
004 T:		Hm, da ist eine Lampe. Wo steht die denn?
005 D:		Dach.
006 T:		Ja, auf dem Dach steht die Lampe. Das ist ja komisch. Siehst du denn noch mehr, was hier nicht stimmt?
007 D:		Schwein schlafen will.
008 T:		Hm, das Schwein will schlafen. Wo ist es denn da?
009 D:		Schlafraum.
010 T:		Ja, im Schlafraum. Liegt es schon im Bett oder ist es noch neben dem Bett?
011 D:		Neben Bett.

158 Ein Blick in die Praxis

012 T:	Neben dem Bett ist das Schwein also. Es ist im Schlafraum neben dem Bett.
013 D:	Neben Bett und dann da rein.
014 T:	Das Schwein steht neben dem Bett. Meinst du, es will ins Bett hinein?
015 D:	Ja, Bett rein.
016 T:	Aha, es will ins Bett.
017 D:	Ja, Bett rein.

Der Diskurs wurde in einer frühen Phase der Therapie aufgezeichnet und bestätigt den Befund der Eingangsdiagnose: Denis verwendet noch keine Präpositionen in der Spontansprache, sondern stellt lokale Relationen und direktionale Angaben sprachlich mit Hilfe von Adverbien, Verbpräfixen oder einfachen Nominalphrasen dar. In Äußerung (001) verwendet Denis ein Adverb zur Lokalisierung des Huhns. Die Sprachtherapeutin gibt die Äußerung expandiert, umgeformt und unter Verwendung einer Präpositionalphrase zurück (002). Die Präsentation der Zielstruktur PP bleibt zunächst ohne erkennbare Wirkung auf die Sprachproduktion des Kindes: Denis läßt Präpositionen weiterhin aus (005; 009) oder verwendet Adverbien bzw. Verbpräfixe (003; 015; 017). Lediglich in (011) und (013) gebraucht er die Präposition *neben,* nachdem sie in einer vorangehenden Alternativfrage (010) vorgegeben und in (012) nochmals präsentiert wurde. Die Tatsache, daß Denis die im Input enthaltene Präposition in diesem Fall aufgreift und selbst produktiv verwendet, erklärt sich aus der kommunikativen Notwendigkeit, die Ortsangabe zu präzisieren. Da ihm die Zielstruktur in (010) direkt vorgegeben wurde, stellt ihre Verwendung die naheliegendste Möglichkeit dafür dar.

Der folgende Dialog wurde ca. drei Monate später aufgezeichnet. Auch zu diesem Zeitpunkt verwendet Denis spontan nur selten Präpositionalphrasen; eine häufige Vorgabe und Evozierung der Zielstrukturen bewirkt jetzt jedoch, daß die Präpositionalphrasen meist vollständig sind. Auch weisen die in ihnen enthaltenen Determinationselemente schon Kasusmarkierungen auf, was auf die Wirkung der Therapieeinheiten zu Genus, Numerus und Kasus zurückgeführt werden kann.

001 T:	Guck 'mal, Denis, das hier kennst du doch schon, nicht?
002 D:	Hm. Das.
003 T:	Ja, das ist das Schwein. Wo ist das Schwein denn?
004 D.	Da drin. Hier.
005 T:	Ist das Schwein im Wohnzimmer?

006 D:	Nein. Hier.
007 T:	Ist es im Schlafzimmer oder im Wohnzimmer?
008 D:	Im Schlafzimmer.
009 T:	Im Schlafzimmer neben der Kommode.
010 D:	Schwein in Bett will.
011 T:	Ja, das kann sein. Das Schwein will bestimmt ins Bett, ne?
012 D:	Ja, in Bett rein.
013 T:	Das kann aber nicht ins Bett. Schweine gehören nicht ins Bett, ne?
014 D:	Schweine nicht ins Bett?
015 T:	Nein, Schweine dürfen nicht ins Bett.
016 D:	In Schlafzimmer?
017 T:	Ins Schlafzimmer dürfen Schweine eigentlich auch nicht.
018 D:	Aber Pony darf?
019 T:	Das Pony hier in dem Zimmer? Meinst du das Pony in dem Zimmer hier?
020 D:	Ja. Pony rein darf?
021 T:	Ich glaube, das Pony darf auch nicht ins Haus. Wo gehört ein Pony hin?
022 D:	Draußen. In Stall.
023 T:	Natürlich, Ponys gehören in den Stall. Aber dieses Pony ist im Wohnzimmer. Was macht denn der Junge auf dem Pony?
024 D:	Spielen.
025 T:	Der sitzt auf dem Pony. Und das Mädchen?
026 D:	Auf den Tisch.
027 T:	Ja, das Mädchen tanzt auf dem Tisch, und der Hund ist ...
028 D:	Da drauf.
029 T:	Der Hund ist vor dem Tisch. Der sitzt da vor dem Tisch und guckt, wie das Mädchen auf dem Tisch tanzt.
030 D:	So auf dem Tisch tanzt.
031 T:	Ja, das Mädchen tanzt ganz wild auf dem Tisch. Guck 'mal, siehst du den Schuh hier? Wo ist der denn?
032 D:	Auf Auto.
033 T:	Ja, auf dem Auto. Da gehört der aber auch nicht hin, oder?
034 D:	Nein, in das Auto!

In dieser kurzen Sequenz wurden insgesamt zehn Präpositionalphrasen elizitiert, was ganz besonders auch auf das geschickte sprachliche Interaktionsverhalten der Therapeutin zurückzuführen ist.[70] Zunächst bevorzugt Denis den deiktischen Gebrauch von Adverbien zur Lokalisierung (004; 006). Durch eine Alternativfrage (007) wird ihm der Gebrauch eines präpositionalen Ausdrucks nahegelegt, den er aus der vorgegebenen Modelläußerung der Sprachtherapeutin übernehmen kann. Spontan verwendet er dann in Äußerung (010) selbst eine PP, die korrigiert, das heißt um den obligatorischen Artikel erweitert, zurückgegeben wird (011). Auf diese grammatische Expansion reagiert Denis zunächst nicht, sondern produziert abermals eine PP gleicher Art ohne Artikel beim Nomen (012). Die Sprachtherapeutin ergreift die Gelegenheit, die Zielstruktur nochmals zu präsentieren und Denis zu einer bestätigenden Wiederholung aufzufordern (013), was ihm in (014) auch gelingt. Der weitere Verlauf zeigt jedoch, daß sich die Verwendung des (kasusmarkierten) Artikels noch nicht gefestigt hat.

Die sprachtherapeutische Arbeit war in diesem Bereich folglich noch lange nicht abgeschlossen. Mit der Verwendung lokaler Präpositionen war ein erstes Teilziel erreicht; im folgenden mußten das lexikalische Inventar an Präpositionen sukzessive erweitert und die Arbeit mit dem Schwerpunkt auf Kasusmarkierung und Rektion innerhalb von Präpositionalphrasen fortgesetzt werden. Die Voraussetzungen dafür waren durch die dargestellten Möglichkeiten der Präsentation und Elizitation entsprechender Zielstrukturen gegeben. Neben der Bildbetrachtung dienten dazu auch Rollenspiele, bei denen genaue Angaben über bestimmte Umstände, Orte, Zeit, Mittel etc. gemacht werden mußten und der Gebrauch lokaler, temporaler, modaler, instrumentaler, komitativer u. a. Präpositionen erforderlich war.

Therapieeinheiten zur Verbflexion und Verbstellung

Besonders auffällig für Denis Sprachproduktion waren die im Erstbefund herausgestellten Schwierigkeiten in den Bereichen Verbstellung und Verbflexion, die bei den meisten dysgrammatisch sprechenden Kindern zu beobachten sind. Gemäß der aus psycholinguistischen Erkenntnissen über den Zusammenhang zwischen Verbflexion und Verbstellung und der Eingangsdiagnose DENIS 1 abgeleiteten Lernzielbestimmung waren alle sprachtherapeutischen Bemühungen in diesem Bereich zunächst auf die Erweiterung des Inventars an Verbflexiven ausgerichtet.

Um dies zu erreichen, wurde das Kind mit einem prägnanten sprachlichen Input konfrontiert, in dem die grammatische Bedeutung der Verbflexion besonders gut erfahrbar gemacht werden konnte. Dazu eignen sich einfache Subjekt-Verb-Äußerungen ohne oder mit nur einem Komplement, die strukturell möglichst gleichartig sind, sich hinsichtlich der grammatischen Person des Subjekts aber unterscheiden. Durch den hochfrequenten Gebrauch derartiger Muster dürfte der formal-grammatische Zusammenhang zwischen

Subjekt und Verb in der Zielsprache und damit die Bedeutung der Verbflexion als Kongruenzmarkierung besonders deutlich hervortreten. Ein in diesem Sinne kontrastiver Input, präsentiert in motivierenden und für das Kind relevanten Sach- und Handlungskontexten, erscheint als geeignete Induktionsbasis für den Aufbau eines formalen, nach Person und Numerus aufgespaltenen Flexionsparadigmas.

Der erste Schritt bestand demnach darin, den formalen Funktionszusammenhang der Subjekt-Verb-Kongruenz durch den kontrastiven Gebrauch einfacher Satzstrukturen mit verschiedenen grammatischen Subjekten und gleichen Verben möglichst deutlich hervortreten zu lassen. Das konnte auf ungezwungene Weise in sehr vielen Spielsituationen, in denen Handlungen verschiedener Personen oder Tiere kommentiert wurden, realisiert werden. Denis übernahm spontan einige der vorgegebenen Strukturen in eigene Äußerungen; bei Äußerungen, die er ohne direkte Vorgaben produzierte, beachtete er die grammatische Kongruenz allerdings zunächst nicht und gebrauchte weiterhin vorwiegend Default-Formen. Ein kurzer Ausschnitt aus einer Sequenz, die zu Anfang der Therapie aufgezeichnet wurde, soll dies verdeutlichen. Sprachtherapeutin und Kind spielen mit einer Puppenstube und übernehmen dabei gelegentlich die Rollen einzelner Spielfiguren.

001 T:		Der Wecker klingelt. Ich stehe jetzt auf. Die Mutter steht auch auf.
002 D:		Vater auch.
003 T:		Ja, der Vater steht auf, die Mutter steht auf und ich stehe auf.
004 D:		Raus!
005 T:		Ja, ich stehe ja schon auf!
006 D:		Der auch aufsteh?
007 T:		Hm, der steht auch auf. Oder schläft der Vater etwa weiter?
008 D:		Nee, aufsteht der.
009 T:		O.k., dann steht der auch auf. Alle stehen auf und gehen ins Bad.
010 D:		Nicht reinpaß da.
011 T:		Ja, die können nicht alle auf einmal da rein. Ich kann schon 'mal rein.
012 D:		Ich auch rein!
013 T:		Du kannst auch rein. Der kann nicht rein, und die Mutter kann auch noch nicht rein.
014 D:		So, fertig.
015 T:		Schon fertig? Gehst du raus?

016 D: Ja, raus.
017 T: Wenn du rausgehst, gehe ich auch raus.
018 D: Ich gehe, du auch.
019 T: Ja, ich gehe jetzt.
020 D: Der jetzt komm.
021 T: Jetzt kommt der Vater dran. Und die Mutter kommt dran.
022 D: Fertig die.
023 T: Aha, die sind auch schon fertig?
024 D: Ja, rausgeh die.

In dieser Sequenz lassen sich drei Abschnitte unterscheiden, in denen Flexionsformen jeweils eines Verbs durch mehrfachen, kontrastiven Gebrauch und – wenn Redeintention und inhaltliche Fokussierung es erlaubten – durch prosodische Mittel hervorgehoben wurden.

Im ersten Abschnitt steht das Präfixverb *aufstehen* im Mittelpunkt. Es wird von der Sprachtherapeutin in der ersten und dritten Person Singular gemäß der Überlegungen zur Aufbereitung und Präsentation eines spezifischen sprachlichen Input kontrastiv und in einfachen Sätzen gebraucht. Denis verwendet das Verb in Äußerung (006), zunächst jedoch ohne die erforderliche formale Markierung, die mehrfach vorgegeben wurde. Erst als in Äußerung (007) eine korrigierte Wiedergabe seiner Äußerung erfolgt, die ihn in Form einer Alternativfrage zur erneuten Produktion der Struktur veranlaßt, verwendet er das Flexiv der dritten Person. In Äußerung (008) wird der Gebrauch dieser Verbendung nochmals bestätigend hervorgehoben.

Im zweiten Abschnitt kann kein derartiger Effekt erzielt werden; das mehrfach in verschiedener Form präsentierte Verb *können* wird von Denis nicht verwendet. Seine Äußerungen enthalten die für sein Flexionssystem charakteristische Default-Form des Verbs (010) und ein Präfix (012).

Äußerung (018) zeigt, daß die angewandte Methode im dritten Abschnitt wieder mit Erfolg eingesetzt werden konnte; Denis übernimmt die Struktur einer vorgegebenen Äußerung unter Beibehaltung der Subjekt-Verb-Kongruenz. Die Äußerungen (020) und (024) belegen jedoch, daß dieses Prinzip noch nicht konsequent und ohne direkte Orientierung an einer Modelläußerung angewendet wird.

Bezüglich des Zusammenhangs von Verbflexion und Verbstellung muß festgehalten werden, daß nur Äußerung (018) die korrekte Stellung und Flexionsform des Verbs aufweist. Allerdings handelt es sich um einen Zweikonstituentensatz, bei dem die Endstellung mit der Zweitstellung zusammenfällt und nicht entschieden werden kann, in welche syntaktische V-Position das Verb eingesetzt wurde. Die anderen Äußerungen mit Verben zeigen, daß Denis keine Verbstellungsrestriktionen beachtet. Das ist nicht erstaunlich, da die zielsprachgerechte Kategorisierung der verbalen Elemente wegen der Erwerbsstagnation im lexikalisch-morphologischen Bereich, die hier aufgearbeitet werden soll, noch nicht erfolgen konnte.

Lernerfolge, die sich von einer Äußerung auf die andere einstellen und zu einer plötzlichen Umstrukturierung oder Erweiterung des grammatischen Systems führen, sind auch bei der demonstrierten Methode einer psycholinguistisch begründeten, entwicklungsproximalen Sprachtherapie sicher nicht zu erwarten, geschweige denn tatsächlich nachzuweisen. Vielmehr geht es darum, das Kind über eine immer wieder inszenierte Abfolge von Präsentation, Gebrauch und (modifizierter) Wiedergabe von Zielstrukturen schrittweise zur Beachtung formaler sprachlicher Merkmale zu veranlassen und somit Erwerbsfortschritte indirekt herbeizuführen.

In diesem Sinne wurde die Therapie im Bereich Verbflexion/Verbstellung weitergeführt. Wie in den anderen Bereichen, wurden auch hier abwechslungsreiche und motivierende Handlungsrahmen und Spielsituationen vorstrukturiert, die die Vorgabe bzw. Modellierung von den individuellen, sich im Verlauf der Therapie ständig ändernden Lernvoraussetzungen entsprechenden Zielstrukturen und somit die spezifische sprachtherapeutische Arbeit in der aufgezeigten Weise ermöglichten.

Da hier der Gebrauch von Verben im Vordergrund stand, eigneten sich besonders Kontexte, in denen speziell auf Handlungen und Geschehnisse fokussiert und sprachlich referiert werden mußte. Dazu wurde u. a. ein Spiel inszeniert, in dem Handlungen erraten werden sollten. An diesem nahm außer Denis und der Sprachtherapeutin noch ein weiteres Kind (P.) teil. Ein Mitspieler durfte eine beliebige Handlung durch eine Geräuschimitation und/oder gestisch-mimische Darstellung vorgeben, die die anderen erraten mußten. Durch die Fragestellung „Was tut X?" wurde der Gebrauch von Handlungsverben evoziert. Dabei mußte allerdings darauf geachtet werden, daß nicht nur elliptische Äußerungen, die keine Subjekt-Verb-Kongruenz erfordern, produziert wurden. Durch die Vorgabe von Modelläußerungen („Ich glaube, er fährt/sägt/hupt ..."; „Ich fahre Motorrad/säge/hupe ..." etc.) und durch geeignete

Fragen („Was meinst du, fährt er/sägt er/hupt er ...?") und gegebenenfalls Expansion elliptischer oder unvollständiger Äußerungen konnten Subjekt-Verb-Äußerungen in diesem Spiel in besonders prägnanter Form und großer Häufigkeit präsentiert, elizitiert und modelliert werden. Auch das soll anhand einer kurzen Sequenz demonstriert werden. In der hier aufgezeichneten Situation gibt P. Geräusche bzw. Handlungen vor, Denis und die Sprachtherapeutin sollen erraten, welche Tätigkeit P. damit ausdrücken will.

001 T: Mensch, das hört sich ja wie ein Walroß an. Was meinst du, Denis, hustet Peter?
002 D: Ja, husten.
003 T: Meinst du, er hustet?
004 D: Ja, hustet.
005 T: Er hustet? Stimmt das, Peter?
006 P: Nein! Stimmt nicht! Nochmal raten!
007 T: Denis, was meinst du, vielleicht niest er?
008 D: Nein, niest nicht.
009 T: Der niest nicht? Ja, ich glaube auch, er niest nicht. Was tut er denn?
010 D: Weiß nicht.
011 T: Das weißt du nicht? Was meinst du, weint er oder schnauft er?
012 D: Er schnauft.
013 T: Nun, Peter, was tust du?
014 P: Ich schnaufe meine Nase.
015 T: Tatsächlich, Denis, da hast du recht gehabt. Peter hat seine Nase geschnauft. Du bist weiter dran, Peter.
016 D: Peter lauft.
017 T: Peter läuft, meinst du? Ja, vielleicht läuft er. Frag ihn doch einfach 'mal.
018 D: Du laufen?
019 P: Nein, nicht ganz.
020 T: Er läuft also nicht. Vielleicht springt er, oder er tanzt?
021 D: Peter tanzt!
022 T: Peter tanzt? Ja, das könnte sein. Frag ihn 'mal!
023 D: Peter tanz?
024 P: Ja! Ich tanze.
025 T: Das hast du ja toll erraten! Peter tanzt!

An dieser Sequenz wird deutlich, wie sich Rahmenhandlungen mit starkem sprachlichen Aufforderungscharakter in Verbindung mit einer geeigneten Gesprächstechnik dazu nutzen lassen, Äußerungen einer vorher bestimmten Form und Struktur zu elizitieren. Alle Äußerungen, die Denis im Verlauf dieses Diskurses produzierte, entsprachen der Zielstruktur (S)V und enthielten flektierte Verben, die ihm zum größten Teil in Fragen und Aufforderungen von der Sprachtherapeutin angeboten wurden. Zudem zeigt sich, wie dem Kind die Zielstrukturen mehrfach und – wenn erforderlich – in veränderter Form zugespielt werden konnten, ohne daß die Interaktion die Form einer künstlich erzeugten Sprachlernsituation mit Instruktionscharakter annahm.

Die erste von Denis produzierte Äußerung (002) weist trotz der Vorgabe der Zielstruktur in Äußerung (001) Merkmale eines frühen grammatischen Entwicklungsstandes auf. Sie besteht nur aus einem bestätigenden Element (*ja*) und dem Verb *husten*; die Position des grammatischen Subjekts ist nicht besetzt. In (004) und (008) übernimmt Denis zunächst die in (003) und (007) angebotenen flektierten Formen der Verben, die mit den – hier noch ausgelassenen – Subjekten kongruieren; das heißt, es findet eine erste Annäherung an die präsentierten Modellstrukturen statt. In dieser Sequenz gelingt es der Sprachtherapeutin, insgesamt neun einfache, strukturgleiche und in bezug auf das angezielte Phänomen prägnante Äußerungen, die ein grammatisches Subjekt in der dritten Person Singular und die entsprechende Verbendung *t* bei regulären Verben aufweisen, im Dialog anzubieten, bis Denis in den Äußerungen (012), (016) und (021) schließlich alle grammatisch relevanten Merkmale spontansprachlich realisiert und Subjekt-Verb-Kongruenz beachtet. Es wird anhand dieser Sequenz besonders deutlich, wie das Kind an die Beachtung und Kodierung formaler grammatischer Eigenschaften herangeführt werden kann, indem es einem spezifizierten sprachlichen Input ausgesetzt wird. Die Äußerungen (018) und (023) zeigen jedoch, daß hier erst ein Anfang gemacht war, da sich zu diesem Zeitpunkt weder Generalisierungen auf andere grammatische Personen eingestellt haben (vgl. Äußerung 018) noch eine konsistente, über die gesamte Spontansprache hinweg kontrollierte Zuweisung von Verbflexiven erfolgte (vgl. Äußerung 023).

Um den Aufbau des zielsprachgerechten, nach Person und Numerus aufgespaltenen Flexionsparadigmas voranzutreiben und deutlich zu machen, daß das Verb Träger von Kongruenzmerkmalen und somit obligatorisches grammatisches Funktionswort ist, wurden auch Strukturen mit semantisch leeren Verben (Auxiliare und Kopulae) sowie mit Modalverben, die eher regulative, pragmatische Funktionen als eine dominante eigene Bedeutung haben, einbezogen und hervorgehoben. Analog zu dem exemplarisch demonstrierten Vorgehen bei der Präsentation und Elizitation einfacher

Strukturen mit Subjekt und finitem Verb wurden dazu Handlungskontexte ausgewählt, die die Verwendung dieser Verben ermöglichten bzw. erzwangen. Insbesondere die Verwendung von Modalverben eignete sich für die Initiierung der angestrebten Lernfortschritte; sie wurden von Denis bereits vereinzelt benutzt, und sie sind – im Gegensatz zu Formen von *sein* als Kopulae oder Auxiliare – keine wortspezifischen Formen, sondern regulär flektierte Verben. Insofern dient der kontrastive Gebrauch der verschiedenen Formen sowohl dem Aufbau des Paradigmas regulärer Endungen als auch der Etablierung formaler verbaler Funktionsträger im System der kindlichen Grammatik.

Weitere Planungs- und Organisationsprinzipien

Es wurde exemplarisch dargestellt, wie man aus den Ergebnissen einer detaillierten linguistischen Analyse der kindlichen Spontansprache auf dem Hintergrund psycholinguistischer Theorien und Erkenntnisse Therapieziele ableitet, die im Bereich formaler linguistischer Strukturen und Prinzipien liegen und den Prozeß des Grammatikerwerbs betreffen. Aus sprachlerntheoretischen Gründen, die in Kapitel 6 erörtert wurden, erscheint eine sprachtherapeutische Methode, bei der dem Kind spezifische und entwicklungsangemessene sprachliche Strukturen in handlungsrelevanten Kontexten dargeboten, diese elizitiert und in Richtung Zielsprache modelliert werden, als geeigneter Weg zur Vermittlung der intendierten Erwerbsfortschritte. Einzelne Schritte dieses Wegs wurden exemplarisch anhand verschiedener grammatischer Lernbereiche und Phänomene dargestellt.

Wenngleich bei der Erstellung eines Befundes zum Grammatikerwerb und auch bei der Ableitung sprachlicher Lernziele eine klare Trennung nach linguistischen Bereichen und Phänomenen vorgenommen werden kann und muß, gibt es bei der Inszenierung von Lernprozessen nach dieser Methode immer wieder Überschneidungen, die nicht zu vermeiden und – solange sie dem Prinzip der Prägnanz und Aufmerksamkeitslenkung nicht zuwiderlaufen – durchaus nicht in jedem Fall unerwünscht sind. So weisen zum Beispiel eine Reihe von Interaktionssequenzen, in denen es um den Gebrauch und Erwerb von Genus- und Numerusmarkierungen in einfachen Nominalphrasen geht, zugleich eine Vielzahl von Äquationalsätzen auf, in denen außer den angezielten NP-Strukturen auch Funktionsverben in ihrer Eigenschaft als Kongruenzträger prägnant hervortreten. Es ist also nicht auszuschließen, daß die Prägnanz in diesem Bereich das Kind von der morphologischen Markierung der Nominalphrasen ablenkt und die expliziten sprachlichen Lernziele der Therapieeinheit somit in den Hintergrund geraten. Wenn eine derartige Verlagerung der individuellen Entwicklungslogik nicht widerspricht, sollte der Sprachtherapeut flexibel darauf reagieren und seine Lernzielintentionen den aktuellen Interessen des Kindes anpassen. Dadurch könnten schließlich Erwerbsfortschritte entstehen, die zwar für diese Therapieeinheit nicht geplant waren, aber gleichwohl erwünscht sind. Darüberhinaus bieten sich zahlreiche Möglichkeiten an, die Aufmerksamkeit des Kindes auf die angezielten Phänomene zurückzuverlagern, wenn dies nötig erscheint. In dem angeführten Fall kann zum Beispiel auf Kontexte zurückgegriffen werden, die in erster Linie die Verwendung elliptischer Äußerungen vom Typ D(Adj)N evozieren und keinerlei andere Strukturmerkmale enthalten.

Ein weiterer Punkt, der hier kurz angesprochen werden soll, betrifft den Gesamtaufbau der Sprachtherapie. Grundlegend für die Auswahl übergeordneter sprachlicher Lernziele (Erwerb von Verbflexiven; Beachtung und Kodierung von Kongruenz; Verbzweitstellung etc.) waren die Ergebnisse der Spontansprachanalyse. Die Entscheidung, welchem der verschiedenen grammatischen Funktionsbereiche in der Sprachtherapie die höchste Priorität zuzumessen sei, das heißt in welchem Bereich der Grammatik begonnen werden sollte und welche der im einzelnen relevanten Zielstrukturen jeweils ausgewählt werden sollten, wurde im wesentlichen unter Berücksichtigung der folgenden Gesichtspunkte getroffen:

Basiswissen, das Voraussetzung für weitere Lernschritte ist, muß grundsätzlich zuerst vermittelt werden. Es macht zum Beispiel keinen Sinn, den Erwerb von Kasusmarkierungen zu initiieren, wenn das Kind Genus und Numerus noch nicht als relevante grammatische Dimensionen erkannt hat und zumindest in der Mehrzahl der Fälle auch kodiert. Außerdem sind Funktionszusammenhänge zu berücksichtigen, die sprachtheoretisch begründet sind und beim Grammatikerwerb sprachunauffälliger Kinder empirisch nachgewiesen wurden. So ist zum Beispiel die Verfügbarkeit von Verbflexiven und die Kodierung der Subjekt-Verb-Kongruenz Voraussetzung für die Kategorisierung verbaler Elemente und ihre Einsetzung in die für sie bestimmten syntaktischen Positionen, weshalb dem lexikalisch-morphologischen Lernen für diesen Bereich eine hohe Priorität einzuräumen ist.

Ein weiteres Kriterium ist das der Lernbarkeit. Die Therapie sollte in jedem Fall bei den Phänomenen ansetzen, die das Kind mit Hilfe der ihm verfügbaren Lernstrategien erwerben kann. Das bedeutet, daß grammatische Funktionsprinzipien, die über semantische Lernstrategien erfahrbar gemacht werden können, vor solchen zu vermitteln sind, die rein formales, distributionelles Lernen erfordern. Die Vermittlung grammatischen Wissens, das aus universalgrammatischen Prinzipien abgeleitet werden kann und dem eine *a priorische* Verfügbarkeit zugesprochen werden muß (z. B. Regeln der X-bar Syntax, vgl. Kap. 3), erscheint aus prinzipiellen Gründen aussichtslos. Ein derartiges Wissen kann nur über andere als die beim Erstspracherwerb wirksamen und im Rahmen eines entwicklungsproximalen Ansatzes unterstützten Lernstrategien erworben werden und erfordert deshalb grundsätzlich andere Vermittlungsmethoden.

Bei der Realisierung der sprachtherapeutischen Arbeit kommt der Flexibilität als Organisations- und Planungsprinzip besondere Bedeutung zu. Ein wichtiger Aspekt dieses Grundsatzes besteht zum Beispiel darin, daß sich der Therapeut in seinen Entscheidungen zu jedem Zeitpunkt am aktuellen sprachlichen Entwicklungsstand des Kindes, den er zum Teil anhand gezielter Beobachtungen des kindlichen Sprachverhaltens in verschiedenen Situationen, zum Teil aus den Ergebnissen von im Verlauf der Therapie immer wieder durchzuführenden Spontansprachanalysen ermitteln muß, orientiert. Prozeßdiagnostik ist somit ein wesentlicher Eckpfeiler der therapeutischen Arbeit und die Voraussetzung für eine flexible, entwicklungsbezogene Lernzielbestimmung, die im Sinne einer höheren Anpassungsfähigkeit innerhalb der einzelnen Lernbereiche eher kleinschrittig erfolgen sollte.

Wo die Entwicklungslogik intersubjektiv gültige, invariante Erwerbsreihenfolgen für linguistische Regeln und Prinzipien vorgibt, ist auch die Lernzielhierarchie vorgegeben. In diesen Bereichen bedeutete Flexibilität Planlosigkeit und den Verzicht auf eine wissenschaftlich-lerntheoretische Begründung des sprachtherapeutischen Handelns. Andererseits gibt es aber auch grammatische Phänomene, deren Erwerb variabel erfolgt und Ausdruck verschiedenartiger Sprachverwendungsstrategien und -situationen, Lernertypen, Inputbedingungen etc. ist. In diesen Fällen kann bei der Organisation des zu inszenierenden Lernprozesses flexibel vorgegangen werden. So sollte man sich zum Beispiel bei der Entscheidung, ob formale Markierungen zuerst bei nominalen oder bei pronominalen Elementen aktualisiert werden sollen, auch an der vom Kind bevorzugten Sprachverwendungsstrategie, seinem Lexikon etc. orientieren.

Ein weiteres Organisations- und Planungsprinzip leitet sich unmittelbar aus der Grundidee des vorliegenden Ansatzes ab: Die sprachliche Interaktion mit dem Kind bildet die Basis für einen Sprachlernprozeß, bei dem es auf die Verwendung eines spezifizierten, das heißt auf die individuellen Lernvoraussetzungen des Kindes zugeschnittenen und in bezug auf die jeweils angezielten sprachlichen Phänomene hochprägnanten Input ankommt. Es darf nicht übersehen werden, daß die an der Interaktion Beteiligten zwei unterschiedliche Zielsetzungen verfolgen. Für den Sprachtherapeuten besteht das Hauptziel in der Vermittlung formalen grammatischen Wissens, während die Interessen des Kindes auf inhaltliche Aspekte der Interaktion, das gemeinschaftliche Handeln etc. gerichtet sind.[71] Damit die sprachliche Interaktion als Transportmedium für die Vermittlung von Zielstrukturen überhaupt tragfähig wird und bleibt, muß sie für das Kind interessant und bedeutsam sein. Das bedeutet, daß die ausgewählten Situations- und Handlungskontexte abwechslungsreich gestaltet sowie stark an die Motivation des Kindes und seine speziellen Interessen angepaßt sein sollten und umgestaltet werden müssen, wenn das Kind sie nicht annimmt. Ebenso flexibel sollte der Sprachtherapeut auf eine Verlagerung von Interesse und Aufmerksamkeit in aktuellen Situationen reagieren und gegebenenfalls eine Erweiterung bzw. Änderung der unmittelbaren Vermittlungsziele vornehmen.

Ein letzter Punkt, der hier angesprochen werden soll, betrifft die zeitliche Anordnung der in diesem Kapitel exemplarisch dargestellten methodischen Einzelschritte. Sie wurden nicht immer als ganze Blöcke, wie sie aus Gründen einer übersichtlichen Darstellung hier aufgeführt sind, in der Sprachtherapie realisiert. Mit anderen Worten, die Therapieeinheiten wurden nicht isoliert und unverbunden hintereinander „abgearbeitet", sondern überlappend und abhängig von den jeweils erreichten Lernerfolgen miteinander verzahnt dargeboten. Wenn sich zum Beispiel trotz intensiver Vermittlungsversuche keine Lerneffekte in einem bestimmten Bereich einstellten, mußte entweder das betreffende Therapieziel überprüft und gegebenenfalls revidiert oder die sprachtherapeutische Arbeit kurzfristig auf einen anderen Bereich verlagert werden. Ein Wechsel des Lernbereichs wurde aber auch vorgenommen, wenn Erfolge zu verzeichnen waren, das heißt, wenn es im Sprachverhalten des Kindes Hinweise darauf gab, daß das Kind die Zielstrukturen übernahm und ihre spezifischen grammatischen Merkmale von nun an auch spontansprachlich realisierte. Um eine Festigung der Lernfortschritte zu erzielen, wurden in jedem Fall Wiederholungsphasen eingepaßt, bis der Erwerbsprozeß in diesem Bereich aufgrund einer detaillierten linguistischen Analyse tatsächlich als abgeschlossen angesehen werden konnte. Wo es möglich war, wurden Zielstrukturen zunächst beibehalten und um neue Merkmale erweitert, so daß eine Festigung des bereits Gelernten erzielt und gleichzeitig ein neuer Erwerbsprozeß bezüglich eines anderen grammatischen Phänomens initiiert werden konnte.

10 Fortschritte in der Therapie mit Denis

Daten für die Evaluation

Im Verlauf der Sprachtherapie mit Denis wurde die Wirksamkeit der durchgeführten Maßnahmen immer wieder überprüft. Damit wurden zwei Ziele verfolgt: Zum einen sollte die Planungsgrundlage für die Gestaltung des therapeutischen Prozesses möglichst immer aktuell und empirisch gut abgesichert sein. Zum anderen sollten die Ergebnisse der Prozeßdiagnostik das empirische Rohmaterial für die vorliegende Therapiestudie bereitstellen.

Zur Untersuchung der sprachtherapeutischen Wirksamkeit der angewandten Methode stehen die Ergebnisse von vier Spontansprachanalysen zur Verfügung. Sie wurden innerhalb des Zeitraumes von 14 Monaten und in zeitlichen Abständen von ca. 4 Monaten durchgeführt (vgl. Kap. 7).

Die Ergebnisse der ersten Analyse sind in Kapitel 8 ausführlich dargestellt und diskutiert worden. Als Grundlage für den Eingangsbefund dienten sie zur Bestimmung der sprachlichen Lernziele, die sukzessive erreicht werden sollten. Im folgenden wird zunächst der durch die Sprachtherapie gezielt geförderte Erwerb linguistischer Prinzipien auf der Ebene der Wort- und Konstituentenstrukturen betrachtet, danach der Erwerb von Wortstellungsregularitäten auf Satzebene.

Nominal- und Präpositionalphrasen

Als übergeordnetes Erwerbsziel in diesem Bereich wurde die Beachtung und Realisierung grammatischer Kongruenz innerhalb von Nominal- und Präpositionalphrasen angegeben (vgl. Kap. 8). Drei rein formal-grammatische Dimensionen sind dabei zu berücksichtigen: Genus, Numerus und Kasus. Sie werden von anderer Stelle zugewiesen (Nomen, Präposition, Verb) und in der Regel durch die Formveränderung des Determinationselements (und attributiven Adjektivs) kodiert.

Gemäß der in Kapitel 8 begründeten Lernzielbestimmung lag der Schwerpunkt in der ersten Therapiephase auf der Vermittlung von Genus- und Numerusmarkierungen. Die hier relevanten Veränderungen im grammatischen System des Kindes sind aus den Profilbögen nicht direkt zu ersehen. Die Werte zeigen lediglich, daß in DENIS2, DENIS3 und DENIS4 jeweils eine ausreichende Anzahl von Strukturen mit genus- bzw. numerusmarkierten Elementen vorliegt.[72] Interessant sind jedoch die Werte für Artikelauslassungen, die von DENIS3 an nur noch 2 Prozent betragen.

Eine genaue Analyse der Genus- und Numerusmarkierungen kann mit Hilfe der von COPROF ausgegebenen Liste WORTARTEN vorgenommen werden. Dabei zeigt sich, daß in DENIS2 nur noch zwei Fälle mit falscher Genuszuweisung und ein Fall mit einer falschen Numerusmarkierung vorkommen; das sind insgesamt 2,8% aller Genus-/Numerusmarkierungen in DENIS2. In DENIS3 und DENIS4 kommen überhaupt keine falschen Zuweisungen von Genus oder Numerus mehr vor. Diese Befunde belegen, daß die in Kapitel 9 exemplarisch dargestellten sprachtherapeutischen Schritte tatsächlich zu den intendierten Lernerfolgen geführt haben, die im Laufe von dreieinhalb Monaten erzielt und gefestigt werden konnten.

Auf der Grundlage dieser ersten Lernfortschritte bei NP-Strukturen wurde ab dem dritten Monat der Sprachtherapie ein weiterer Schwerpunkt auf den Bereich Kasus gesetzt; die in der Zielsprache vorgesehene Kodierung dieser grammatischen Dimension setzt die Beachtung von Genus und Numerus voraus. Da diese Voraussetzung zu Beginn der Therapie nicht gegeben war, ließ die Kasuszuweisung in DENIS1 jede Systematik vermissen. In den folgenden

Tabelle 9: Präpositionalphrasen

	PNP	Auslassungen Präp.	volle NP	verwendete Präp.
DENIS1	-	5	-	-
DENIS2	23	1	14	*in, auf, mit an, zu, aus*
DENIS3	15	-	9	*in, auf, mit, nach, um, von, für*
DENIS4	12	-	9	*in, auf, nach, hinter, für*

Untersuchungen treten Kasusmarkierungen in für die Analysezwecke ausreichender Zahl und systematisch auf: DENIS2 enthält insgesamt 29 eindeutige Kasusmarkierungen, DENIS3 24 und DENIS4 27. In allen Korpora erscheinen Kasusmarkierungen vorwiegend bei direkten und indirekten Objekten. Die sprachtherapeutischen Bemühungen, die sich auf den lexikalischen Erwerb der Wortart Präposition richteten, haben zu einem ansteigenden Gebrauch vollständiger Präpositionalphrasen und damit auch zur Kodierung von Kasus innerhalb dieser Konstituenten beigetragen.

Tabelle 9 zeigt, daß Denis zu Beginn der Therapie in allen Kontexten die erforderlichen Präpositionen wegläßt. Nach einer intensiven Phase der Präsentation und Elizitation präpositionaler Ausdrücke in sprachtherapeutischen Situationen steigt die Anzahl der spontansprachlich verwendeten Präpositionalphrasen stark an, während die Auslassungen von Präpositionen gegen Null gehen. Zudem erweitert sich das lexikalische Repertoire enorm; es kommen ab DENIS2 neben lokalen und direktionalen auch temporale, modale und kausale Präpositionen vor, die unterschiedliche Kasus regieren. Da in den meisten Fällen konstituentenintern volle Nominalphrasen (DN, DAdjN) benutzt werden, liegt eine ausreichende Anzahl an Belegen mit Kasusmarkierungen vor.

Einen genaueren Einblick in den Erwerbsverlauf gestattet Tabelle 10 in Verbindung mit den von COPROF ausgegebenen Listen KASUS.

Tabelle 10: Kasusmarkierungen

	Nom.form im Akk.kon.	Nom.form im Dat.kon.	Akk.form im Dat.kon.	Akk.form im Akk.kon.	Dat.form im Dat.kon.	Andere	Σ
DENIS1	*1*	-	*1*	*3*	-	*6*	*11*
DENIS2	*4*	*6*	*4*	*10*	*4*	*2*	*30*
DENIS3	-	*2*	*4*	*16*	*2*	-	*24*
DENIS4	-	*1*	-	*20*	*6*	-	*27*

Die auf den Kasuserwerb zugeschnittenen sprachtherapeutischen Inszenierungen haben zu kontinuierlichen Lernfortschritten geführt, die in DENIS2 beginnen. Hier werden in über 70 Prozent der Akkusativkontexte zielsprachlich korrekte Akkusativformen verwendet, in 30 Prozent übergeneralisierte Nominativformen. In Dativkontexten ist das Verhältnis umgekehrt; hier erscheinen in 70 Prozent der Fälle Nominativ- oder Akkusativformen. Übergeneralisierungen von Dativformen kommen jedoch nicht vor. Dies entspricht dem Befund, den man bei der Untersuchung des ungestört verlaufenden Grammatikerwerbs im Übergang von Phase IV zu Phase V beobachten kann (Clahsen 1988, 171ff). Ein weiterer Schritt in Richtung Zielsprache dokumentiert sich in den Daten aus DENIS3. In Akkusativkontexten verwendet Denis nunmehr ausschließlich die zielsprachlich geforderten Akkusativformen. Die Übergeneralisierungen in Dativkontexten bleiben jedoch bestehen. In DENIS4 sind schließlich – bis auf eine Ausnahme – keine Übergeneralisierungen mehr festzustellen, so daß der Erwerb von Kasus als abgeschlossen angesehen werden kann.

Zusammenfassend kann festgestellt werden, daß die durchgeführten sprachtherapeutischen Maßnahmen die intendierten Lernfortschritte herbeigeführt haben und die eingetretene Stagnation des Grammatikerwerbs in speziellen Bereichen von Lexikon und Morphologie somit überwunden werden konnte. Dabei wurde sowohl die Erweiterung des lexikalischen Inventars um grammatische Funktionswörter und deren spontansprachlicher Gebrauch als auch die Etablierung abstrakter formaler Bezugsgrößen (Genus, Kasus), die für den Aufbau morphologischer Paradigmen konstitutiv sind, soweit gefördert, daß Denis Schwierigkeiten hinsichtlich der Beachtung und Kodierung grammatischer Kongruenz im Bereich nominaler Satzglieder nach und nach abgebaut werden konnten.

Verbalphrasen und Verbstellung

Auch der Eingangsbefund zur Struktur der Verbalphrase weist Charakteristika auf, die auf Schwierigkeiten im Umgang mit grammatischen Funktionselementen und grammatischer Kongruenz hindeuten: Hilfsverben werden entweder ausgelassen oder in unstrukturierten Verbclustern verwendet, Verbendungen treten als Default-Formen auf, Subjekt-Verb-Kongruenz wird nicht kodiert etc. Da Lernfortschritte in diesen Bereichen Voraussetzungen für die zielsprachgerechte Kategorisierung und Einsetzung verbaler Elemente in syntaktische Strukturen darstellen und keinerlei primär syntaktische Defizite festgestellt werden konnten, konzentrierte sich die sprachtherapeutische Arbeit ganz auf die Initiierung morphologisch-lexikalischer Lernprozesse.

In Tabelle 11 sind die Daten zu den verwendeten und ausgelassenen verbalen Elementen über alle Untersuchungen hinweg dargestellt. In allen Korpora sind einfache Verben (V) und Präfixverben (PrV) die am häufigsten verwendeten.

Belege für Verbauslassungen kommen in allen Korpora vor, nehmen allerdings im Verlauf der Therapie deutlich ab und liegen in DENIS3 und DENIS4 bei 5% bzw. 8%. Der Gebrauch von Modalverben steigt in DENIS4 beträchtlich an, was allerdings unter Berücksichtigung der Werte für die anderen Korpora nicht als Ergebnis eines Neuerwerbs sprachlicher Mittel interpretiert werden kann, sondern auf Einflüsse der Kommunikationssituation und die Aktualisierung sozial-regulativer Sprechakte zurückgeführt werden muß.[73] Hingegen lassen die Werte für Kopulae und Auxiliare Lernfortschritte erkennen: Kopulae werden in DENIS4 in keinem einzigen Fall mehr ausgelassen, und Auxiliare, die in DENIS1 und DENIS2 nicht belegt sind, nur noch in zwei von neun Fällen. Hier wird deutlich, daß Hilfsverben zum Ende der Untersuchung als obligatorische grammatische Funktionswörter erkannt und in den meisten Fällen auch benutzt werden.

Tabelle 11: Konjugierbare verbale Elemente und Auslassungen verbaler Elemente

	V	PrV	MOD	KOP	AUX	Auslass. V	Auslass. KOP	Auslass. AUX
DENIS1	34	15	6	4	-	10 (14%)	8 (67%)	6 (100%)
DENIS2	40	16	4	-	-	12 (15%)	10 (100%)	6 (100%)
DENIS3	50	14	4	7	2	4 (5%)	5 (45%)	7 (78%)
DENIS4	43	18	14	10	7	6 (8%)	-	2 (22%)

Ein besonderer Schwerpunkt der Sprachtherapie lag im Aufbau des morphologischen Paradigmas von Endungen für regulär flektierte Verben. Dabei kam es nicht nur auf die Vermittlung der Formen, sondern auch auf ihre funktionale Bedeutung bei der Kodierung der Kongruenz zum Subjekt an, ohne deren Beachtung kein der Zielsprache adäquates Flexionssystem mit Person und Numerus als den relevanten grammatischen Dimensionen aufgebaut werden kann.

Einen Überblick über die verwendeten Formen der regulären Verbflexion gibt Tabelle 12.

Tabelle 12: Verbflexion

	0	n	t	e	st
DENIS2	6	33	3	-	-
DENIS2	21	24	2	1	-
DENIS3	22	13	12	10	-
DENIS4	17	7	11	12	11

Das Ergebnis für den Eingangsbefund lautet, daß Denis zunächst hauptsächlich die Endung *n* und die Stammform (0) gebraucht. Diese Formen erscheinen als Default-Formen und dienen nicht als grammatische Kongruenzmarkierungen. Das scheint auch auf die drei Belege für das Flexiv *t* und die irregulär gebildeten Formen des Verbs *sein* zuzutreffen. An diesem Befund ändert sich auch in DENIS2 nichts. Es findet lediglich eine quantitative Umverteilung zugunsten der Verwendung von Stammformen statt. Als neues Flexiv erscheint die Endung *e*, allerdings nur in einem einzigen Beleg. In DENIS3 hat sich der Gebrauch von *t* und *e* deutlich stabilisiert; sie werden fast ebenso häufig verwendet wie das Flexiv *n*. In Denis4 ist das morphologische Paradigma für Verbendungen der regulären Flexion schließlich vollständig; die Häufigkeitsverteilung belegt den erfolgreichen Abschluß des lexikalisch-morphologischen Erwerbsprozesses in diesem Bereich.

Aufschluß über den funktionalen Status der einzelnen Flexive gibt Tabelle 13.

Es zeigt sich, daß die Stammform und die Endung *n* bis DENIS3 noch als Default-Formen verwendet werden. Angesichts ihrer Verteilung erscheint es als zufallsabhängig, ob sie gerade mit Person und Numerus des Subjekts kongruieren oder nicht: In DENIS1 und DENIS2 wird die Stammform vorwiegend Subjekt-kongruent gebraucht, in DENIS3 ist das Gegenteil der Fall. Die Endung *n* kommt in den ersten drei Untersuchungen durchgehend häufiger nicht-kongruent vor. Tendenzen in Richtung Annäherung an die Erfordernisse der Zielsprache sind hier nicht festzustellen. Anders verhält es sich mit dem Gebrauch der anderen Flexive. Sie werden ausnahmslos Subjekt-kongruent verwendet, wobei die wenigen Belege für *t* und *e* in DENIS2 und DENIS3 nicht ausreichen, um eine systematische Kodierung formaler grammatischer Eigenschaften annehmen zu können. Das ist erst in DENIS3 bezüglich der Verwendung von *t* und *e* und schließlich in DENIS4 bei allen Flexiven der Fall: Mit der Komplettierung des Flexionsparadigmas (siehe Tabelle 12) wird Denis die formale Bedeutung der Verbendungen zugänglich; er verwendet sie – ebenso wie irreguläre Verbformen –

Tabelle 13: Subj.-Verb-Kongruenz beim Gebrauch der Verbflexive. Die Ziffer vor dem Doppelpunkt repräsentiert die Anzahl der Belege für S-V-Kongruenz; die Ziffer hinter dem Doppelpunkt die Anzahl der Belege ohne S-V-Kongruenz.

	0	n	t	e	st	Andere
DENIS1	6 : 0	4 : 16	3 : 0	-	-	4 : 1
DENIS2	10 : 8	1 : 22	2 : 0	1 : 0	-	2 : 0
DENIS3	9 : 12	4 : 8	12 : 0	10 : 0	-	7 : 0
DENIS4	15 : 0	7 : 0	1 : 0	12 : 0	11 : 0	12 : 0

fortan als formale Markierungen zur Kodierung der grammatischen Kongruenz von Subjekt und Verb.

Gemäß den in Kapitel 4 dargelegten Hypothesen bezüglich des Funktionszusammenhanges von lexikalischer Kategorisierung und Verbstellung sind generelle Änderungen der Wortstellungsmuster in den Äußerungen von DENIS4 zu erwarten. Mit dem abgeschlossenen Erwerb des Flexionsparadigmas und der konsequenten Beachtung der Subjekt-Verb-Kongruenz sollten stark-flektierte verbale Elemente nun auch als solche im Lexikon kategorisiert sein und bei der Einsetzung in syntaktische Strukturen in die dafür vorgesehene, vordere Position gelangen. Mit anderen Worten, ab DENIS4 ist mit einem Rückgang von V-Endstrukturen und einer Dominanz von Äußerungen mit Zweitstellung des flektierten Verbs zu rechnen, wenn – wie vorausgesetzt – die beim natürlichen Spracherwerb wirksamen Lernmechanismen auch beim Dysgrammatismus vorhanden sind und aktiviert werden können.

Die Ergebnisse der Verbstellungsanalyse bestätigen diese Erwartung. In den ersten drei Korpora stehen verbale Elemente vorwiegend in Endstellung, wobei sich die prozentuale Häufigkeit von 88% in DENIS1 auf 72% in DENIS3 zugunsten der Zweitstellung reduziert (vgl. Tabelle 14).

Diese Tendenz entspricht einer qualitativen Veränderung innerhalb der Grammatik des Kindes: In DENIS1 und DENIS2 stehen alle Arten verbaler Elemente sowohl in End- als auch in Zweitstel-

Tabelle 14: Verbstellung

	Verbendstellung	Verbzweitstellung	Verbanfangsstellung
DENIS1	42 (88%)	5 (10%)	1 (2%)
DENIS2	45 (78%)	10 (17%)	3 (5%)
DENIS3	46 (72%)	17 (26%)	1 (2%)
DENIS4	5 (9%)	46 (87%)	2 (4%)

lung, während in DENIS3 bereits die in Clahsen (1982, 61) dargelegte Verbstellungsrestriktion I wirksam ist und verhindert, daß nicht-tempustragende Verbbestandteile in Zweitposition erscheinen. In DENIS4 beträgt der Anteil der Verbzweitstellung schließlich 87%.[74] Die Werte in Phase IV des Profilbogens DENIS4 zeigen, daß ein großer Teil davon auf zusammengesetzte Verben entfällt, die jetzt erstmals diskontinuierlich auftreten. Zudem wendet Denis Inversion bei topikalisierten Adverbialen und Objekten an. Damit sind die wichtigsten Prinzipien zur Stellung verbaler Elemente erworben. Der Prozeß des Grammatikerwerbs kann in einem zentralen und beim Dysgrammatismus häufig gestörten Phänomenbereich als abgeschlossen angesehen werden.[75]

Zusammenfassung der Befunde

Die empirischen Ergebnisse der Einzelfallstudie DENIS zeigen deutlich, daß die vorherbestimmten sprachtherapeutischen Erfolge mit Hilfe der gewählten Methode erzielt werden können. Setzt man die dokumentierten Lerneffekte in Beziehung zu den jeweiligen Lernzielbestimmungen und den formal-sprachlichen Vermittlungsintentionen, die den einzelnen therapeutischen Inszenierungen zugrundeliegen, so stellen sie sich nicht nur theoretisch, sondern auch aufgrund ihrer zeitlich-chronologischen Abfolge und Dynamik als unmittelbare Folgeeffekte der durchgeführten Maßnahmen dar.

Die folgenden graphischen Darstellungen sollen dies nochmals verdeutlichen. Zu Beginn der Sprachtherapie mit Denis lag der Schwerpunkt auf der Vermittlung linguistischer Prinzipien, die rein formal-grammatische Funktionen innerhalb von Nominal- und Präpositionalphrasen erfüllen. Dazu mußten der lexikalische Erwerb und Gebrauch grammatischer Funktionswörter und grammatischer Morpheme (wortspezifische Formen von Artikeln, Artikel- und Adjektivendungen, Präpositionen) forciert und das Prinzip der grammatischen Kongruenz (Markierung von Genus, Numerus, Kasus) vermittelt werden.

Grafik 1 zeigt die Veränderungen bezüglich des Gebrauchs von Artikeln; ausgehend von einem relativ geringen Prozentsatz von Artikelauslassungen in DENIS1 reduzieren sie sich in DENIS2 um 60% auf 10% und betragen ab DENIS3 nur noch 2%. Noch deutlicher sind die Auswirkungen in bezug auf den Erwerb und Gebrauch von Präpositionen (siehe Grafik 2). Während diese grammatischen Funktionswörter in DENIS1 noch zu 100% ausgelassen werden,

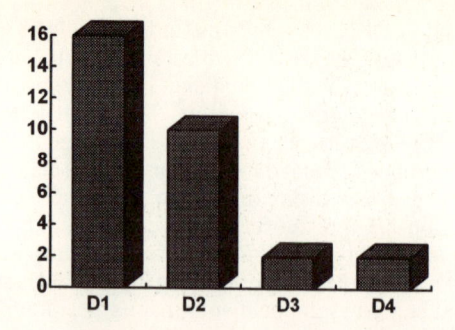

Grafik 1: Prozentuale Anteile von Artikelauslassungen

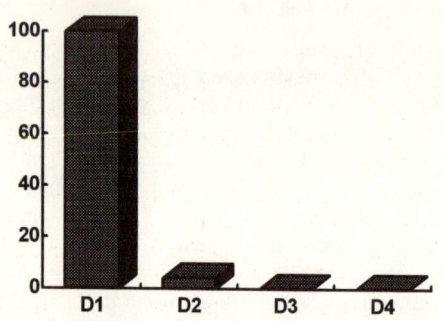

Grafik 2: Prozentuale Anteile der Auslassungen von Präpositionen

liegt der Anteil der Auslassungen schon in DENIS2 bei nur 4% und reduziert sich dann ganz.

Die sukzessive Reduzierung von Kasusfehlern im Verlauf der Therapie ist in Grafik 3 dargestellt. Hier liegt eine gleichförmigere Tendenz als bei den Auslassungen von Artikeln und Präpositionen vor, was darauf zurückgeführt werden kann, daß es bei der Kodierung von Kasus nicht nur um den Erwerb linguistischer Einheiten (Wörter und Morpheme) geht.

Vielmehr muß das Prinzip der Kongruenz, nach dem die Zuweisung grammatischer Merkmale erfolgt, erkannt werden, und die grundlegenden grammatischen Merkmale der jeweils involvierten Nomen (Genus und Numerus) müssen bei der Kodierung von Ka-

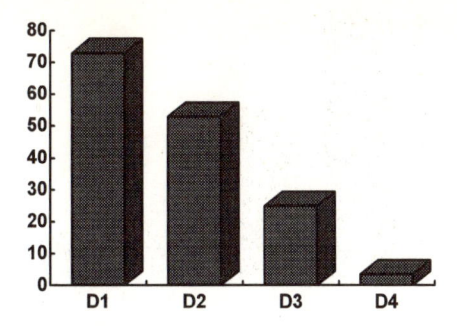

Grafik 3: Prozentuale Anteile von Kasusfehlern

sus berücksichtigt werden. So erklärt es sich, daß Kasusfehler nicht von einem Untersuchungszeitpunkt auf den nächsten verschwinden, sondern sukzessive mit dem Aufbau des Flexionsparadigmas und der Etablierung der verschiedenen Kasus im System der Grammatik reduziert werden.

Die Abhängigkeit des initiierten Erwerbsprozesses vom Inhalt der sprachtherapeutischen Intervention zeigt sich besonders deutlich im Vergleich der vorgenannten Entwicklung mit dem Erwerbsverlauf im Bereich der Verbalphrase. Die folgenden Grafiken demonstrieren, daß die Lernfortschritte sehr spezifischer Art sind und nicht in generalisierten Effekten bestehen. Während die entscheidenden Fortschritte bei grammatischen Funktionswörtern und Markierungen im Bereich nominaler Konstituenten in DENIS1 und DENIS2 einsetzen bzw. vollzogen werden – was in Anbetracht der Lernzielbestimmung und der inhaltlich darauf ausgerichteten sprachlichen Spezifizierungen nicht überrascht – sind in den Bereichen, die sprachtherapeutisch zunächst nicht angezielt werden, zur gleichen Zeit keinerlei Veränderungen oder Lernfortschritte zu verzeichnen.

Erst ab DENIS3, das heißt nachdem eine inhaltliche Schwerpunktsetzung in den Bereichen Verbflexion und Verbstellung erfolgte und sprachtherapeutisch umgesetzt wurde, stellten sich in genau diesen Bereichen spezifische Lernerfolge ein.

Auslassungen von grammatischen Funktionsverben reduzieren sich, nachdem sie in DENIS1 und DENIS2 stabil waren, und die entscheidende Entwicklung hinsichtlich der Kodierung von Sub-

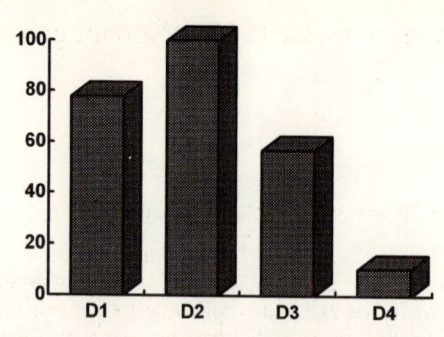

Grafik 4: Prozentuale Anteile der Auslassungen von Hilfsverben (Auxiliaren und Kopulae)

jekt-Verb-Kongruenz und der Zweitstellung des finiten Verbs im Aussagesatz setzt zwischen DENIS2 und DENIS3 ein, bis die Entwicklung in diesem Bereich schließlich mit dem Erwerb der wichtigsten Wortstellungsregularitäten als abgeschlossen angesehen werden kann.

11 Weitere empirische Untersuchungen

Sinn und Zweck weiterer Untersuchungen

Eine Einzelfallstudie, wie sie im vorangegangenen beschrieben wurde, kann zwar die prinzipiellen Möglichkeiten einer therapeutischen Methode aufzeigen und empirische Belege für ihre Wirksamkeit und ihren Wirkungsgrad erbringen. Der Nachweis, daß die demonstrierten sprachtherapeutischen Erfolge wiederholbar sind, könnte darüber hinaus aber auch zu einer vorsichtigen Verallgemeinerung der Grundprinzipien und Wirkungsweisen der Methode gereichen. Die beste Lösung bestünde in der Durchführung einer repräsentativen Therapiestudie. In Anbetracht des enormen personellen und materiellen Aufwandes, der mit einem solchen Vorhaben verbunden ist, kann dies nur im Rahmen eines institutionell abgesicherten und finanziell unterstützten wissenschaftlichen Projekts größeren Ausmaßes geleistet werden; die Möglichkeiten der vorliegenden Studie würden damit jedenfalls bei weitem überschritten.

Um dennoch einen Schritt in diese Richtung zu tun und die im Rahmen dieser Arbeit gezogenen Schlußfolgerungen empirisch zu unterstützen, wurden drei weitere Fallstudien durchgeführt. Im folgenden werden die wichtigsten Ergebnisse der Eingangsdiagnosen sowie die daraus abgeleiteten sprachlichen Lernziele kurz dargestellt. Im Anschluß daran sollen die Verläufe der durch die spezifischen sprachtherapeutischen Maßnahmen initiierten Lernprozesse anhand von Entwicklungsprofilen, Tabellen und graphischen Abbildungen im Überblick dargestellt und vergleichend erörtert werden.[76]

Eingangsdiagnosen

Bei Max, Sebastian und Sonja wurde, ebenso wie bei Denis, von verschiedenen Logopäden/Sprachtherapeuten die Diagnose „Dysgrammatismus" gestellt, und auch in diesen Fällen blieben alle sprachtherapeutischen Bemühungen über Jahre hinweg ohne nennenswerte Erfolge (vgl. Kap. 7). Die Profilbögen für die Eingangsdiagnosen (siehe Anhang) bestätigen diese Befunde; keines der zwischen sechs und achteinhalb Jahre alten Kinder hat die Stufe IV des Grammatikerwerbs erreicht. Die quantitativen Werte und einige Belege für die Verbstellung der Phase IV in SEBASTIAN1 sind die einzigen Indizien dafür, daß eine fortgeschrittene Erwerbsphase erreicht worden sein könnte; jedoch zeigt auch hier eine genauere Betrachtung, daß das nicht der Fall ist.

Für die Spontansprache aller Kinder treffen zum Zeitpunkt der Eingangsdiagnose die Hauptcharakteristika eines zwischen Phase II und Phase III in verschiedenen Bereichen stagnierten Grammatikerwerbs zu, der sich vor allem durch selektive Defizite und Asynchronität auszeichnet. Wie bei Denis und den Kindern aus anderen Studien zum Dysgrammatismus betreffen die Schwierigkeiten auch bei Max, Sebastian und Sonja hauptsächlich den Umgang mit grammatischen Funktionswörtern, die Phänomene der grammatischen Kongruenz und – oberflächenstrukturell betrachtet – die Verbstellung. Die in den vorliegenden Tabellen zusammengestellten Daten der Eingangsdiagnosen zeigen diesen Sachverhalt im Vergleich.[77]

Tabelle 15 gibt einen Überblick über die Repräsentation der in den kindersprachlichen Äußerungen vorkommenden nominalen Konstituenten. Es zeigt sich, daß alle Kinder sowohl Pronomen als auch Nominalphrasen der Form N, DN, AdjN und DAdjN verwenden.

Tabelle 15: Nominalphrasen und Artikelauslassungen

	Pro	N	DN	AdjN	DAdjN	NPNP	Auslass. Art.
DENIS1	*40*	*19*	*36*	*1*	*6*	-	*10 (16%)*
MAX1	*61*	*24*	*16*	-	-	-	*23 (46%)*
SEB1	*73*	*17*	*24*	*4*	*5*	-	*11 (22%)*
SONJA1	*48*	*14*	*29*	*2*	*1*	-	*7 (15%)*

Artikel werden vorzugsweise ausgelassen; die Werte liegen für Max und Sebastian sogar wesentlich über denen für Denis und Sonja. Von den vier Kindern benutzen nur Denis und Sebastian erweiterte Strukturen; bei Max kommen gar keine, bei Sonja nur äußerst wenige vor. Denis, Max und Sebastian verfügen über die semantische Unterscheidung von definiten und indefiniten Artikeln, die sie spontansprachlich adäquat benutzen. Sonja ist die einzige, die zum Zeitpunkt der Eingangsdiagnose keine nennenswerten Schwierigkeiten mit der Genus- und Numeruszuweisung hat.

In bezug auf den Gebrauch von Adverbialen unterscheiden sich die Kinder nur unwesentlich voneinander. Außer bei Max kommen kaum Präpositionalphrasen vor, die Werte für Auslassungen von Präpositionen liegen bei allen Kindern zwischen 50% und 100%.

Der Gebrauch von Kasus entspricht den Befunden zur lexikalischen Repräsentation und Struktur von Nominalphrasen sowie den noch unsystematischen Genus-/Numeruszuweisungen: Die selten vorkommenden Kasusmarkierungen werden zum weitaus größten Teil übergeneralisiert. Eine genauere Analyse der verwendeten Markierungen zeigt, daß das Formenrepertoire insgesamt sehr eingeschränkt ist.

Tabelle 16 gibt einen vergleichenden Überblick über Verwendung und Auslassungen verbaler Elemente.

Alle Kinder benutzen vorwiegend einfache Verben und Präfixverben; Modalverben und Kopulae kommen nur selten vor. Auxi-

Tabelle 16: Konjugierbare verbale Elemente und Auslassungen verbaler Elemente

	V	PrV	MOD	KOP	AUX	Auslass. V	Auslass. KOP	Auslass. AUX
DENIS1	34	15	6	4	-	10 (14%)	8 (67%)	6 (100%)
MAX1	40	18	4	3	2	13 (17%)	8 (73%)	6 (75%)
SEB1	27	15	4	1	-	31 (43%)	3 (75%)	1 (100%)
SON1	40	8	4	1	-	10 (16%)	9 (90%)	1 (100%)

liare und Kopulae werden vorzugsweise ausgelassen, und zwar unabhängig vom Anteil der Verbauslassungen insgesamt (vgl. die Werte von Sebastian mit denen von Denis, Max und Sonja).

Hinsichtlich des Gebrauchs von Verbflexiven unterscheiden sich die Daten der Kinder in einem wesentlichen Punkt: Bis auf Denis verfügen alle Kinder zum Zeitpunkt der Eingangsdiagnose zusätzlich zur Stammform (0) und der Endung *n* über die Flexive *t* und *e* (Tabelle 17).

Eindeutige Default-Formen sind bei Max die Stammform sowie die Flexive *n* und *e*. Die Endung *t* stimmt hier – ebenso wie bei Sonja – nur in einem Fall nicht mit Person und Numerus des Subjekts überein. Ein ähnlicher Befund liegt für die Verwendung der Endung *t* bei Denis vor (vgl. Kap. 8). Sebastian verwendet alle Flexive als Default-Formen; nur die Stammform kongruiert in allen Fällen mit dem Subjekt.[78] Bei Sonja sind nur die Stammform und das Flexiv *n* als eindeutige Default-Formen zu erkennen; die anderen Endungen weisen eine deutliche Tendenz zur Verwendung als Kongruenzmarkierungen auf. Das gilt auch für alle nicht-regulär flektierten Verben, deren wortspezifische Formen von den Kindern fast ausschließlich Subjekt-kongruent verwendet werden. Keines der Kinder verfügt hingegen über die Verbendung für die 2. Person Sg. der regulären Flexion (*st*).

Tabelle 17: Verbflexion

	0	n	t	e	st
DENIS1	6	*33*	3	-	-
MAX1	25	*11*	12	2	-
SEB1	6	*21*	7	3	-
SONJA1	*17*	*11*	9	5	-

In Übereinstimmung mit den Befunden zur Verwendung von Verbflexiven stehen die in Tabelle 18 dokumentierten Verbstellungstendenzen.

In den meisten Äußerungen von Denis und Sebastian stehen die Verben in Endstellung (88% bzw. 94%); beide Kinder verwenden fast ausschließlich Default-Formen von Verben. Bei Max und Sonja zeichnet sich eine Tendenz zu Verbzweitstellung ab, die offensichtlich darauf zurückzuführen ist, daß Verben mit Kongruenzmarkierungen als stark-flektierte Elemente vom Lexikon ausgegeben werden und bei der Einsetzung in die entsprechende Syntaxposition gelangen. Das gilt bei Max für Verben mit der Endung *t* und für wortspezifische Formen, bei Sonja für Verben mit den Flexiven *t* und *e* sowie ebenfalls für irregulär gebildete Verben. Das Flexionsparadigma ist aber auch bei diesen Kindern noch nicht vollständig, so daß die lexikalische Kategorisierung der meisten Verben noch nicht den zielsprachlichen Erfordernissen entspricht und ihre Einsetzung nur bei ca. 25% gemäß den Regularitäten der Zielsprache erfolgt.

Tabelle 18: Verbstellung

	Verbendstellung	Verbzweitstellung	Verbanfangsstellung
DENIS1	42 (88%)	5 (10%)	1 (2%)
MAX1	32 (71%)	11 (24%)	2 (5%)
SEB1	33 (94%)	2 (6%)	-
SONJA1	22 (69%)	8 (25%)	2 (6%)

Sprachliche Lernziele für die Sprachtherapie

Die Befunde der Eingangsdiagnosen für Max, Sebastian und Sonja entsprechen im wesentlichen den Ergebnissen der Spontansprachanalyse DENIS1. Der Gebrauch grammatischer Funktionswörter stellt für alle Kinder dieser Studie ein Problem dar; sie werden vorzugsweise ausgelassen oder ohne Berücksichtigung ihrer formalen Aspekte und ihrer funktionalen Bedeutung verwendet. Die Lernzielbestimmung für die Sprachtherapie im engeren Sinn bezieht sich demnach auch bei Max, Sebastian und Sonja zunächst auf die Initiierung des lexikalischen Lernens, das in der ersten Phase der Therapie neben dem Gebrauch erweiterter NP-Strukturen den Erwerb grammatischer Funktionswörter in Nominal- und Präpositionalphrasen sowie den Aufbau eines nach grammatischen Dimensionen aufgespaltenen Systems von Artikelformen und Flexiven für Determinationselemente und attributive Adjektive zum Inhalt hat. Auch hier galt es also, mittels der bei Denis angewandten und in Kapitel 8 beschriebenen sprachtherapeutischen Methode der Input-Spezifizierung formale Merkmale von Äußerungsbestandteilen hervorzuheben, um ihre funktionale Bedeutung innerhalb der Grammatik erfahrbar zu machen und somit den Erwerb rein grammatischer Entitäten und ihre Etablierung im System der kindlichen Grammatik auszulösen bzw. zu unterstützen. Die sprachtherapeutischen Bemühungen zielten also zunächst auf den Aufbau formaler Paradigmen für Artikel- und Adjektivformen bzw. -flexive ab, deren relevante grammatische Bezugsgrößen Genus und Numerus sind.

In einem weiteren Schritt wurden vermehrt Sprachhandlungssituationen in die Therapie einbezogen, die den Erwerb und Gebrauch von Präpositionen fördern sollten und – zusammen mit Verwendungsbedingungen für direkte und indirekte Objekte – kasusfordernde Kontexte bereitstellten. Neben der Genus- und Numeruszuweisung als Voraussetzung für die zielsprachgerechte Kodierung von Kasus treten bei allen Kindern Schwierigkeiten in diesem Bereich der grammatischen Kongruenz auf. Nachdem das Prinzip der Genus- und Numeruszuweisung von den Kindern erkannt war und in der Spontansprache konsequent beachtet wurde, konnte – ebenso wie bei Denis – mit der Vermittlung von Kasus schon kurz vor dem zweiten Untersuchungszeitpunkt begonnen werden.

Bei den Therapieeinheiten zur Struktur von Verbalphrasen mußte berücksichtigt werden, daß Max, Sebastian und Sonja im Unterschied zu Denis zum Zeitpunkt der Eingangsdiagnosen bereits über eine Reihe von Verbflexiven verfügten. Der Schwerpunkt der Therapie mußte also weniger auf den Erwerb der Formen als vielmehr auf die Vermittlung der funktionalen Bedeutung der Flexive, die von den Kindern zum größten Teil als Default-Formen verwendet wurden, gesetzt werden. Das bedeutete, daß die in der sprachtherapeutischen Situation dargebotenen Modelläußerungen hinsichtlich des kongruenzbestimmten Gebrauchs der Verbflexive besonders prägnant und kontrastreich sein mußten. Daß man mit einiger Sicherheit davon ausgehen konnte, mit dem Erwerb des grammatischen Prinzips der Subjekt-Verb-Kongruenz die lexikalische Kategorisierung der Verben nach den formalen Kriterien stark-flektiert und schwach-flektiert zu vermitteln und damit die im Zusammenhang mit der Positionierung von Verben in der Syntax auftretenden Probleme gleichsam automatisch zu beseitigen, zeigen die Befunde zur unterschiedlichen Stellung von Verben mit und ohne Kongruenzflexiven in den Äußerungen der Kinder.

Wie bei Denis bestand ein weiteres Therapieziel im Bereich der VP in der Erweiterung des Repertoires an Funktionsverben, die in den Äußerungen von Max, Sebastian und Sonja zum Zeitpunkt der ersten Untersuchungen größtenteils fehlten. Da bei ihrer Vermittlung im Rahmen der hier praktizierten sprachtherapeutischen Methode besonders die formal-grammatischen Aspekte, die mit dem Gebrauch dieser lexikalischen Elemente verbunden sind, hervorgehoben werden, können die damit initiierten Lernprozesse auch zur Verdeutlichung des Prinzips der Subjekt-Verb-Kongruenz beitragen und zu Lernfortschritten im zentralen grammatischen Bereich der Wortstellungsregularitäten führen.

Entwicklungsverläufe und Ergebnisse

Im Verlauf der Sprachtherapie mit Max, Sebastian und Sonja konnten Lernfortschritte im Bereich der Grammatik erzielt werden, die zu einer sukzessiven Beseitigung der über viele Jahre hinweg stabilen und in bezug auf andere Therapieversuche resistenten Symptomatik geführt haben. Nach einer Behandlungsdauer von ca. einem Jahr konnten – ebenso wie bei Denis – keine Anzeichen dysgrammatischer Sprachproduktion mehr festgestellt werden.[79]

Anhand der graphischen Darstellungen lassen sich die Verläufe und Ergebnisse der durch die Sprachtherapie initiierten Lernprozesse nachvollziehen und vergleichen. Gemäß der aus den Eingangsdiagnosen abgeleiteten Lernzielbestimmungen lag der Schwerpunkt zu Anfang der Therapie bei allen Kindern in der Vermittlung grammatischer Prinzipien, die die Rektion und Kongruenz innerhalb nominaler und präpositionaler Satzglieder sowie die damit in Zusammenhang stehende Verwendung grammatischer Funktionswörter betreffen.

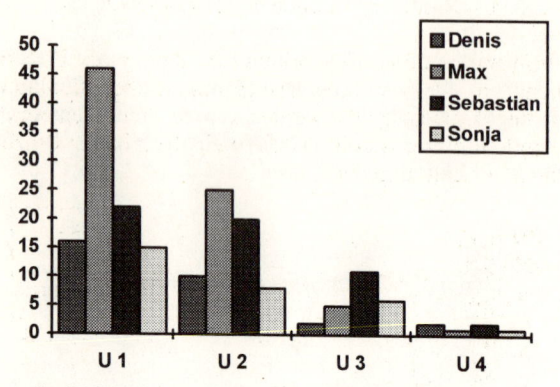

Grafik 5: Prozentuale Anteile von Artikelauslassungen

Grafik 5 zeigt die Lernfortschritte dieser sprachtherapeutischen Bemühungen in bezug auf den Umgang mit Artikeln, die zum Zeitpunkt der Eingangsdiagnosen entweder in großer Zahl ausgelassen (MAX1) bzw. undifferenziert, das heißt ohne Beachtung von Genus und Numerus des Bezugsnomens verwendet wurden. Für alle Kinder gilt, daß Auslassungen von Artikeln zum letzten Untersuchungszeitpunkt (U4) nur noch sehr selten vorkommen. Bei Max erstreckt sich dieser Prozeß kontinuierlich über den gesamten Zeitraum der Therapie hinweg. Der relativ hohe Anteil der Artikelauslassungen reduziert sich nach der ersten Therapiephase um etwa die Hälfte, liegt bei der dritten Spontansprachuntersuchung bei nur noch 5% und reduziert sich in U4 schließlich auf 1%. Große Veränderungen finden auch bei Sonja innerhalb der ersten Phase der Sprachtherapie statt; auch hier reduziert sich der Anteil der Artikelauslassungen ungefähr um die Hälfte und liegt damit zum Zeitpunkt der zweiten Untersuchung – ebenso wie bei Denis – schon unter 10%. Bei Denis, Max und Sonja zeigen die speziellen sprachtherapeutischen Bemühungen somit unmittelbare Lerneffekte, die sich im Erwerbsverlauf direkt abbilden. Im Gegensatz dazu treten die entsprechenden Lernfortschritte bei Sebastian zeitlich versetzt auf. Trotz intensiver sprachtherapeutischer Arbeit in diesem Bereich verändert sich der Anteil der Artikelauslassungen hier erst deutlich später; er reduziert sich zunächst nicht (vgl. U1 und U2), liegt zum Zeitpunkt der dritten Untersuchung noch über 10% und reduziert sich erst gegen Ende der Therapie auf 2%.

Die enorm progrediente Entwicklung bezüglich des Erwerbs und Gebrauchs von Präpositionen als grammatischen Funktionswörtern, die bei Denis ausgelöst werden konnte, stellt sich bei den anderen Kindern dieser Studie als ein gleichförmigerer Prozeß über einen längeren Zeitraum dar.

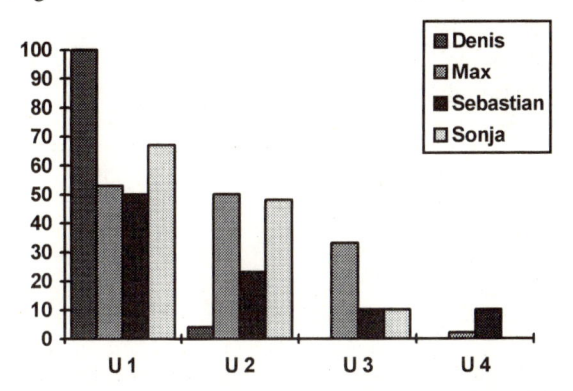

Grafik 6: Prozentuale Anteile der Auslassungen von Präpositionen

Präpositionen sind bei diesen Kindern schon zum Zeitpunkt der Eingangsdiagnosen vorhanden; der Anteil ihrer Auslassungen liegt zwischen 50% (Max) und 67% (Sonja). Die sprachtherapeutische Arbeit in diesem Bereich wurde bei allen Kindern in der dritten Woche nach Therapiebeginn intensiviert. Bei Sebastian und Sonja zeigen sich unmittelbare Erfolge schon bei der zweiten Spontansprachuntersuchung; bei Sebastian reduziert sich der Anteil der Auslassungen von Präpositionen um mehr als die Hälfte auf 23%, bei Sonja, deren Auslassungen mit 67% zum Zeitpunkt der Eingangsdiagnose den zweithöchsten Wert aufweisen, beträgt dieser Wert bei der zweiten Untersuchung nur noch 48%. Beide Kinder lassen Präpositionen in der Folge dann nur noch selten, das heißt mit einem Anteil von 10%, aus. Auch bei Max sind eindeutige Lernfortschritte bezüglich des Gebrauchs von Präpositionen festzustellen. Sie treten jedoch zeitversetzt zu den entsprechenden Lernerfolgen der anderen Kinder auf und stellen sich erst bei der dritten Spontansprachuntersuchung ein. Nachdem Veränderungen im spontansprachlichen Gebrauch von Präpositionen zunächst nicht erzielt werden konnten, richtete sich ein Teil der sprachtherapeutischen Arbeit bei Max weiterhin auf diesen Bereich. Die Erfolge dieser Arbeit deuten sich in den Werten für Auslassungen von Präpositionen zum dritten Untersuchungszeitpunkt schon an; am Ende dieser Studie beträgt der Anteil der Auslassungen auch bei Max nur noch 2%.

Der in bezug auf den Kasuserwerb in der Einzelfallstudie DENIS konstatierte Befund eines sich gleichförmig über den gesamten Beobachtungszeitraum hinweg erstreckenden Lernprozesses wird durch die Ergebnisse der anderen Studien bestätigt.

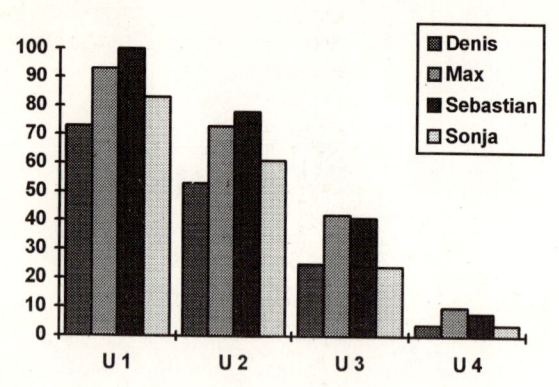

Grafik 7: Prozentuale Anteile von Kasusfehlern

Bei allen Kindern nimmt der Anteil der Kasusfehler im Verlauf der Therapie stetig ab, wobei die progressivste Entwicklung bei Denis festgestellt werden kann. Mit dem Rückgang der Artikelauslassungen und dem forcierten Erwerb und Gebrauch von Präpositionen nimmt auch der Anteil der Kasusfehler bei Denis in besonders starkem Maß ab, wobei die Tendenzen bei den anderen Kindern sehr ähnlich sind. In jedem Fall zeigt sich deutlich, daß es sich bei der Erweiterung des Inventars an lexikalischen Elementen und Formen keineswegs nur um eine Bereicherung des Wortschatzes, die semantischen oder pragmatischen Erfordernissen entspricht, handelt, sondern daß die spezifischen sprachtherapeutischen Maßnahmen ihrem Anspruch, formale linguistische Prinzipien zu vermitteln und somit einen direkten Einfluß auf das der Sprachproduktion zugrundeliegende grammatische System auzuüben, gerecht werden konnten.

Das wird auch bei der Betrachtung der Erwerbsverläufe im Bereich der Verbalphrase deutlich. Grafik 8 gibt einen Überblick über die Auslassungen grammatischer Funktionsverben, deren Anteil bei allen Kindern zu Beginn der Untersuchung sehr hoch ist.

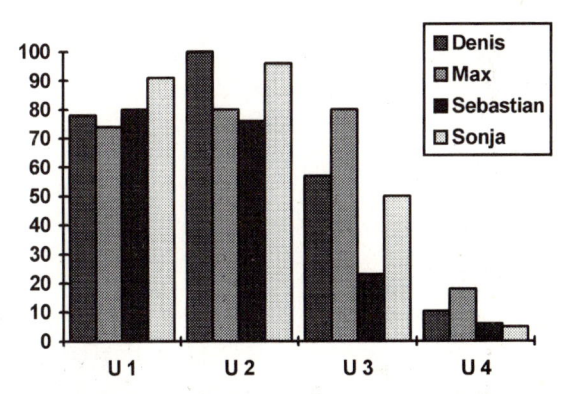

Grafik 8: Prozentuale Anteile der Auslassungen von Hilfsverben (Auxiliaren und Kopulae)

An diesem Befund ändert sich auch bei der zweiten Spontansprachuntersuchung nichts; bei Denis und Sonja liegt der Anteil der Auslassungen von Hilfsverben zu diesem Zeitpunkt sogar noch über dem der Eingangsdiagnose. Veränderungen stellen sich erst ein, nachdem der Schwerpunkt der sprachtherapeutischen Arbeit auf diesen Bereich gesetzt werden konnte und Lernprozesse bezüglich des Subjekt-kongruenten Gebrauchs von Verbflexiven gezielt forciert wurden. Bezüglich des Rückganges der Hilfsverbauslassungen ist die Entwicklung bei Sebastian am deutlichsten; hier werden die Auswirkungen der spezifischen sprachtherapeutischen Arbeit unmittelbar nach ihrer Realisierung sichtbar: bereits zum Zeitpunkt der dritten Spontansprachuntersuchung werden die Hilfsverben in mehr als ¾ der für sie in Frage kommenden linguistischen Kontexte verwendet. Bei Denis und Sonja sind die Entwicklungstendenzen ähnlich; in der dritten Spontansprachprobe reduzieren sich die Anteile von Hilfsverbauslassungen beträchtlich, erreichen jedoch – ausgehend von höheren Werten in den vorangehenden Untersuchungen – nur Werte von 57% bzw. 50%. Den geringsten unmittelbaren Einfluß zeigen die sprachtherapeutischen Bemühungen hinsichtlich der Auslassungen von Funktionsverben bei Max. Veränderungen stellen sich hier erst am Ende des Beobachtungszeitraumes ein, und auch bei der letzten Untersuchung beträgt der Anteil der Auslassungen immerhin noch 18%.

Die Grafiken 9 und 10 zeigen, daß allen Kindern das Prinzip der Subjekt-Verb-Kongruenz mit Hilfe der realisierten sprachtherapeutischen Methode vermittelt werden konnte. Zu beachten ist hier, daß den Kindern damit auch das syntaktische Prinzip der Verbzweitstellung verfügbar wurde, ohne daß spezielle sprachtherapeutische Bemühungen diesbezüglich nötig waren (Clahsen/Hansen 1996).

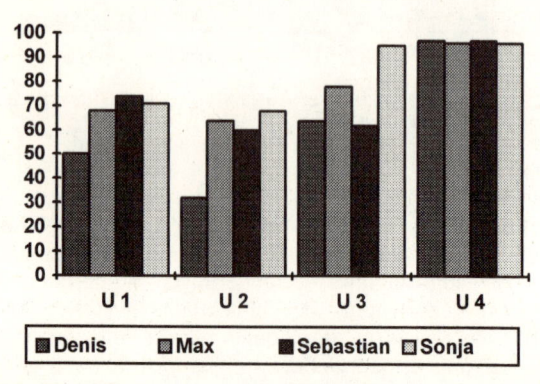

Grafik 9: Prozentuale Anteile von Äußerungen mit Subjekt-Verb-Kongruenz

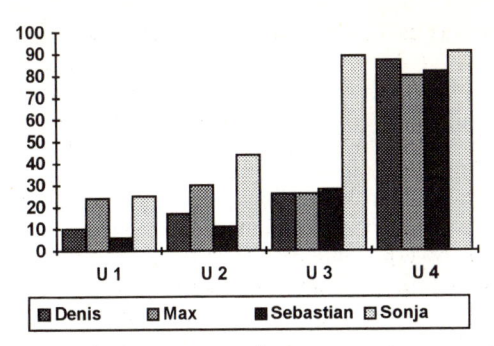

Grafik 10: Prozentuale Anteile von Äußerungen mit Verbzweitstellung

Damit wurden auch die Erwerbsprozesse, die die zielsprachgerechte Kategorisierung verbaler Elemente und ihre Einsetzung in die dafür vorgesehenen Positionen syntaktischer Strukturen betreffen, erfolgreich abgeschlossen: Zum Ende der Studie stehen finite Verben in den Äußerungen der Kinder in Zweitstellung, wenn es sich um Aussagesätze handelt. Verbale Elemente, die in der letzten Untersuchung die finale Verbposition besetzen, sind ausnahmslos nicht-finit und kommen in Äußerungen vor, in denen das finite Verb ausgelassen ist.

Zusammenfassung

Zusammenfassend kann festgehalten werden, daß sich die in der Sprachtherapie mit Denis erzielten Erfolge bei Anwendung derselben sprachtherapeutischen Methode auch in der Sprachtherapie mit anderen dysgrammatisch sprechenden Kindern einstellten. Sowohl die spontansprachdiagnostische Methode zur Evaluation des kindlichen Sprachgebrauchs als auch das auf die individuellen Lernvoraussetzungen und Erfordernisse abgestimmte methodische Vorgehen bei der Realisierung einer entwicklungsproximalen Sprachtherapie haben sich damit als erfolgversprechende Wege einer sprachwissenschaftlich und psycholinguistisch begründeten und reflektierten Handlungspraxis erwiesen. Insofern läßt sich die Vorhersage begründen, daß die demonstrierten Lernfortschritte bei fachkompetenter Durchführung einer dem vorliegenden Ansatz entsprechenden sprachtherapeutischen Behandlung auch bei anderen dysgrammatisch sprechenden Kindern erzielt werden können. Ob eine solche Generalisierung allerdings tatsächlich zutrifft, muß durch weitere empirische Studien zur Sprachtherapieforschung belegt werden.

Eine Verallgemeinerung bezüglich sprachtherapeutischer Prognosen darf jedoch in keinem Fall dazu führen, daß auch die sprachtherapeutischen Maßnahmen einem Verallgemeinerungsprozeß anheim fallen, der sie als Mittel zur gezielten Initiierung und Unterstützung grammatischer Erwerbsprozesse wirkungslos machte. Insbesondere die exemplarische Darstellung der methodischen Einzelschritte bei der Durchführung von Sprachdiagnose und Sprachtherapie sowie ihre explizite sprachlerntheoretische Begründung und Überprüfung sollte deutlich gemacht haben, daß es sich bei der Realisierung dieser Form von Sprachtherapie um aufwendige Einzelfall- und Detailarbeit handelt, deren erstes und wichtigstes Kriterium das der Individualisierung ist.

Anhang

Profilbogen DENIS1
Profilbogen DENIS2
Profilbogen DENIS3
Profilbogen DENIS4
Profilbogen MAX1
Profilbogen SEBASTIAN1
Profilbogen SONJA1

TRANSKRIPT DENIS1

Name: DENIS1   Alter: 06;04;18 Datum: Situation:

A. Nicht-analysierte Äußerungen

unverständlich : 1	abgebrochen :
mehrdeutig : 2	imitativ : 1
einfache Antworten : 3	stereotype Ausdrücke: 4
formalisierte Ausdrücke: 2	Andere :

B. Analysierte Äußerungen

	EKÄ	ZKÄ	MKÄ	
Ellipsen :	4		1	Wiederholungen:
Andere :	25	27	42	

C. Entwicklungsprofil

I   N   : 19   Pr   : 2   Frage: Q: Negation:'nein':

II ProP : 16   ProA : 24   SV: 7   VS: 1   SO: 5   OS: SA: 1   AS: 7
    DN   : 36   AdjN : 1   VO: OV: 5   VA: 1   AV: 5   OA: AO:
    DAdjN: 6   NPNP :   AA: Andere:
    Adv : 69   PNP :
    V   : 34   Adj : 6   Frage: QXY: 1   Negation: Neg V:
    PrV : 15   Andere: 7   V Neg: 1

    O: 6   n: 33   t: 3
                            ----------- Auslassungen Kop: 8   Aux: 6   V:10
III   P : 5   Art:10   S:22

    Aux   :   SXV   : 7   XS(Y)V   : 4   XYV   : 4   SXY   :
    Mod   : 6   SXAdj : 1   XS(Y)Adj :   XYAdj :   X(Y)S(Z)*:
    Kop   : 4   SXPr(V): 1   XS(Y)Pr(V): 1   XYPr(V): 2   XYZ   :
                       SXPt   : 3   XS(Y)Pt   :   XYPt   : 1   Andere :
                       SVX   :   XSVY   :   (X)VY(Z)*: 1
    Gen.suff.:
                       Frage: QXYZ: Negation:(X)Neg(Y)V(Z)*:
    e   :   Andere:
                            ----------- Komplementstruktur
IV   (V)XA:15   (V)XAA: 5   Andere: 2

    Nominativform   (X) Aux Y Pt :   (X) V Y Pr: X V S (Y):
    Akk.kon.: 1   (X) Mod Y Inf :   (X) V A O :
    Dat.kon.:   (X) Kop Y Adj :

    st: Frage: (w) V S (X):   Negation:(X) V Neg (Y)*:
    Andere: 5   Q   V S (X):

V   Akkusativform   (sK)SXV :   (sK)SV: (sK)X :
    Akk.kon.: 3   (sK)XV :   (sK)SX: Andere:
    Dat.kon.: 1
                      Frage:(ob) X: Negation:(sK) X Neg V :
    Dativform: (w) X: (X) V Y Neg (Z):
    Andere   : 6
                      Komplementstruktur
    sK: kK: 8   2Obj: 1   2Obj+A: Andere:

    MLU: 3.13   EWÄ: 5   ZWÄ: 35   MWÄ: 59

COPROF 1.0 - 1

Anhang 199

Name: DENIS2   Alter: 06;08;29 Datum: Situation:

A. Nicht-analysierte Äußerungen
```
    unverständlich        :             abgebrochen          :   1
    mehrdeutig            :             imitativ             :   3
    einfache Antworten    :   4         stereotype Ausdrücke :   4
    formalisierte Ausdrücke:  2         Andere               :   1
```

B. Analysierte Äußerungen
```
                    EKÄ        ZKÄ        MKÄ
    Ellipsen:        8                     1      Wiederholungen:
    Andere  :        6         33         45
```

C. Entwicklungsprofil

I   N : 13 Pr : 5   Frage: Q: Negation:'nein': 1

II ProP: 31 ProA : 28 SV: 8   VS: 3   SO: 5   OS: SA: 1   AS: 1
    DN : 32 AdjN : 4 VO: 2   OV: 3   VA: AV: 9   OA: 1   AO:
    DAdjN: 12 NPNP :   AA: 1   Andere:
    Adv : 45 PNP : 23
    V   : 40 Adj : 6 Frage: QXY: 6   Negation: Neg V:
    PrV : 16 Andere: 5   V Neg:

    O: 21 n: 24 t: 2   --
                         Auslassungen   Kop:10   Aux: 6   V:12
III   P : 1   Art: 6   S:30

    Aux   :   SXV   :10   XS(Y)V   : 3   XYV   : 3   SXY   :
    Mod   : 4   SXAdj : 1   XS(Y)Adj :   XYAdj :   X(Y)S(Z)*:
    Kop   :   SXPr(V): 5   XS(Y)Pr(V):   XYPr(V): 2   XYZ   :
                         SXPt   : 1   XS(Y)Pt :   XYPt   : 3   Andere :
                         SVX   : 2   XSVY   : 1   (X)VY(Z)*: 4
    Gen.suff.:
                         Frage: QXYZ: 7   Negation:(X)Neg(Y)V(Z)*: 4
    e   : 1   Andere:

                         Komplementstruktur
IV   (V)XA:26   (V)XAA: 2   Andere:

    Nominativform   (X) Aux Y Pt :   (X) V Y Pr: X V S (Y):
    Akk.kon.: 4   (X) Mod Y Inf: (X) V A O :
    Dat.kon.: 6   (X) Kop Y Adj:

    st: Frage: (w) V S (X):   Negation:(X) V Neg (Y)*: 1
    Andere: 2   Q V S (X):

V   Akkusativform   (sK)SXV: (sK)SV: (sK)X :
    Akk.kon.:10   (sK)XV :   (sK)SX: Andere:
    Dat.kon.: 4
                         Frage:(ob) X: Negation:(sK) X Neg V :
    Dativform: 4   (w) X: (X) V Y Neg (Z):
    Andere : 2
                         Komplementstruktur
    sK: kK: 2   2Obj: 3   2Obj+A: Andere:

    MLU: 3.58   EWÄ: 2   ZWÄ: 14   MWÄ: 77

COPROF 1.0 - 1

Name: DENIS3   Alter: 07;01;30   Datum: Situation:

A. Nicht-analysierte Äußerungen
```
   unverständlich         :            abgebrochen            :
   mehrdeutig             :            imitativ               :
   einfache Antworten     :  1         stereotype Ausdrücke:    7
   formalisierte Ausdrücke:  4         Andere              :    1
```

B. Analysierte Äußerungen

	EKÄ	ZKÄ	MKÄ	
Ellipsen:	4	9		Wiederholungen:
Andere :	8	20	55	

C. Entwicklungsprofil

I N   : 6   Pr   : 3   Frage: Q: 1   Negation:'nein':

II ProP : 25   ProA : 33   SV: 7   VS: 1   SO: 1   OS: SA: AS:
   DN   : 24   AdjN : 2   VO: 2   OV: 3   VA: 1   AV:10 OA: AO:
   DAdjN: 9   NPNP :   AA: 2   Andere:
   Adv : 64   PNP : 15
   V   : 50   Adj : 12   Frage: QXYZ: 2   Negation: Neg V:
   PrV : 14   Andere: 15   V Neg: 2

   O: 22   n: 13   t: 12
                              Auslassungen   Kop: 5   Aux: 7   V: 4
III   ────────────   P :   Art: 1   S:29

   Aux   : 2   SXV   : 9   XS(Y)V   : 8   XYV   : 2   SXY   :
   Mod   : 4   SXAdj :   XS(Y)Adj :   XYAdj :   X(Y)S(Z)*:
   Kop   : 7   SXPr(V): 4   XS(Y)Pr(V): 1   XYPr(V): 1   XYZ   :
                  SXPt   : 1   XS(Y)Pt   : 2   XYPt   : 2   Andere   :
                  SVX   : 4   XSVY   : 3   (X)VY(Z)*: 6
   Gen.suff.:
                  Frage: QXYZ: 4   Negation:(X)Neg(Y)V(Z)*: 2
   e   :10   Andere:

                              Komplementstruktur
IV   (V)XA:26   (V)XAA: 3   Andere:

   Nominativform   (X) Aux Y Pt :   (X) V Y Pr: X V S (Y): 1
   Akk.kon.:   (X) Mod Y Inf: (X) V A O :
   Dat.kon.: 2   (X) Kop Y Adj:

   st: Frage: (w) V S (X):   Negation:(X) V Neg (Y)*: 1
   Andere: 7   Q V S (X):

V Akkusativform   (sK)SXV: (sK)SV: (sK)X   :
   Akk.kon.:16   (sK)XV : 1   (sK)SX: Andere:
   Dat.kon.: 4
                      Frage:(ob) X: Negation:(sK) X Neg V :
   Dativform: 2   (w)   X: (X) V Y Neg (Z):
   Andere   :
                      Komplementstruktur
   sK: 1   kK: 8   2Obj: 2   2Obj+A: Andere:

   MLU: 3.59   EWÄ: 5   ZWÄ: 13   MWÄ: 78

COPROF 1.0 - 1

Anhang 201

Name: DENIS4   Alter: 07;06;04 Datum: Situation:

A. Nicht-analysierte Äußerungen
```
    unverständlich           :            abgebrochen         :
    mehrdeutig               :            imitativ
    einfache Antworten       : 6          stereotype Ausdrücke:  4
    formalisierte Ausdrücke:   7          Andere              :
```

B. Analysierte Äußerungen
```
                    EKÄ          ZKÄ          MKÄ
    Ellipsen:        8            4            2       Wiederholungen:
    Andere   :       3           16           58
```

C. Entwicklungsprofil

```
I    N   : 12   Pr    :  2   Frage: Q: 2              Negation:'nein':  2

II   ProP: 45   ProA  : 26   SV:12   VS: 2   SO:      OS:      SA: 1  AS:
     DN  : 25   AdjN  :  3   VO: 3   OV: 1   VA:      AV: 2    OA:    AO: 1
     DAdjN:  8  NPNP  :      AA: 1   Andere:
     Adv : 45   PNP   : 12
     V   : 43   Adj   :  9   Frage: QXY: 1            Negation: Neg V:
     PrV : 18   Andere: 10                                      V Neg:

     O: 17   n:  7   t: 11   -----------------------------------------------
                             Auslassungen    Kop:      Aux: 2    V: 6
III                                          P  :      Art: 1    S:16
                             -----------------------------------------------
     Aux     :  7   SXV   :         XS(Y)V   :         XYV      :   SXY     :
     Mod     : 14   SXAdj :         XS(Y)Adj :         XYAdj    :   X(Y)S(Z)*:
     Kop     : 10   SXPr(V): 1      XS(Y)Pr(V):        XYPr(V)  :   XYZ     :
                    SXPt  :  1      XS(Y)Pt  :         XYPt     :   Andere  :
                    SVX   :  8      XSVY     :         (X)VY(Z)*:  2
     Gen.suff.:
                             Frage: QXYZ: 1           Negation:(X)Neg(Y)V(Z)*:
     e       : 12                                                  Andere:
                             -----------------------------------------------
                             Komplementstruktur
IV                           (V)XA:21          (V)XAA: 3      Andere:
                             -----------------------------------------------
     Nominativform           (X) Aux Y Pt : 7   (X) V Y Pr: 9   X V S (Y): 9
     Akk.kon.:               (X) Mod Y Inf:12   (X) V A O :
     Dat.kon.: 1             (X) Kop Y Adj: 1
     st:11                   Frage: (w) V S (X): 1  Negation:(X) V Neg (Y)*: 5
     Andere:12                      Q V S (X)  : 6

V    Akkusativform           (sK)SXV:           (sK)SV:         (sK)X :
     Akk.kon.:20             (sK)XV :  1        (sK)SX:         Andere:
     Dat.kon.:
                             Frage:(ob) X:              Negation:(sK) X Neg V :
     Dativform: 6                  (w) X:                        (X) V Y Neg (Z): 1
     Andere   :
                             Komplementstruktur
     sK:      kK: 7          2Obj: 2    2Obj+A:       Andere:

     MLU: 3.88               EWÄ:  5      ZWÄ: 10     MWÄ:  77
```

COPROF 1.0 - 1

Name: MAX1   Alter: 06;01;18   Datum: Situation:

A. Nicht-analysierte Äußerungen
unverständlich	:	2	abgebrochen	: 1
mehrdeutig	:		imitativ	:
einfache Antworten	:	2	stereotype Ausdrücke:	9
formalisierte Ausdrücke:			Andere	:

B. Analysierte Äußerungen

	EKÄ	ZKÄ	MKÄ	
Ellipsen:	1			Wiederholungen:
Andere :	26	40	37	

C. Entwicklungsprofil

I N : 24   Pr : 6   Frage: Q: 5   Negation:'nein': 2

II ProP : 12   ProA : 49   SV:12   VS: 2   SO: 4   OS: SA: 3   AS: 2
    DN   : 16   AdjN :   VO: 1   OV: 8   VA: 3   AV: 8   OA: AO: 1
    DAdjN: NPNP :   AA: Andere:
    Adv : 42   PNP : 7
    V   : 40   Adj : 7   Frage: QXY: 5   Negation: Neg V: 3
    PrV : 18   Andere: 2   V Neg:

    O: 25   n: 11   t: 12
    ─────────────────────── Auslassungen   Kop: 8   Aux: 6   V:13 ─
III   P : 8   Art:23   S:27
    ───
    Aux   : 2   SXV   : 6   XS(Y)V   : 3   XYV   : 2   SXY   :
    Mod   : 4   SXAdj   :   XS(Y)Adj :   XYAdj   :   X(Y)S(Z)*:
    Kop   : 3   SXPr(V) : 1   XS(Y)Pr(V):   XYPr(V) :   XYZ   :
                 SXPt   : 2   XS(Y)Pt   :   XYPt   : 1   Andere :
                 SVX   : 6   XSVY   :   (X)VY(Z)*: 1
    Gen.suff.:
                 Frage: QXYZ: 3   Negation:(X)Neg(Y)V(Z)*: 2
    e   : 2   Andere: 2
    ─────────────────────── Komplementstruktur ───────────────────────
IV   (V)XA:12   (V)XAA: Andere:
    ───
    Nominativform   (X) Aux Y Pt :   (X) V Y Pr: X V S (Y):
    Akk.kon.: 2   (X) Mod Y Inf: (X) V A O :
    Dat.kon.:   (X) Kop Y Adj:

    st: Frage: (w) V S (X):   Negation:(X) V Neg (Y)*: 3
    Andere: 5   Q V S (X):

V   Akkusativform   (sK)SXV: (sK)SV: (sK)X :
    Akk.kon.: 1   (sK)XV :   (sK)SX: Andere: 1
    Dat.kon.: 3
                        Frage:(ob) X: Negation:(sK) X Neg V :
    Dativform: (w) X: (X) V Y Neg (Z):
    Andere : 9
                        Komplementstruktur
    sK: 1   kK: 9   2Obj: 1   2Obj+A: Andere:

    MLU: 2.59   EWÄ: 16   ZWÄ: 33   MWÄ: 55

COPROF 1.0 - 1

Anhang 203

Name: SEBASTIAN1   Alter: 06;08;26   Datum: Situation:

A. Nicht-analysierte Äußerungen
```
    unverständlich          : 3        abgebrochen            :
    mehrdeutig              : 1        imitativ               :
    einfache Antworten      : 1        stereotype Ausdrücke   : 4
    formalisierte Ausdrücke : 3        Andere                 : 1
```

B. Analysierte Äußerungen
```
                    EKÄ       ZKÄ       MKÄ
    Ellipsen:        6         5                   Wiederholungen: 1
    Andere  :       18        17        55
```

C. Entwicklungsprofil

```
I    N    : 17   Pr    : 12   Frage: Q: 1              Negation:'nein': 1

II   ProP : 7    ProA  : 66   SV: 8   VS:      SO: 2   OS:     SA:    AS: 6
     DN   : 24   AdjN  : 4    VO:     OV: 2    VA:     AV: 1   OA:    AO:
     DAdjN: 5    NPNP  :      AA: 4   Andere:
     Adv  : 66   PNP   : 1
     V    : 27   Adj   : 1    Frage: QXY: 8            Negation: Neg V:
     PrV  : 15   Andere: 25                                     V Neg: 1

     O:  6   n: 21   t:  7   ---------------------------------------------
                             Auslassungen    Kop: 3   Aux: 1    V: 31
III                                          P  : 1   Art: 11   S: 10
                             -----------------------------------------------
     Aux   :             SXV     : 3    XS(Y)V    : 7    XYV     : 1    SXY       :
     Mod   : 4           SXAdj   :      XS(Y)Adj  :      XYAdj   :      X(Y)S(Z)* : 1
     Kop   : 1           SXPr(V) :      XS(Y)Pr(V): 15   XYPr(V) :      XYZ       :
                         SXPt    :      XS(Y)Pt   :      XYPt    : 1    Andere    :
                         SVX     : 2    XSVY      :      (X)VY(Z)*:
     Gen.suff.:
                         Frage: QXYZ: 28           Negation:(X)Neg(Y)V(Z)*:
     e     : 3                                                    Andere: 1
     ----------------------------------------------------------------------
                         Komplementstruktur
IV                       (V)XA: 26      (V)XAA: 4      Andere: 1
                         ------------------------------------------------
     Nominativform       (X) Aux Y Pt :      (X) V Y Pr:      X V S (Y): 1
     Akk.kon.:           (X) Mod Y Inf: 1    (X) V A O :
     Dat.kon.:           (X) Kop Y Adj:
     st:                 Frage: (w) V S (X): 1    Negation:(X) V Neg (Y)*: 1
     Andere: 5                  Q  V S (X): 1

V    Akkusativform      (sK)SXV: 1     (sK)SV:          (sK)X  :
     Akk.kon.:          (sK)XV :       (sK)SX:          Andere : 1
     Dat.kon.:
                        Frage:(ob) X:            Negation:(sK) X Neg V :
     Dativform:               (w) X:                    (X) V Y Neg (Z):
     Andere : 3
                        Komplementstruktur
     sK:     kK: 10     2Obj:          2Obj+A:     Andere:

     MLU: 3.32          EWÄ: 9      ZWÄ: 21      MWÄ: 71
```

COPROF 1.0 - 1

```
Name: SONJA1           Alter: 06;11;02  Datum:              Situation:

A. Nicht-analysierte Äußerungen
     unverständlich         :              abgebrochen          :
     mehrdeutig             :   1          imitativ             :
     einfache Antworten     :   3          stereotype Ausdrücke:    2
     formalisierte Ausdrücke:   1          Andere               :

B. Analysierte Äußerungen
                     EKÄ       ZKÄ        MKÄ
     Ellipsen:        9         2                    Wiederholungen:
     Andere :        23        38         25

C. Entwicklungsprofil

I     N   : 14   Pr   :        Frage: Q:              Negation:'nein':  1

II    ProP : 27  ProA : 22    SV:13    VS: 2    SO: 6    OS: 1   SA: 5   AS: 2
      DN   : 29  AdjN :  2    VO: 2    OV: 6    VA:      AV: 2   OA:     AO:
      DAdjN:  1  NPNP :       AA: 1    Andere:
      Adv  : 32  PNP  :  1
      V    : 41  Adj  :  5    Frage: QXY: 5              Negation: Neg V:
      PrV  :  8  Andere: 17                                        V Neg:

      O: 17   n: 11   t: 9  ------------------------------------------------
                           ─ Auslassungen     Kop: 9   Aux: 1    V:10
III                                           P  : 2   Art: 7    S:16
                             ------------------------------------------------
      Aux   :               SXV    : 6   XS(Y)V    : 2   XYV   : 1   SXY    :
      Mod   : 4             SXAdj  :     XS(Y)Adj  :     XYAdj :     X(Y)S(Z)*:
      Kop   : 1             SXPr(V): 1   XS(Y)Pr(V): 1   XYPr(V): 1  XYZ    :
                            SXPt   :     XS(Y)Pt   :     XYPt  :     Andere :
                            SVX    : 3   XSVY      : 1   (X)VY(Z)*: 1
      Gen.suff.:
                            Frage: QXYZ:              Negation:(X)Neg(Y)V(Z)*:
      e     : 5                                                        Andere:
                           ─────────────────────────────────────────────────
                           ─ Komplementstruktur
IV                           (V)XA: 8      (V)XAA: 1     Andere:
                             ------------------------------------------------
      Nominativform         (X) Aux Y Pt :    (X) V Y Pr:    X V S (Y):
      Akk.kon.: 1           (X) Mod Y Inf: 1  (X) V A O
      Dat.kon.: 1           (X) Kop Y Adj:

      st:                   Frage: (w) V S (X):        Negation:(X) V Neg (Y)*: 1
      Andere: 7                    Q  V S (X):

V     Akkusativform         (sK)SXV:         (sK)SV:         (sK)X  :
      Akk.kon.:             (sK)XV : 1       (sK)SX:         Andere:
      Dat.kon.:
                            Frage:(ob) X:               Negation:(sK) X Neg V :
      Dativform: 1                (w) X:                         (X) V Y Neg (Z): 1
      Andere   : 3
                            Komplementstruktur
      sK:      kK:          2Obj:          2Obj+A:      Andere:

      MLU: 2.49             EWÄ:  11     ZWÄ:  42    MWÄ:  44

COPROF 1.0 - 1
```

Datenbank: DENIS1

< TRANSKRIPT >
---

1) eine mama gekommen
2) ich jetzt das machen
3) der so neu sind
4) das bunte streifen
5) guck mal
6) das eine große schiff
7) eine mauer
8) ne?
9) ein schiff jetzt ankommen
10) und oben da legen
11) und da kapitän jetzt geben
12) er kapitän
13) ein schlepper
14) und da der ein kapitän
15) ein schiff den da abschleppen
16) ich auch schon mal gesehen
17) schwarz kohlen
18) ein kleine kahn
19) da
20) ja
21) da ein kleines boot
22) den da abschleppen
23) so ein kahn abschleppen
24) so ein boot
25) eine zelt
26) mann
27) jetzt den schleppen ab sollen
28) wenn der weil ein geb
29) sehr große schiffe da haben
30) jeder fahren will
31) guck mal
32) die bagger
33) ein auto
34) bin naß jetzt
35) ich bin naß jetzt
36) dir sind
37) den lampe
38) sehr große kräne
39) hund erst füttern
40) und die dann rauskommen
41) ich bin naß jetzt überall hier
42) so mal ich hause war
43) ich jetzt gehen so
44) ich mal gucken
45) den herkommen
46) ein boot
47) das ein boot
48) ein polizeimann

< TRANSKRIPT >

COPROF 1.0 - 1

Datenbank: DENIS1   Seite:

---< TRANSKRIPT >---

```
49) da polizei
50) die helfen
51) das nehmen
52) du hier nochmal bekommen
53) da hinfallen
54) die andere leuten jetzt auch hierhin gehen
55) da männer
56) da licht an
57) da ein licht
58) da jetzt eine leine kommt dran
59) eine streichholz hier rein soll
60) das ein polizeischiff
61) ja
62) mal umdrehen
63) ein polizei
64) das brauchen dann
65) ein polizei
66) eine große polizeischiff
67) eine kurze
68) dort ein kahn
69) zwei kahns
70) ein schwimmbad
71) da aber ein wal
72) eine turm
73) guck mal
74) das untergehen?
75) guck mal
76) eine walfisch
77) eine walfisch schwimmt
78) schwimmen
79) einkaufladen
80) stadt gehen
81) milch kaufen muß
82) dä ähm laufen
83) stadt
84) ein geschäft
85) keine milch
86) ne?
87) überall da eine wasser dort hinten sehen kann
88) kiste diese klötze du haben
89) das rausholen
90) und wieder stellen hin
91) jetzt polizeiwagen abfahren muß
92) und nochmal
93) keine auto mehr da
94) hier nochmal selber tisch stellen will
95) ich
96) geht nicht
97) den was wegnehmen (Ein Junge nimmt einem anderen etwas weg)
```

---< TRANSKRIPT >---

COPROF 1.0 - 1

Datenbank: DENIS1

——————————————————< TRANSKRIPT >——————————————————

```
 98) aldi gehen
 99) ganz alleine
100) und ich geld mit
101) ja
102) und ein tasche
103) milch kaufen
104) ganz alleine ich gehen
105) ich wieder schneller
106) hier wieder die kleben
107) die schon der angel verloren
108) da die schwimmen
109) du das gesagt
110) du wieder sagen
111) wieder wegnommen
112) ein große fisch da gefangt
```

——————————————————< TRANSKRIPT >——————————————————

COPROF 1.0 - 1

Anmerkungen

1 Einleitung

[1] Meines Erachtens steht der Verwendung der Bezeichnung auch unter Berücksichtigung der empirischen Beobachtung, daß Störungen des Grammatikerwerbs meist nicht isoliert, sondern zeitgleich mit Auffälligkeiten oder Störungen in anderen Bereichen auftreten, nichts entgegen; denn es müßte zunächst einmal theoretisch begründet und empirisch nachgewiesen werden, daß hier ein wie auch immer gearteter Bedingungszusammenhang besteht und es sich beim abweichenden Grammatikerwerb nicht um ein von anderen Faktoren unabhängiges Phänomen handelt (vgl. dazu auch Kap. 3 und 4). Erst im Falle eines solchen Nachweises wäre die Verwendung der Bezeichnung „Dysphasie" als angemessener zu betrachten.

[2] Aus diesem Grund wird hier auf eine Auflistung der sich durch die Geschichte der Sprachbehindertenpädagogik ziehenden Definitionsversuche verzichtet. Derartige Zusammenstellungen und kritische Würdigungen liegen bereits zur Genüge vor (Dannenbauer 1983, 85ff; Clahsen et al. 1989, 288; Harden 1989, 46ff).

[3] In seiner Beschreibung grenzt Liebmann drei Erscheinungsformen des Dsygrammatismus voneinander ab. Die Tatsache, daß Liebmann Erscheinungsformen und nicht Ausprägungsgrade beschreibt, wird in späteren Arbeiten schlichtweg ignoriert. So formulieren Becker/Sovák (1975, 133): „Die Gradeinteilung des Agrammatismus nach Liebmann erwies sich in umfangreichen Untersuchungen an agrammatisch sprechenden Kindern im Vorschulalter als zu wenig differenziert." Liebmanns vermeintliche Gradeinteilung wird von Remmler (1975) in eine Skala mit vier Schweregraden des Dysgrammatismus umgemünzt. Dazu hätte es nicht der Bezugnahme auf Liebmann bedurft, dem sich Becker/Sovák zudem nicht scheuen zu unterstellen, er habe nur nicht gewußt, wovon er in seinen Vorlesungen „eigentlich" spreche: „Nach Liebmann unterscheidet man 3 Grade des Agrammatismus, obwohl er in seinen „Vorlesungen über Sprachstörungen" eigentlich von 3 Arten spricht" (Becker/Sovák 1975, 133).

[4] Zahlreiche Monographien und Sammelbände (Kegel/Günther 1981; Dannenbauer 1983; Füssenich/Gläß 1985) sowie Tagungen und interdisziplinäre Symposien (Clahsen et al. 1989; Homburg 1991) zeugen davon. Eine stärkere Auseinandersetzung mit dem Thema „Dysgrammatismus" dokumentiert sich auch in einem Anstieg von Einzelveröffentlichungen in in- und ausländischen Fachzeitschriften. So ist der Anteil der Artikel, die sich mit theoretischen oder praktischen Problemen der Diagnose und Therapie des Dysgrammatismus beschäftigen, von 0,8% in den Jahrgängen

1978/79 auf fast 5% in den Jahrgängen 1990/91 gestiegen (ermittelt nach Motsch, H. J. et al.: Kommentierte Bibliographie. Logopädie/Sprachbehindertenpädagogik. Bde. 2-8. Heilpädagogisches Institut der Universität Freiburg/Schweiz, 1980-1992). Unter dem Gesichtspunkt, daß der Dysgrammatismus – einer neueren Untersuchung zur Struktur der Schülerschaft an Sprachbehindertenschulen zufolge (Gieseke/Harbrucker 1991) – zumindest in der Grundschulzeit zu den häufigsten Sprachstörungen gehört, wird diesem Thema allerdings eine vergleichsweise geringe Beachtung durch die Fachöffentlichkeit zuteil.

5 Daß die Proklamation der „linguistischen Wende" in der Sprachbehindertenpädagogik mehr als ein Lippenbekenntnis ist, muß allerdings stark bezweifelt werden. Forschungsarbeiten zu sprachbehindertenpädagogischen Fragestellungen, in denen (psycho)linguistische Theorien explizit berücksichtigt werden, sind ebenso unterrepräsentiert wie sprachtherapeutische Konzeptionen, die auf der Grundlage neuer wissenschaftlicher Erkenntnisse zum Phänomen der menschlichen Sprache entwickelt wurden (Hansen 1996). Auch wurde eine kontinuierliche interdisziplinäre Zusammenarbeit von Sprachwissenschaftlern und Sprachbehindertenpädagogen, die bereits von Kandler (1959) nachdrücklich gefordert und seitdem immer wieder eingeklagt wird (Jussen 1964, Scholz 1969, 1974, 1980, 1987), bis auf wenige Ausnahmen bislang nicht verwirklicht. Die mißbräuchliche Verwendung linguistischer Fachbegriffe, als deren Folge exakt definierte und wohlunterschiedene Termini wie *Laut* und *Phonem* bzw. *Phonetik* und *Phonologie* in der Literatur der Sprachheilkunde über Jahre hinweg und bis heute als Synonyme erscheinen (Kalkowski 1989, 281; Günther/Günther 1990, 297) oder Begriffschimären wie *phonetisch-phonologisch* entstehen und überdauern konnten (Bahr/Nondorf 1988, 293; Grohnfeldt 1990, 71; Holz 1989, 264; Motsch 1989, 74; Zellerhoff 1989, 182), läßt die Vermutung zu, daß die gelegentliche Einbeziehung linguistischer Versatzstücke eher einer als modern empfundenen Applikation entspricht als ernsthaften interdisziplinär-wissenschaftlichen Bemühungen.

2 Sprache und Grammatik

6 Die Texte (1) und (2) stammen von Birger Sellin, einem Autisten, der seine Gedanken erst als Jugendlicher mittels der Methode der „Facilitated Communication" zur Sprache bringen konnte und durch die Veröffentlichung seiner Texte bekannt wurde (Sellin 1993).

7 Text (3) wurde von einer 16jährigen Jugendlichen geäußert, die der Öffentlichkeit nicht bekannt ist. Der zitierte Text spiegelt ihre grammatische Kompetenz gut wider; in der Tat sind Auffälligkeiten im Bereich der Grammatik nicht festzustellen und auch nie diagnostiziert worden.

8 Von einem vorwissenschaftlichen Standpunkt aus betrachtet, ist die Vorstellung von der Erde als einer Scheibe sicher wesentlich plausibler als die Tatsache, daß wir auf einer Kugel leben.
Ebensowenig stellen weltanschauliche, philosophisch-ethische oder reli-

giösen Überzeugungen ernstzunehmende Entscheidungskriterien für den Wahrheitsgehalt von Aussagen dar, wie zum Beispiel die Ablösung des geozentrischen Weltbildes, das in Einklang mit der vorherrschenden christlich-abendländischen Religion und Weltsicht stand, durch das heliozentrische Modell im 16. Jahrhundert zeigt.
Die sich im heliozentrischen Weltbild manifestierenden Erkenntnisse beruhen auf empirischen Beobachtungen und Messungen, die zwar Kopernikus These stützten, jedoch nicht tragfähig genug waren, um die Richtigkeit seines Modells zu beweisen. Die Tatsache, daß dies in Ansätzen erst ca. 200 Jahre später mit der Entdeckung der Aberration der Fixsterne durch den englischen Astronom James Bradley und endgültig unter Anwendung verfeinerter Meßmethoden zur Parallaxenbestimmung der Fixsterne durch den Königsberger Astronom Friedrich Wilhelm Bessel im Jahr 1839, also ca. 300 Jahre nach Kopernikus, gelang, verdeutlicht, wie ernst der mit theoretisch begründeten Aussagen verbundene Wahrheitsanspruch prinzipiell zu nehmen ist. Deutlich wird hier auch die Aufgabe der Empirie im Prozeß der Erkenntnisgewinnung; sie dient nicht der Beweisführung im positiven Sinn, sondern lediglich der Überprüfung und gegebenenfalls der Falsifikation theoretisch wohl begründeter Hypothesen (Popper 1969).

[9] Eine andere Art von Kritik betrifft die Abstraktheit und den hohen Grad der Formalisierung bei der linguistischen Darstellung sprachlicher Gesetzmäßigkeiten, die vor allem von Vertretern anderer Disziplinen vorgebracht wird. So bezweifelt z. B. Urban (1991), ob die Linguistik überhaupt in der Lage sei, die „lebendige sprachliche Wirklichkeit" mit Hilfe der ihr zur Verfügung stehenden abstrakten Methoden und Verfahren angemessen deskriptiv erfassen und erklären zu können. Obwohl er zugesteht, daß jeder Sprecher einer Sprache über ein ihm weitestgehend unbewußtes sprachliches Wissen verfügt, sieht er in dem linguistischen Bemühen zur Beschreibung dieses Wissens lediglich den Versuch, (kindlichen) Äußerungen „konventionalisierte, meta-sprachliche Formeln überzustülpen" (Urban 1991, 154). Als Alternative zu dem von ihm kritisierten sprachwissenschaftlichen Vorgehen schlägt er vor, „unsere erwachsene kreative Reflexivität" (a. a. O.) in den Dienst der Erkenntnis zu stellen – ein Ratschluß, der bei der Beschreibung von Kindersprache in dieser Form kaum hilfreich sein dürfte.
Sicher trägt der hohe Abstraktionsgrad linguistischer Theorien und Beschreibungen dazu bei, daß sie in anderen Disziplinen wenig Berücksichtigung finden. Die in der Linguistik verwendeten Formalisierungen sind allerdings nicht um ihrer selbst willen abstrakt, sondern tragen dem Umstand Rechnung, daß der Gegenstand der Beschreibung komplex und abstrakt ist.

[10] Indem sie die konsequente Fokussierung auf die Grammatik der Sprache zur Forschungsstrategie erhebt und sich nicht mit Sprache in ihrer Gesamtheit, sondern mit der mentalen Repräsentation des formal-sprachlichen Wissens beschäftigt, ist die Generative Theorie eher Grammatiktheorie als Sprachtheorie.

[11] Zum Erklärungsbegriff in der Linguistik siehe Janßen (1982).

[12] Daß auch neuere funktionalistische Erklärungsversuche für den Erwerb syntaktischer Eigenschaften von Sprache (Bates/McWhinney 1982) zu kurz greifen, wird exemplarisch in Clahsen (1988) dargelegt; insbesondere erscheint der Verzicht auf den Gebrauch grammatischer Kategorien bei der Beschreibung von Kindersprache als höchst problematisch, da Kinder offensichtlich auch schon in frühesten Phasen des Spracherwerbs Regeln benutzen, die nicht auf semantische oder pragmatische, sondern eben auf grammatische Kategorien Bezug nehmen. Dieser Befund wird anhand empirischer Daten zur Subjektmarkierung im monolingualen und zu Wortstellungsphänomenen im bilingualen Erstspracherwerb erhärtet (Clahsen 1988, 10ff).
Die Unzulänglichkeiten des funktionalistischen Ansatzes liegen offenbar in einer Überschätzung der Bedeutung semantischer und pragmatischer Faktoren in bezug auf grammatisches Wissen und den Grammatikerwerb. Andererseits wird aber verdeutlicht, „... (a) daß für den Erwerb formaler Eigenschaften der Sprache pragmatische Erfordernisse der Kommunikationssituationen, denen Kinder ausgesetzt sind, eine wesentliche Rolle spielen und (b) daß Kinder beim Erwerb der Sprachstruktur Form-Funktionsbeziehungen, die sie im Input vorfinden, ausnutzen" (Clahsen 1988, 10).

[13] Detaillierte syntaktische Strukturanalysen zu Phänomenen des Deutschen, die im Rekurs auf Subjazenzbedingungen zu erklären sind, finden sich u. a. in Grewendorf (1988, 80 ff). Die Analysen verdeutlichen die enorme formale Komplexität der Grammatik sowie die Spezifität und Eigenständigkeit ihrer Prinzipien und lassen jeden Versuch, die zu erklärenden grammatischen Eigenschaften auf semantische oder kommunikativ-pragmatische Prinzipien zu reduzieren, als hoffnungslos erscheinen. Strukturbestimmende Restriktionen, die mit der Subjazenzbedingung vergleichbar wären, kommen nach dem heutigen Stand des Wissens in keinem anderen Bereich der menschlichen Kognition und auch nicht innerhalb von durch den menschlichen Geist geschaffenen Systemen des Denkens vor, so daß man hier von grammatischen Prinzipien *sui generis* sprechen kann.

3 Spracherwerb und Grammatikerwerb

[14] Auch auf Forschungsansätze, die hinsichtlich ihrer theoretischen und methodologischen Elaboriertheit auf einem wesentlich höheren Niveau anzusiedeln sind, trifft der hier erhobene wissenschaftstheoretische Vorwurf zu, so z. B. auf die Arbeiten von Dames (1986), Kegel et al. (1986, 1988), in denen die Beziehung zwischen Zeitverarbeitung und Sprachverarbeitung in der kindlichen Entwicklung empirisch untersucht wird. Es kann u. a. statistisch nachgewiesen werden, daß Meßwerte zur Zeitverarbeitung (Ordnungsschwellenwerte) und sprachliche Reproduktionsleistungen miteinander korrelieren und daß die in den Studien untersuchten sprachauffälligen Kinder in beiden Bereichen Defizite aufweisen. Daß der Faktor Zeit für eine Reihe von Sprachverarbeitungsprozessen – zum Beispiel als Sequenzierungsparameter für die Segmentierung des Lautkontinuums – von

entscheidender Bedeutung ist, kann nicht bestritten werden; unklar bleibt jedoch, ob ihm auch eine determinierende Rolle bei der nicht-linearen Verarbeitung hierarchischer syntaktischer Strukturen zukommt oder ob *time* und *timing* lediglich als notwendige aber nicht hinreichende Bedingungen für Prozesse, die von anderen Prinzipien gesteuert werden, anzusehen sind. Das kann nicht durch empirische Untersuchungen, sondern auch wiederum nur im Rekurs auf eine Theorie über Sprache und Sprachverarbeitung entschieden werden.

[15] Insbesondere neuere, theoretisch und methodologisch weiterentwickelte Arbeiten stellen erklärungsrelevante Hypothesen zum Spracherwerb dar, die nicht generell unvereinbar sind, sondern komplementär zu anderen theoretischen Positionen und Forschungsparadigmen stehen (Tracy 1991).

[16] Hinsichtlich des Spracherwerbs ist zudem festzustellen, daß die These von der Plastizität des menschlichen Gehirns und seiner Kompensationsfähigkeit in bezug auf die grammatische Kompetenz nur eingeschränkte Gültigkeit besitzt. Untersuchungen von Dennis (1980) zeigen, daß Kinder, denen aus medizinischen Gründen vor Abschluß des Spracherwerbs die rechte Hemisphäre entfernt werden mußte, ihre Muttersprache zwar mit zeitlichen Verzögerungen, insgesamt aber ohne strukturelle Abweichungen erwerben, während das Fehlen der linken Hemisphäre zu gravierenden Störungen des Grammatikerwerbs führt. Das heißt, in bezug auf den Erwerb formal-linguistischen Wissens ist die linke Hemisphäre nicht nur leistungsfähiger als die rechte. Vielmehr enthält nur sie die für den Erwerb natürlicher Sprachen notwendigen Komponenten, die offensichtlich durch Eigenschaften der rechten Hemisphäre nicht ersetzt werden können (Coltheart 1979, Woods/Carey 1981).

[17] Daß Defizite in der allgemein-kognitiven Entwicklung nicht unweigerlich sprachliche Entwicklungsbeeinträchtigungen mit sich bringen, belegen in eindrucksvoller Weise auch die Studien von Curtiss (1982), Dennis/Whitaker (1976) und Keil (1980).

[18] Grundlegende Einsichten in die Zusammenhänge zwischen Interaktion und Spracherwerb vermitteln z. B. die Arbeiten von Bates (1976), Bruner (1974 und 1978), Halliday (1974), Martens (1974 und 1979) und Snow/Ferguson (1977).

[19] Hier muß angemerkt werden, daß die Beobachtungen bezüglich des Gebrauchs eines speziellen Registers allesamt auf Untersuchungen zum Sprachverhalten von Mittelschichtmüttern basieren, was auch von Vertretern der Motherese-Hypothese zugestanden wird (Moerk 1989).
Wenn man davon ausgeht, daß es im Sprachverhalten von Erwachsenen große, z. T. sozio-kulturell bedingte Unterschiede gibt, die sich auch in der Interaktion mit ihren Kindern niederschlagen, so muß man sich angesichts der Motherese-Hypothese ernsthaft fragen, warum alle Kinder einer Sprachgemeinschaft höchst zuverlässig und unterschiedslos dieselbe Grammatik erwerben. Wenn es darüberhinaus auf die Qualität der verbalen

Interaktion in besonderem Maße ankäme, müßte man sich zudem fragen, „... wie dann wohl die überwiegende Mehrheit der Menschheit überhaupt jemals zu einer Sprache kommen sollte" (Tracy 1991, 45).

[20] Einen Extremfall ungünstiger kommunikativer Rahmenbedingungen stellt die Situation autistischer Kinder dar. Angesichts der Tatsache, daß viele dieser Kinder die Grammatik der Sprache ihrer Umgebung erwerben, ohne jemals selbst in sprachlichen Kontakt zu dieser Umgebung getreten zu sein (Kanner 1946, Carrow-Woolfolk/Lynch 1981), ist die Hypothese eines vornehmlich interaktionsgesteuerten Grammatikerwerbs kaum aufrecht zu erhalten.

[21] Vergleichende Untersuchungen von Lust (1981) und Lust/Chien (1984) zum Erwerb des Japanischen und Chinesischen zeigen, daß sich Kinder bezüglich der Präferenz in der Direktionalität von Pronominalisierungen nicht an linearen Abfolgen, die sich ihnen anhand der Oberflächenstrukturen von Äußerungen darbieten, sondern vielmehr an der für die abstrakte Tiefenstruktur der jeweiligen Sprache relevanten *principal branching direction* orientieren. Auch dieser Befund spricht eindeutig gegen die Annahme einer direkten Input-Orientierung.

[22] Diese Überschrift habe ich in Anlehnung an den Titel „Spracherwerb trotz Input" von R. Tracy (1990) formuliert.

[23] Beschränkungen bezüglich des Gebrauchs dieser Fähigkeit sind beim kompetenten Sprecher/Hörer einer Sprache nicht auf Restriktionen oder Unzulänglichkeiten seines grammatischen Wissens zurückzuführen, sondern entsprechen den Grenzen, die durch andere Determinanten des Sprachgebrauchs wie Gedächtniskapazität, allgemeine Wahrnehmungsleistungen etc. gesetzt werden (Chomsky 1969, 21ff).

[24] Außerdem ist diese Fähigkeit unabhängig von der Bedeutung der jeweiligen Äußerung und der in ihnen enthaltenen Wörter. So ist z. B. der Satz *Unverlümmte Milvanen haben jalant einen Ermanen in Mania tropiert* von jedem kompetenten Sprecher/Hörer des Deutschen eindeutig als ein grammatisch möglicher Satz dieser Sprache zu klassifizieren – was immer er auch bedeuten mag.

[25] Um die mit der Lösung dieser Aufgabe verbundenen Schwierigkeiten zu verdeutlichen, stelle man sich z. B. vor, man müsse die Regeln des Skatspiels unter folgenden Bedingungen erschließen: Man darf Skatspielern beim Spiel zuschauen, und man darf – ohne Instruktionen über die Spielregeln zu bekommen – mitspielen. Rückmeldungen erfolgen nur sporadisch und zeigen meist nur an, ob man – den unterschiedlichen und unergründlichen Maßstäben verschiedener Mitspieler entsprechend – „angemessen" (re)agiert hat, nicht jedoch, ob die eigenen Spielhandlungen und die der Mitspieler auch tatsächlich den formalen Regeln des Spiels entsprechen. Man erfährt zwar die gesellschaftliche Bedeutung, den sozialen Wert des Spiels, besitzt aber keinerlei Vorwissen über die Form und Funktionsweise von Kartenspielen im allgemeinen.
Selbst für Erwachsene wäre die Rekonstruktion der Regeln des im Ver-

gleich zur Komplexität einer menschlichen Sprache geradezu lächerlich simplen Skatspiels unter derartigen Bedingungen kaum möglich, und auch eine starke Motivation oder gar existentielle Notwendigkeit zum Erlernen des Spiels sowie eine hochfrequente und individuell angepaßte Präsentation von Spielzügen und Spielverläufen würden die prinzipiellen Schwierigkeiten des induktiven Lernens kaum ausgleichen können. Auch wenn Sprache keinesfalls mit Kartenspielen gleichgesetzt werden kann, so verdeutlicht der Vergleich doch das Übermaß an kognitiver Kompetenz, das dem Kind mit der Induktionshypothese zugesprochen wird, recht gut.

[26] Tracy weist darauf hin, daß die Bioprogramm-Hypothese Bickertons der genetischen Ausstattung des Kindes noch mächtigere *a priorische* linguistische Prinzipien zuspricht als mit dem LAD Chomskys impliziert sind: „Kinder wären demnach mit einem linguistischen Wissen ausgestattet, das über die Prädispositionen hinausgeht, die Chomsky ihnen zugesteht, denn in einem Pidginkontext könnte ein Kind nicht einmal die Information vorfinden, die es bräuchte, um die Parameter einer Kerngrammatik festzulegen." (Tracy 1991, 22)

[27] Die Kommata in den Regeln deuten darauf hin, daß die Stellung der Elemente nicht festgelegt ist.

[28] Vgl. z. B. die Diskussion um Braines Pivot-Grammatik (1963) in Bloom (1970), Miller (1976) oder die Diskussion um die Kasusgrammatik in Clahsen (1982).

4 Dysgrammatismus – Gestörter Grammatikerwerb aus psycholinguistischer Sicht

[29] Auf eine Darstellung der verschiedenen Erklärungsansätze zum Dysgrammatismus wird hier verzichtet. Eine ausführliche Auseinandersetzung mit den bis zum Beginn der 80er Jahre vorliegenden theoretischen Konzeptionen bietet die Arbeit von Dannenbauer (1983), ein kurzgefaßter Überblick, der auch neuere Ansätze einschließt, liegt in Dannenbauer/Künzig (1991) vor. In letztgenannter Arbeit wird insbesondere das Fragmentarische und Eklektizistische der vorliegenden Erklärungsmodelle herausgestellt. So kritisieren die Autoren z. B. in bezug auf kommunikationstheoretisch orientierte Konzeptionen und Untersuchungen des Dysgrammatismus zu Recht: „Die Versuche, die grammatischen Schwierigkeiten der Kinder auf externe Bedingungen (z. B. Sprachinput, soziopsychische und interaktionale Aspekte) zurückzuführen, haben entweder keine greifbaren Ergebnisse erbracht oder wirken im Einzelfall mühsam konstruiert (z. B. Harden 1989). Soweit manche Untersuchungen gewisse negative Tendenzen in sprachlichen und sozialen Interaktionsstrukturen zwischen Kindern und Bezugspersonen berichten, lassen sich diese plausibel als Effekt der für viele Eltern rätselhaften Entwicklungsprobleme interpretieren (vgl. Wulbert et al. 1975; Peterson/Sherrod 1982). Eine notwendige oder hinreichende Bedingung der Entwicklungsdysphasie, speziell des Dysgrammatismus, sind sie ganz offensichtlich nicht (vgl. Lasky/Klopp 1982; Conti 1982)." (Dannenbauer/Künzig 1991, 171)

Daß sich der in interaktionistischen Ansätzen unterstellte Zusammenhang zwischen Sprachinput und Grammatikerwerb nicht aufrechterhalten läßt, wurde bereits im vorhergehenden Kapitel dargelegt. Wie die Arbeiten von Grimm/Weinert (1989 und 1990) zeigen, können auch die „Fehler" dysgrammatisch sprechender Kinder nicht auf die Sprachumwelt zurückgeführt werden. Grimm faßt die dazu in großer Zahl vorliegenden empirischen Befunde zusammen: „Die Mütter dysphasischer Kinder bieten ihren Kindern keine schlechteren Sprachmodelle an als die Mütter sprachunauffälliger Kinder. Das syntaktische Defizit der dysphasischen Kinder kann entsprechend nicht auf eine unzureichende datenliefernde Funktion der mütterlichen Sprache kausal zurückgeführt werden." (Grimm 1991, 92) Auch Grimm führt die eklatanten Erkenntnisdefizite auf das Fehlen einer elaborierten theoretischen Konzeption, die die stringente Ableitung empirisch überprüfbarer Hypothesen gestattete, sowie einen Mangel an empirischer Forschung zurück (Grimm 1991, 102 f.).

[30] Zudem muß hier das wechselseitige Verhältnis von Sprachtheorie und anwendungsbezogener Forschung gesehen werden: Indem in der Sprachtherapieforschung sprachtheoretische Erkenntnisse in therapierelevante Handlungsmaximen überführt werden, können die Ergebnisse der Anwendungsforschung Prüfstein für die Verifikation eben dieser Theorie sein; das heißt, der kontrollierte Nachweis der Wirksamkeit oder Unwirksamkeit einer bestimmten Handlungspraxis liefert auch ein Entscheidungskriterium für die Angemessenheit der ihr zugrundeliegenden Sprachtheorie.

[31] Sowohl die Kontinuitätshypothese als auch die Reifungshypothese sind Extrempositionen, die beide jeweils eine Reihe ungelöster Probleme aufwerfen. Einige davon werden in Verrips (1990) dargestellt und diskutiert. Sie kommt zu folgender Schlußfolgerung: „From what we know about the development of complex forms of behaviour in animals, it seems that in most cases there is an intricate interaction between learning processes and maturational stages. Learning processes open up possibilities for further learning, and maturational processes allow for new usage of previously learned skills. Certain capacities may even mature only when certain learning processes have taken place. It seems then that we should look for the nature of the interaction between learning and maturation in language development." (Verrips 1990, 20)

[32] Eine ausführliche Darstellung dieser Lernstrategie findet sich u. a. in Clahsen (1988, 51 f.) und in Hansen (1991a).

[33] Dieser Befund hat große Bedeutung hinsichtlich der Möglichkeiten sprachtherapeutischer Einflußnahme auf den Prozeß des Grammatikerwerbs. Wenn die Defizite bei dysgrammatisch sprechenden Kindern im Bereich der Universalgrammatik lägen, wäre Sprachtherapie mit diesen Kindern prinzipiell als erfolglos zu prognostizieren, da kein Therapeut auf die angeborenen Komponenten der menschlichen Spracherwerbsfähigkeit einwirken kann. Sicher gibt es solche Fälle, doch deuten die empirischen Ergebnisse der vorliegenden und anderer Studien darauf hin, daß dies bei der Mehrzahl der dysgrammatisch sprechenden Kinder nicht der Fall ist.

5 Sprachdiagnostik bei Dysgrammatismus

[34] Daß sie mit der Beurteilung von Laien (Eltern, Lehrern, Erziehern des Kindes) in den meisten Fällen übereinstimmt, ist nicht weiter verwunderlich, weil die Entscheidungsinstanz in diesen Fällen das nicht nur dem Sprachspezialisten vorbehaltene, sondern jedem kompetenten Sprecher/Hörer einer Sprache eigene Sprachgefühl ist. Unser Sprachgefühl ermöglicht nicht nur treffsichere intersubjektive Beurteilungen bezüglich der Grammatikalität von Äußerungen, sondern auch das Feststellen sprachlicher Abweichungen beim Spracherwerb (Scholz 1985).

[35] Selbst Günther, der für die Verwendung und Entwicklung standardisierter Sprachentwicklungstests argumentiert, gesteht zu, daß „... die verfügbaren Tests wie etwa der HSET viel zu unspezifisch für die Erfordernisse der Dysgrammatismusdiagnose sind." (Günther 1985, 56)

[36] Das Wort Alternative sollte in diesem Zusammenhang streng im Sinne seiner etymologischen Herleitung von *alternus* (lat.) „abwechselnd", „wechselweise" gebraucht und verstanden werden, denn es kann hier nicht um eine auf subjektiven Vorbehalten basierende kategorische Ablehnung bestimmter Meßmethoden und Testverfahren gehen, sondern um die im Hinblick auf das jeweilige Erkenntnisinteresse adäquate Wahl einer Prozedur. So kann sich z. B. der zusätzliche Einsatz gezielter Elizitationstechniken als notwendig erweisen, wenn man zu bestimmten grammatischen Phänomenen Informationen benötigt, die aus einer Spontansprachanalyse nicht zu gewinnen sind (Clahsen/Hansen 1991, 3). Auch Testergebnisse können zweifellos diesem Zweck dienen.
Günther (1985, 54, Anm. 3) weist außerdem zu Recht darauf hin, daß die Analyse von Spontansprachdaten nur dann als wirkliche Alternative zu anderen diagnostischen Methoden angesehen werden kann, wenn sie von linguistisch ausgebildeten, kompetenten Analysatoren durchgeführt wird. Um das zu gewährleisten, müßten sprachwissenschaftliche Lehrinhalte bei der Ausbildung von Sprachtherapeuten stärker im Vordergrund stehen als das zur Zeit der Fall ist.

[37] In diesem Punkt unterscheiden sich die im Laufe der Jahre herausgegebenen informellen Prüfmittel überhaupt nicht voneinander. Die Entwicklung bezog sich offensichtlich nur auf die formale Ausgestaltung der Protokollbögen und (sofern vorhanden) des Bildmaterials; theoretische Begründungen für die Auswahl der jeweiligen Diagnosekriterien oder gar den Einfluß neuerer psycholinguistischer Erkenntnisse sucht man hier vergebens.

[38] Eine ausführliche Darstellung des Profilbogens sowie der einzelnen Analysekategorien würde den Rahmen der vorliegenden Arbeit sprengen. Im COPROF-Handbuch (Clahsen/Hansen 1991) liegt eine detaillierte Beschreibung des Verfahrens – zusammen mit genauen Durchführungs- und Auswertungsanweisungen – vor. Dort finden sich auch Angaben zur Validierung des Entwicklungsprofils und eine Skizzierung der einzelnen Phasen des Grammatikerwerbs.

[39] Inzwischen liegt auch eine Adaption der Profilanalyse für das Schweizerdeutsche vor, über die Koelliker Funk (1991) aus praktischer Sicht und Penner/Zimmermann (1991) unter theoretischen Gesichtspunkten berichten.

6 Sprachtherapie bei Dysgrammatismus

[40] Der wohl prominenteste „Sprachgestörte" der Antike dürfte der in der Schule von Isaios ausgebildete griechische Redner Demosthenes (384-322 v. Chr.) sein, nach dem 1905 die erste deutsche Selbsthilfegruppe Stotternder benannt wurde (Richter 1981). Über Demosthenes berichtet der Philosoph Plutarchos von Charroneia, er habe unter Störungen der Stimme, der Artikulation und der Sprechatmung gelitten und diese Symptome durch körperliches Ertüchtigungstraining und Deklamationsübungen, bei denen er kleine Kieselsteine in den Mund nahm, zu beheben versucht.

[41] Die Einbeziehung dieser „Ansatzpunkte der unspezifischen Therapie" (Homburg 1991, 120) entspricht also durchaus alten pädagogischen Überlegungen und Handlungsmaximen. Sie allein kann jedoch nicht genügen, wenn die Praxis der Sprachtherapie wissenschaftlich begründet werden soll. Sprachtherapeutische Konzeptionen, die die Spezifität des Sprachlichen ausblenden oder nur am Rande behandeln, greifen eindeutig zu kurz, weil sie kaum dazu beitragen können, Menschen bei der Bewältigung von Lebenssituationen zu helfen, die eben maßgeblich durch *sprachliche* Beeinträchtigungen erschwert sind.

[42] Auch aus der modernen Fremdsprachendidaktik ist die Vermittlungsmethode des *pattern drill*, die andere Unterrichtsmethoden in den 60er und 70er Jahren weitestgehend dominierte, verschwunden, nachdem man festgestellt hatte, daß Lerneffektivität und technischer Aufwand (Sprachlabors) in einem eklatanten Mißverhältnis zueinander standen und auch nur wenige Transfereffekte hinsichtlich der kommunikativen Verfügbarkeit und situationsbezogenen Verwendung der eingeschliffenen Muster zu verzeichnen waren. Interessanterweise ist man – wie auch Dannenbauer (1991, 207) feststellt – bei der Durchführung von Sprachtherapie mit sprachentwicklungsgestörten Kindern im angelsächsischen Raum den Irrweg des *pattern-practice* nicht gegangen, sondern hat schon früh auf Vermittlungsformen gesetzt, die in wesentlichen Aspekten der Konzeption einer entwicklungsproximalen Sprachtherapie (Dannenbauer 1984 und 1992, Dannenbauer/Kotten-Sederqvist 1990, Dannenbauer/Künzig 1991) entsprechen.

[43] Einen solchen Transfer zu erwarten entspricht einem naiven, früh-behavioristischen Verständnis vom Spracherwerb, wie es Skinner (1957) dokumentierte. Nach verhaltenspsychologischer Auffassung sind sprachliche Lernprozesse Vorgänge, die nach lerntheoretischen Gesetzmäßigkeiten über Stimulus, Response und Reinforcement zur angestrebten Konditionierung des Verhaltensträgers führen. Die Angleichung des kindlichen Sprachverhaltens an die Zielsprache erfolgt nach dieser Vorstellung über

verhaltensregulierende Verstärkungsprozesse. Im Sinne dieser Sprachlerntheorie erscheinen Übungsformen sinnvoll, die vor allem Anlässe zu positiven Verstärkungen bieten. Schon Chomsky (1959) machte deutlich, daß behavioristische Erklärungsmodelle dieser Art in sprachtheoretischer und wissenschaftstheoretischer Hinsicht völlig unzureichend sind. Folglich erscheinen auch Therapie- und Übungsverfahren, die sich aus ihnen herleiten, als obsolet.

[44] Vergl. z. B. die mechanistische Übungsmethode A. Gutzmanns, die über Jahrzehnte hinweg die sprachheilpädagogische Praxis bestimmte und schon in ihrer Zeit von Kritikern als „Drillverfahren, zu einer öden Sprechgymnastik ausgeartet" (Hansen 1929, 39) bezeichnet wurde.

[45] So stellt Stöcker bereits 1978 fest, daß die Übungsbereitschaft bei Lehrern stark abgenommen habe (a. a. O., 128f); neue Veröffentlichungen und wissenschaftliche Studien, die sich mit Sprachübungen befassen, liegen schon bald nur noch in geringer Zahl vor und befassen sich mit Randphänomenen vorzugsweise des Rechtschreibunterrichts (Meier 1983, 186).

[46] Selbstverständlich können hier nicht alle Therapiemodelle und Überlegungen berücksichtigt werden, die in den letzten Jahrzehnten veröffentlicht oder praktiziert wurden. Bei einigen erübrigt sich das meines Erachtens allerdings auch, weil sie in bezug auf den Grammatikerwerb theoretisch unbegründet sind (wie z. B. das Konzept der psychomotorischen Förderung; vgl. Kap. 3) oder in ihrer Bezugnahme auf die Heilslehren fernöstlicher Sektenführer (vgl. z. B. Eckert 1989) esoterische Entgleisungen enthalten, die sie als wissenschaftlich indiskutabel erscheinen lassen.

[47] Schon Stern/Stern (1928) vertraten die hier aufgegriffene These, daß es weder ein gänzlich von Umweltbedingungen unabhängiges sprachliches Lernen noch einen von der biologisch-genetisch bestimmten Struktur der menschlichen Kognition unabhängigen Spracherwerbsprozeß geben kann.

[48] Gleichwohl hat Grohnfeldt selbstverständlich recht, wenn er weiter ausführt: „Die realisierte Satzlänge wiederum wird von der Hörgedächtnisspanne ... beeinflußt." (Grohnfeldt 1990, 101). Faktoren wie Gedächtnisleistung, Konzentration etc. sind zwar für Sprachverwendungsprozesse äußerst wichtig; für Spracherwerbsprozesse aber sind sie das nur i. S. allgemeiner, nicht-hinreichender kognitiver Voraussetzungen.

[49] Auch andere grammatische Phänomene werden sehr oberflächlich behandelt. Satznegation wird z. B. mit Konstituentennegation gleichgesetzt (Grohnfeldt 1990, 102), obwohl es in dem einem Fall um die von der Verbstellung abhängige Plazierung des Negationspartikels, also um Regularitäten auf satzsyntaktischer Ebene, im anderen Fall um die konstituenteninterne Stellung flektierbarer Quantoren geht. Wie diese fundamentalen grammatikalischen Unterschiede in den vorgeschlagenen Bildkartenübungen berücksichtigt werden sollen, bleibt unklar.
An anderer Stelle findet sich die Aussage: „Die Verwendung (einer Präposition, D.H.) erfordert den Gebrauch des Dativ- oder Akkusativobjektes" (Grohnfeldt 1990, 100). Gemeint ist offenbar die Nominalphrase, die zur

Präposition gehört und mit ihr die Präpositionalphrase bildet. Die Tatsache der Kasuszuweisung (meist Dativ und Akkusativ) innerhalb der von der Präposition regierten Phrase hat hier wohl dazu geführt, daß die NP als Objekt umgedeutet wurde. Auch wenn daraus keine Probleme in bezug auf die Realisierung der beschriebenen Übungen resultieren mögen, rechtfertigt das keineswegs den alltagssprachlichen Gebrauch wissenschaftliche Termini in der Fachliteratur.

[50] Die phänomenologische Position wurde allerdings nicht von Rodenwaldt begründet; in einem Zeitschriftenbeitrag bringt schon Westrich (1978) diesen Ansatz in die Fachdiskussion ein und stellt besonders die Unterschiede zur symptomatologischen Betrachtungsweise naturwissenschaftlicher Disziplinen heraus.

[51] Offenbar rekrutieren sich seine Vorstellungen bezüglich des Grammatikerwerbs u. a. aus den Darlegungen Westrichs, der den Dysgrammatismus auf einen Mangel an für das Kind bedeutsamen Erfahrungen mit den Dingen der Welt und ihren Eigenschaften sowie auf ein unzureichendes „Begreifen des Regelhaften von Handlungsabläufen" (Westrich 1978, 30) zurückführt und entsprechende Behandlungsvorschläge anzubieten weiß: „Ein schwer dysgrammatisch sprechendes Kind muß an den „Qualitäten der Dinge und ihren Tunsvornahmen" interessiert und über verbalisierte, für es emotional-bedeutungsträchtige Handlungen zu sprachlichen Handlungsschemata geführt werden, was einen Pädagogen erforderlich macht." (a. a. O.) Für nicht erforderlich hält Westrich hingegen eine theoretische Begründung der seinen Ausführungen zugrundeliegenden Annahme einer abbildhaften Beziehung von grammatischen Strukturen und allgemeinen Handlungsstrukturen. Diese Vorstellung erscheint Westrich – ebenso wie Rodenwaldt – offensichtlich so selbstverständlich, daß sie die Therapierelevanz und Wirksamkeit handlungstheoretisch-dialogorientierter Maßnahmen in der Therapie mit dysgrammatisch sprechenden Kindern über jeden Zweifel erheben.

[52] Vgl. dazu Dannenbauer (1991, 171): „Die Versuche, die grammatischen Schwierigkeiten der Kinder auf externe Bedingungen (z. B. Sprachinput, soziopsychische und interaktionale Aspekte) zurückzuführen, haben entweder keine greifbaren Ergebnisse erbracht oder wirken im Einzelfall mühsam konstruiert (z. B. Harden 1989)."

[53] Bei Harden präsentieren sich diese Aussagen in folgendem Gewand: „Der Therapeut sollte kommunizieren, nicht Sprache lehren, so daß das dysgrammatisch sprechende Kind die Sozialisationserfahrung der Nützlichkeit sprachlicher Differenziertheit nachholen kann, und eine Flexibilisierung der Selbstrepräsentanz und Identitätsbildung stattfindet.
Die therapeutische Kommunikation soll dem Kind nachträglich die Erfahrung vermitteln, daß differenziertes kommunikatives Sprachhandeln linguistische Kompetenz als notwendiges Fundament voraussetzt, d.h. hier lernt das Kind, mit welcher Äußerung welche Intentionen erreicht werden und wie Kommunikation gelingt." (Harden 1989, 240)

220 Anmerkungen

[54] Vgl. z. B. Scholz, der sich besonders eingehend mit linguistischen Fragestellungen der Sprachbehindertenpädagogik beschäftigt und darauf hinweist, daß es sich für einen Pädagogen aufgrund humanistischer Verpflichtung und sozialer Verantwortung von selbst versteht, daß seine Bemühungen auf die Gesamtpersönlichkeit des Individuums gerichtet sind, auch wenn sich die wissenschaftliche Reflexion von Einzelaspekten des menschlichen Daseins als notwendig erweist, um der Gefahr zu begegnen, „daß diese Disziplin in einen Zustand diffuser und schemenhafter Begrifflichkeit zurückfällt, d. h. in eine Zeitepoche, die wir in den vergangenen zwei Jahrzehnten mit sichtlichem Erfolg versucht haben hinter uns zu lassen." (Scholz 1987, 360)

[55] Dokumentiert wird diese Handlungspraxis u. a. durch die Veröffentlichungen von Dannenbauer (1984), Dannenbauer/Kotten-Sederqvist (1990), Dannenbauer/Künzig (1991), Künzig (1989), Nebel (1990), in denen sowohl theoretische Implikationen als auch praktisch-therapeutische Erfahrungen mit der entwicklungsproximalen Sprachtherapie dargestellt und ihre Ergebnisse erörtert werden.

[56] Für diesen Zweck empfiehlt Dannenbauer die Duchführung der Profilanalyse (Dannenbauer 1992, 174 ff), die mit Hilfe des Computerprogramms COPROF (Clahsen/Hansen 1991) mit vertretbarem Aufwand auch in der Praxis eingesetzt werden kann.

[57] Für eine Orientierung an sprachspezifischen Erwerbsverläufen, wie sie beim ungestörten Grammatikerwerb zu beobachten sind, sprechen auch die empirischen Ergebnisse der Therapiestudie von Dyer et al. (1987): Sie zeigen anhand detaillierter Einzelfalluntersuchungen, daß sich nur dann unmittelbare sprachtherapeutische Erfolge einstellen, wenn die durch den ungestörten Grammatikerwerb vorgegebenen Erwerbsreihenfolgen und Lernhierarchien explizit berücksichtigt wurden.

[58] In Dannenbauer (1992) werden die Grundzüge der entwicklungsproximalen Sprachtherapie ausführlich dargelegt, ihre Verwirklichung als konkrete Handlungspraxis wird durch Fallbeispiele veranschaulicht, so daß sich eine umfassende Darstellung an dieser Stelle erübrigt. Stattdessen sollen die wichtigsten Voraussetzungen und Handlungsmaximen der praktischen Arbeit im folgenden skizziert und in Form der von Dannenbauer formulierten Leitlinien der Sprachtherapie wiedergegeben werden (Dannenbauer 1992, 171 ff).

[59] Wie man auf der Basis der Analyse spontansprachlicher Äußerungen eine psycholinguistische Evaluation des Sprachentwicklungsstandes im Bereich der Grammatik leisten und aus den Ergebnissen individuell entwicklungsangemessene Therapieziele ableiten kann, wird exemplarisch in Dannenbauer (1992, 181 ff) und ausführlich im empirischen Teil der vorliegenden Arbeit gezeigt.

[60] Auch auf die Darstellung der Techniken des Modellierens wird an dieser Stelle verzichtet; sie liegt bereits in ausführlicher Form u. a. in Dannenbauer (1983, 450 ff) vor. Die wichtigsten Techniken sind *Parallelsprechen,*

explizite linguistische Markierung, Alternativfragen, Expansion, Umformung, korrektives Feedback, modellierte Selbstkorrektur und *Extension* (Dannenbauer 1992, 191). Zur Effektivitätskontrolle vgl. z. B. Nye et al. (1987): Sie stellten mit Hilfe eines meta-analytischen Verfahrens über 43 Therapiestudien fest, daß Modelliertechniken die größten sprachtherapeutischen Behandlungserfolge zeitigten, während eine allgemeine Stimulation und ausschließliche Optimierung von Interaktions- und Handlungsbedingungen am wenigsten Erfolg bewirkte.

7 Erkundung neuer Wege der Sprachtherapie

[61] Insbesondere bei Störungen, deren völlige Beseitigung als unwahrscheinlich anzusehen ist, kommt den übergeordneten Zielsetzungen große Bedeutung zu. Auch wenn die sprachtherapeutische Arbeit im engeren Sinn, das heißt die „Arbeit an der sprachlichen Symptomatik", in den Hintergrund gerät oder sogar ganz aufgegeben wird, können sicher noch sprachtherapeutische Erfolge erzielt werden, die z. B. darin bestehen, daß der Betroffene gelernt hat, sich mit seiner Sprachauffälligkeit zu arrangieren, und in seiner Selbstverwirklichung nicht behindert ist.

[62] Die Datenerhebung erfogte unter Berücksichtigung des Analysezwecks nach den in Clahsen/Hansen (1991, Teil III, 2 f) dargelegten Vorgaben.

[63] Durch diese Art der Zusammenarbeit und Supervision konnten die Sprachtherapeutinnen ihr Wissen über Sprachstrukturen und Spracherwerbsprozesse beträchtlich erweitern. Zudem lernten sie, ihr eigenes Interaktions- und Sprachverhalten zu kontrollieren und gezielt zu verändern – eine professionelle Fähigkeit, die auch im Kontext anderer sprachtherapeutischer Methoden und in anderen Vermittlungssituationen (z. B. im Unterricht) unverzichtbar ist.

[64] Wenngleich derartige Vorgaben bis zu einem gewissen Grad verallgemeinert werden können, gehört das Prinzip der Individualisierung doch zu den wesentlichen Handlungsmaximen der sprachtherapeutischen Arbeit. Eine erfolgversprechende Handlungspraxis setzt in jedem Fall eine das individuelle Entwicklungs- und Anforderungsprofil hervorkehrende Detaildiagnose voraus und beinhaltet speziell darauf abgestimmte sprachtherapeutische Maßnahmen.

[65] Aus datenschutzrechtlichen Gründen wurden die Namen der Kinder geändert sowie Angaben, die eine Identifizierung ermöglichen, weggelassen.

8 DENIS – (k)ein Einzelfall

[66] Die Analyseergebnisse sind zum größten Teil in Tabellen dargestellt. Außerdem liegen im Anhang Profilbögen sowie ein Transkript – DENIS1 – vor. Die Eingangsdiagnose für Denis trägt die Bezeichnung DENIS1 bzw. D1; die weiteren im Laufe der Studie erhobenen Befunde werden mit DE-

NIS2, DENIS3, DENIS4 bezeichnet. Genauso wurde bei den anderen Kindern verfahren.

9 Ein Blick in die Praxis

[67] Eine Beschreibung des Materials liegt zur Zeit als vom Seminar für Allgemeine Sprachwissenschaft der Universität Düsseldorf intern veröffentlichtes Manuskript mit dem Titel „Gewinnung elizitierter Daten zum Dysgrammatismus" (GEDD) vor.

[68] Entsprechend der Erkenntnis, daß Akkusativformen beim frühkindlichen Spracherwerb auf Dativkontexte übergeneralisiert werden und der Gebrauch von Dativformen erst in einem weit fortgeschrittenen Stadium des Grammatikerwerbs erfolgt, wurden Kontexte, die besonders auf die Verwendung von Dativobjekten ausgerichtet waren, in einer späteren Phase der Therapie eingesetzt. Dazu wurden z. B. Spiele durchgeführt, bei denen verschiedenen Personen oder Tieren etwas gegeben werden mußte und der Gebrauch dreiwertiger Verben (*geben, schenken* etc.) erforderlich war.

[69] Diese Bildvorlage findet sich ebenfalls im Materialfundus des Düsseldorfer Projekts zum Grammatikerwerb.

[70] In keiner dieser Strukturen fehlt die Präposition, in vier Fällen stimmt sogar die Kasusmarkierung. Zweimal handelt es sich um klitisierte Formen (008; 014), die in prägnanter Form in den jeweils vorangegangenen Äußerungen der Sprachtherapeutin auftraten; bei einem weiteren Fall (034) ist die Artikelform nicht eindeutig als Akkusativmarkierung zu bestimmen, da sie im Deutschen bei Neutrum homonym mit der Nominativform ist. Insgesamt zeichnet sich eine Tendenz zur formalen Markierung von Kasus ab, in vielen Fällen werden jedoch die Determinationselemente als Merkmalsträger noch ausgelassen (010; 012; 016; 022; 032).

[71] Der von Harden beschworene unlösbare Konflikt, der sich unweigerlich aus diesem Interessengegensatz ergeben soll und angeblich keinerlei Erweiterung der verbalen Handlungsfähigkeit zuläßt (Harden 1989, 238 f.), tritt nach meinen Erfahrungen nur bei Mißachtung wichtiger Planungsgrundsätze (Sicherung der Beziehungsbasis, Individualisierung der sprachtherapeutischen Arbeit durch qualitative Diagnostik und Orientierung an den kindlichen Interessen bei der Vorstrukturierung von Situations- und Handlungskontexten etc.) sowie bei ungenügend reflektiertem und kontrolliertem (Sprach)verhalten auf seiten des Sprachtherapeuten auf. Allein die Tatsache, daß die Vermittlungsabsicht kaschiert wird, führt sicher nicht unweigerlich zu einem Scheitern der Therapie. Die Ergebnisse der vorliegenden Studie zeigen jedenfalls, daß die sich aus dem Gegensatz von lernzielorientierter Vermittlung formalen grammatischen Wissens einerseits und Kommunikationszentrierung andererseits gelegentlich einstellenden Konflikte im Rahmen einer professionell gestalteten Sprachtherapie eine zu vernachlässigende Größe darstellen.

10 Fortschritte in der Therapie mit Denis

[72] Die quantitativen Unterschiede im Gebrauch der einzelnen Strukturen sind nicht auf formal-grammatische Gegebenheiten zurückzuführen. So hängt z. B. der Gebrauch des definiten Artikels in den meisten Fällen davon ab, ob das durch das Nomen Bezeichnete vorher schon benannt wurde, dem Gesprächspartner bekannt ist etc. Ähnlich verhält es sich mit der Auftretenshäufigkeit von Pronomen, die einen Hinweis auf eine bestimmte Sprachverwendungsstrategie (Bevorzugung pronominaler oder nominaler Referenz) geben kann, aber nicht unbedingt etwas über das erworbene grammatische System aussagt.

[73] Insofern sind die Befunde zu Modalverben im Rahmen der vorliegenden Studie nur hinsichtlich ihrer morphologischen Markierungen und der Verbstellung interessant.

[74] Bei den fünf Belegen mit Endstellung handelt es sich nur in zwei Fällen um flektierte Verben; bei den anderen drei Äußerungen stehen ausnahmslos nicht-tempustragende verbale Elemente in Endstellung (siehe auch Tabelle 10).

[75] Die Sprachtherapie ist an diesem Punkt allerdings nicht beendet worden. Die Profilanalyse DENIS4 zeigt z. B., daß Subjekte und obligatorische Objekte noch häufig ausgelassen werden, besonders wenn die Auslassungen ohne Einfluß auf die pragmatische Angemessenheit und Verständlichkeit der Äußerungen sind. Auch expletive Elemente, die keinen semantischen Gehalt haben, werden meist ausgelassen. Es kann angenommen werden, daß Denis die universalgrammatisch angebotenen Optionen des Pro-drop-Schemas (Chomsky 1981) noch nicht auf den für die Zielsprache gültigen Wert festgelegt hat. Wie Hyams (1986) zeigen konnte, erfolgt diese Festlegung in Nicht-pro-drop-Sprachen wie dem Deutschen mit Hilfe lexikalischer Indikatoren (Expletiva), die im sprachlichen Input enthalten sind und vom Kind in ihrer funktionalen Bedeutung erkannt werden können. Auch hier handelt es sich also um ein Phänomen, das für einen maßgeblich über die Spezifizierung des Input wirkenden sprachtherapeutischen Ansatz prädestiniert ist. Die damit intendierten summativen Lerneffekte in verschiedenen Bereichen der Grammatik konnten tatsächlich nach zwei Monaten erzielt werden.

11 Weitere empirische Untersuchungen

[76] Auf eine in alle Einzelheiten gehende Beschreibung der Diagnoseergebnisse und Lernzielbestimmungen sowie die ausführliche Darstellung der im einzelnen realisierten sprachtherapeutischen Maßnahmen wird an dieser Stelle verzichtet. Es mag hier der Hinweis genügen, daß in jedem Einzelfall in Planung, Gestaltung und Durchführung der Therapie genauso detailliert und sorgfältig vorgegangen wurde, wie es für die Therapie mit Denis im vorangegangenen begründet und exemplarisch dargestellt wurde.

[77] Um einen Vergleich der Eingangsbefunde aller Kinder zu ermöglichen, sind die Werte aus DENIS1 in diesen Tabellen nochmals dargestellt.

[78] Bei der geringen Anzahl der Belege kann allerdings nicht ausgeschlossen werden, daß es sich eher um zufällige Übereinstimmungen als um die Kodierung grammatischer Kongruenz handelt.

[79] Unterschiede zu anderen Kindern gab es allerdings in bezug auf die sprachliche Gewandtheit und Ausdrucksfähigkeit; sie bestehen aber auch zwischen Kindern, die keine Störungen des Grammatikerwerbs haben oder jemals hatten. Es handelt es sich hier um Modalitäten der Sprachverwendung, die von den Bezugsgrößen der linguistischen Kompetenz streng unterschieden werden müssen. Zwar wirken sich Defizite im Bereich des Sprachsystems meist auf die Leistungen im Bereich der sprachlichen Performanz aus, doch bewirkt ihre Beseitigung keineswegs zwingend eine Verbesserung der Ausdrucksfähigkeit, die ja nicht nur von formalen grammatischen Parametern abhängig ist.

Glossar

Vorbemerkung: Das Glossar enthält hauptsächlich linguistische Fachbegriffe, die im Text vorkommen und nicht jedem Leser bekannt sein werden. Die Begriffserläuterungen stellen keine Definitionen im wissenschaftlichen Sinne dar, und sie beziehen sich z. T. nur auf die deutsche Sprache.

Adjektiv – deklinierbares Wort, das Wörter anderer Klassen näher bestimmt, indem es Eigenschaften oder Qualitäten angibt. Das attributive A. steht vor seinem Bezugsnomen (*der **kluge** Autor*); das prädikative A. kommt in Verbindung mit einer → Kopula vor (*der Autor ist **klug***).

Adverb – unflektierbares Wort, das der näheren Bestimmung von → Verben, → Adjektiven, → Adverbialen oder Sätzen dient: *heute, jetzt, da, dort, so, nirgends, ungern, glücklicherweise, sehr, darin, darauf, trotzdem* etc.

Adverbial – → Konstituente zur Spezifizierung der Satzaussage. Das A. kann in Form eines Adverbs (*hier, so, immer*), als präpositionaler Ausdruck (*im Wald; aus Leidenschaft*) oder als nominaler Ausdruck (*den ganzen Tag*) auftreten.

Affixe – → Morpheme, die vorangestellt als Präfixe (***be**steigen, **ent**sorgen, **ge**laufen, **un**schön*) oder nachgestellt als Suffixe (*Dunkel**heit**, wunder**bar**, komm**st***) an einen lexikalischen Stamm gebunden sind.

Agens – Träger, Urheber einer durch das Verb ausgedrückten Handlung.

Anakoluth – Satzbruch, grammatisch unvollständige oder inkonsistente Satzkonstruktion, oft infolge von Zerstreutheit, Konzentrationsschwäche, Aufgeregtheit etc. auftretend: *Sowohl dieser Zug habe ich verspätet.*

Aphasie – Zentralbedingte Sprachstörung als Folge von Hirnschädigung bei Schlaganfall, Hirntrauma, Hirntumor, Hirnatrophie, entzündlichen Prozessen etc. Sitz der Läsion ist die dominante, meist linke Hirnhälfte; je nach Lokalisation und Schweregrad der Schädigung treten verschiedenartige A-formen auf: z. B. Störungen in der Wortfindung, im Sprachverstehen, in der Grammatik.

Äquationalsatz – Satz, in dem → Subjekt und → Prädikatsnomen oder Subjekt und → prädikatives Adjektiv in einer Gleichsetzungsrelation stehen und durch ein Funktionsverb, die → Kopula, miteinander verbunden sind: *Peter ist Lehrer. Sein Auto ist rot.*

Argumente – vom Verb eröffnete Leerstellen, die syntaktisch besetzt werden müssen. Das Verb *geben* z. B. hat drei A.: einen Aktanten und zwei Objekte: ***Ich** gebe **dir ein Buch**.*

Ätiologie – Lehre von den Krankheitsursachen

Auxiliar – Hilfsverb mit geringer lexikalischer Bedeutung, das zur Kodierung grammatischer Informationen (Person, Numerus, Tempus etc.) dient: *Er ist zu ihr gefahren. Sie hat ihn abgeholt.*

Cluster – zusammengehörende Menge von Eigenschaften oder Merkmalen, die ein geschlossenes Ganzes bilden.

COPROF – Computerunterstützte Profilanalyse. Sprachdiagnostisches Verfahren zur Bestimmung des grammatischen Entwicklungsstandes bei Kindern; dient der Ableitung sprachlicher Lernziele und der Evaluation von Lernfortschritten in der sprachtherapeutischen Praxis.

Default-Form – sprachliche Form, die immer dann gewählt wird, wenn (noch) keine linguistische Festlegung erfolgt ist. Aus der Vielzahl der Markierungsmöglichkeiten für Plural wird z. B. bei Lehn- und Fremdwörtern und bei Abkürzungen – mit wenigen Ausnahmen – stets das Default-Morphem -s gewählt *(Shops, Taxis, Sozis, Unis)*. Kinder bedienen sich Default-Formen, solange kein wortspezifischer Eintrag im → Lexikon vorliegt (z. B. engl. *mouses* statt *mice*) oder grammatische Bestimmungsgrößen wie Person/Numerus fehlen: *ich geh, du geh, er geh ...* (Stammform als Default).

Definitheit – genaue Bestimmung, die sprachlich u. a. mit Hilfe der definiten Artikel *der, die, das* ausgedrückt werden kann. Sind spezifische Voraussetzungen für eine genaue Bestimmung (Vorwissen, Kontextbezug, bestimmte Diskurssituation u. dgl.) nicht vorhanden, wird im allgemeinen ein indefiniter Artikel *ein(e)* gebraucht.

Deklination – → Flexion

Desambiguitätsverfahren – Auflösung lexikalischer oder syntaktischer Mehrdeutigkeit (Ambiguität): *Bank* – 1. Sitzgelegenheit; 2. Geldinstitut. Oder: *Flying planes can be dangerous.* – 1. Fliegende Flugzeuge können gefährlich sein. 2. Es kann gefährlich sein, Flugzeuge zu fliegen.

Determinationselemente – Oberbegriff für die Begleiter des Nomens: z. B. Artikel *(der, ein)*, Demonstrativpronomen *(dieser)*, Possessivpronomen *(sein)*, Indefinitpronomen *(alle)*, Numerale *(drei)*.

diskontinuierliche Verbstellung – Trennung von Verben oder Verbbestandteilen durch andere Elemente, wobei das → finite Verb im Aussagesatz an der zweiten syntaktischen Position, das nicht-finite in Endstellung steht: *Sie legt den Mantel ab. Sie möchte gerne bleiben. Er ist leider nicht gekommen.*

Elizitieren – jemanden zu einer Äußerung bewegen; im Rahmen linguistischer Untersuchungen und in der Sprachdiagnostik mit dem Ziel, ein bestimmtes sprachliches Datenmaterial (z. B. bestimmte Satzmuster oder grammatische Formen) zu erhalten.

Ellipse – Äußerung, in der syntaktisch notwendige Elemente fehlen, die aus dem Kontext oder der Situation rekonstruierbar sind. E. sind durch zulässige Auslassungen gekennzeichnet, d. h. sie werden von den Mitgliedern einer Sprachgemeinschaft nicht als ungrammatisch angesehen; z. B. die Äußerung „*Ins Kino.*" – als Antwort auf die Frage: „*Wohin gehst du?*"

Expletivum – inhaltlich leeres Wort, das nur aus formal–grammatischen Gründen gebraucht wird; z. B. *es* in *es regnet.*

Finitheit – grammatische Eigenschaft von Verben, die nach → Person und → Numerus bestimmt sind; man spricht in diesen Fällen von finiten Verbformen (z. B. *spricht, lebst, bist*), im Gegensatz zu unbestimmten, infiniten Verbformen, z. B. den Partizipien *gehend, gegangen* oder dem Infinitiv des Präsens *gehen.*

Flexion – Beugung aller Wortarten; man unterscheidet die Flexion der Verben (Konjugation) und die Flexion der anderen Wortarten, z. B. der Nomen, Pronomen, Adjektive (Deklination).

Flexive – → Morpheme, die an einen lexikalischen Stamm gebunden sind und grammatische Funktionen erfüllen; z. B. die Verbendungen *-e, -t, -st* zur Markierung von → Person und → Numerus des Subjekts in *ich gehe, du gehst, er geht.*

Funktionswörter – relativ geschlossene Klasse von Wörtern, bei denen nicht die lexikalische Bedeutung (Inhalt), sondern ihre grammatische Funktion im Vordergrund steht (z. B. → Auxiliare, → Kopulae, Artikel); im Gegensatz zur Klasse der → Inhaltswörter.

Genus – grammatische Eigenschaft von Nomen und Pronomen; im Deutschen in 3 Klassen unterteilt: Maskulinum (***der Mond***), Femininum (***die Sonne***), Neutrum (***das Kind***). Wie die Beispiele zeigen, entspricht das grammatische Geschlecht nicht unbedingt dem natürlichen Geschlecht.

Homonyme – sprachliche Einheiten, denen mehrere Bedeutungen zugeordnet werden können (Ambiguität); z. B. das Wort *Bank* (Worthomonymie) oder der Satz *Er schrieb seinem Freund im Gefängnis einen Brief.* (konstruktionelle Homonymie).

idiolektal – sprachlich eigentümlich i. S. individueller Besonderheiten; nicht dem allgemeinen Sprachgebrauch zuzurechnen.

indefinit – → Definitheit

Induktion – Prinzip der Erkenntnisgewinnung, bei dem unsichere, probabilistische Schlußfolgerungen von Einzelbeobachtungen auf generelle Gesetzmäßigkeiten gezogen werden; z. B. *Alle Schwäne, die ich je gesehen habe, sind weiß.* – *Also gilt generell: Alle Schwäne auf der Welt sind weiß.*

Inhaltswörter – Wörter, die im wesentlichen den inhaltlichen Konzepten einer Aussage entsprechen und die für die Verständigung relevanten semantischen Informationen übermitteln. Zu ihnen gehören z. B. die meisten Verben, Nomen und Adjektive. Im Gegensatz zur relativ geschlossenen

Klasse der → Funktionswörter wird die Klasse der I. via Neuschöpfungen oder Übertragungen ständig erweitert (z. B. *faxen* für *fernkopieren*, *getürkt* für *gefälscht* oder *Unwort* für einen diffamierenden Ausdruck).

Interrogation – Frageform; im Deutschen auf verschiedene Arten realisierbar: 1. mit Hilfe von Fragepronomen (*wer, wie, warum* etc.), 2. durch → Inversion (***Kommst du** mit?*), 3. mit Hilfe von Betonung und Akzentsetzung (*Du kommst mit?*).

intransitiv – nicht zielend, d. h. ohne Bezug auf ein direktes Objekt. Intransitive Verben haben kein Akkusativobjekt und bilden kein persönliches Passiv; z. B. *danken, schlafen, rennen*.

Inversion – unter bestimmten Bedingungen obligatorische Umstellung von Subjekt und finitem Verb; z. B. bei der Fragebildung (*Hast du Lust?*), bei → Topikalisierung (*Heute **scheint die Sonne**.*).

Kasus – grammatische Bestimmungsgröße, die im Deutschen für die Deklination relevant ist. Durch die verschiedenen Kasus werden vor allem syntaktische Beziehungen ausgedrückt; so steht z. B. das Subjekt im Nominativ (***Der Hund** bellt.*), das direkte Objekt im Akkusativ (*Sie beißt **den Hund**.*), das indirekte Objekt meist im Dativ (*Komm mit **mir**.*).

KI – Künstliche Intelligenz. Forschungsgebiet, in dem man menschentypische Leistungen mit Hilfe von Computern zu simulieren versucht; z. B. Verstehen gesprochener Sprache, Erkennen von Objekten, Schlußfolgern, Lernen.

Kognitionswissenschaft – beschäftigt sich mit der Erforschung der Funktionen und Leistungen des menschlichen Geistes mit dem Ziel, die zugrundeliegenden Prinzipien und Gesetzmäßigkeiten menschlichen Verhaltens und Lernens zu erklären. Aufgrund der Mehrdimensionalität der Forschungsaufgaben und der Forschungsgegenstände gehören akademische Teilgebiete verschiedener Wissenschaften zur K.; z. B. Neurolinguistik, Psycholinguistik, experimentelle Psychologie, Informatik, Neurologie, Philosophie.

Komplemente – obligatorische, d. h. syntaktisch notwendige, vom Verb geforderte → Konstituenten des Prädikats, z. B. Objekte oder Adverbiale (*Er schreibt **ihr einen Brief**. Sie lebt **in London**.*).

Kongruenz – Formale Übereinstimmung zwischen sprachlichen Elementen in bezug auf grammatische Merkmale; vor allem zwischen Subjekt und finitem Verb in bezug auf Person und Numerus (***ich** komm-**e**, **du** komm-**st**, **er** komm-**t**, **wir** komm-**en**, **ihr** komm-**t**, **sie** komm-**en***) sowie zwischen Artikel, attributivem Adjektiv und Nomen in bezug auf Genus, Numerus und Kasus (*der dicke Hund, den dicken Hund, des dicken Hundes ...*).

Konjugation – → Flexion

Konjunktionen – Wörter, die → Konstituenten miteinander verbinden. Man unterscheidet zwischen koordinierenden K., die gleichgeordnete →

Phrasen oder Sätze verbinden (z. B. *und, oder, aber*), und subordinierenden K., die Nebensätze einleiten (*weil, daß, obwohl* etc.).

Konstituente – jede sprachliche Einheit (Phrase, Wort, Morphem), die durch Teilung aus einer größeren Einheit hervorgegangen ist. Die syntaktischen Hauptkonstituenten sind das Subjekt, die Objekte, die Adverbiale und die Verben.

Kopf einer → Phrase – obligatorisches Element, das u. a. die grammatischen Eigenschaften der Phrase bestimmt. Kopf der Verbalphrase (VP) ist das Verb; es bestimmt z. B. die Art und Anzahl der → Argumente. Kopf der Nominalphrase (NP) ist das Nomen, das neben der Grundbedeutung formale Merkmale wie Genus und Numerus innerhalb der Phrase bestimmt.

Kopula – Funktionsverb, das im → Äquationalsatz zusammen mit einem prädikativen Adjektiv oder einem → Prädikatsnomen das Prädikat bildet; meist eine Form von *sein* in attributiver oder identifizierender Funktion: *Rehe sind scheu. Der Hänfling ist ein Vogel.*

LARSP – Language Assessment Remediation and Screening Procedure, in den 70er Jahren in England entwickeltes Verfahren zur Beurteilung des grammatischen Entwicklungsstandes von Kindern auf der Grundlage von Spontansprachanalysen. Kernstück des Verfahrens ist ein linguistisches Entwicklungsprofil, das den schrittweisen Erwerb grammatischer Strukturen abbildet. Adaption und Weiterentwicklung für den Erwerb des Deutschen: → COPROF.

L2 – Second Language. Bezeichnung für eine zweite Sprache, die nach oder parallel zur Muttersprache erworben wird. Man unterscheidet zwischen didaktisch gesteuertem Zweitspracherwerb (z. B. durch Schulunterricht) und ungesteuertem L2-Erwerb, bei dem der Lerner keine explizite Unterweisung erhält.

Lexikon, mentales – repräsentiert das intuitive Wissen einer Person über die → Morpheme einer Sprache. Zu den gespeicherten Informationen gehören neben der Bedeutung (semantische Merkmale) auch Angaben zur lautsprachlichen Realisierung (phonologische und phonetische Aspekte) sowie morpho-syntaktische Informationen (Zugehörigkeit zu Wortart, Flexionsklasse etc.).

MLU – Mean Length of Utterances; durchschnittliche Äußerungslänge, die nach einer bestimmten Formel berechnet wird und quantitative Aussagen zum Sprachentwicklungsstand eines Kindes zuläßt.

Modalverb – Hilfsverb; tritt zusammen mit der Infinitivform eines Vollverbs auf und drückt modale Bedeutungsaspekte aus. Im Deutschen gehören *müssen, können, dürfen, sollen, wollen* zu den Modalverben.

Morphem – kleinste bedeutungstragende Einheit einer Sprache. Man unterscheidet: freie Morpheme (Moneme), die ohne Bindung an ein anderes M. im Satz auftreten (*sehr, zu, viel, Haus, Weg*) und gebundene M., die nur zusammen mit freien M. erscheinen. Dazu gehören die Flexionsmorpheme (z. B. Verbendungen, Kasusmarkierungen) und die Derivationsmorpheme, die der Wortbildung durch Ableitung dienen (*-ung, -heit, -keit, -tum, -bar, -lich, -sam, -er, ent-, ver-, be-* etc.).

Morphologie – Teilgebiet der Grammatik, das sich mit der Struktur, Kombination und Ableitung von → Morphemen befaßt.

Negation – Verneinung einer Aussage; sprachlich meist durch das in direkter syntaktischer Beziehung zum Verb stehende Negationswort *nicht* ausgedrückt.

Nominalphrase – → Phrase

Numeral – Zahlwort (Kardinalzahl: *eins, zwei, zehn* oder Ordinalzahl: *erster, dritter, zehnter*).

Numerus – grammatische Kategorie bei Nomen und Pronomen (im Dt. Singular und Plural): *das Tier – die Tiere; ich – wir.*

Objekt – vom Verb abhängiges → Argument. Das direkte Objekt steht im Akkusativ, das indirekte meist im Dativ (*Ich gebe ihn dir.*).

Parameter – Bezugsgröße innerhalb der Grammatik, hinsichtlich derer sich natürliche Sprachen oder Sprachgruppen systematisch voneinander unterscheiden. → Universalgrammatische P. geben meist zwei Optionen vor, von denen eine für eine bestimmte Sprache oder Sprachgruppe tatsächlich gilt; so lassen sich Sprachen z. B. hinsichtlich des → Pro-drop-Parameters in Pro-Subjekt-lose (Ital., Span., Russ. etc.) und Pro-Subjekt-erhaltende Sprachen (Engl., Dt. etc.) unterteilen.

Partikeln – unflektierbare Wörter, z. B. → Präpositionen, → Konjunktionen; oft nicht satzgliedfähig.

Passiv – syntaktische Umformung von Sätzen mit transitivem Verb (→ Transitivität); aus dem direkten Objekt des Aktivsatzes wird das grammatische Subjekt, während das Aktivsubjekt die Form einer Präpositionalkonstituente (*von, durch* + NP) erhält oder wegfällt: *Der Hund beißt den Mann. – Der Mann wird (von dem Hund) gebissen.*

Pattern-Drill – Methode im Sprachunterricht und in der Sprachtherapie, bei der vorgegebene Satzmuster häufig wiederholt, „eingeschliffen", werden, um dann im freien Sprachgebrauch produktiv eingesetzt werden zu können.

Person – grammatische Eigenschaft von Nomen und Pronomen. Die grammatische P. des Subjekts wird auch am Verb markiert (→ Kongruenz). Im Deutschen dreifache Opposition: *ich/wir* (1. Pers.); *du/ihr* (2. Pers.); *er (sie, es)/sie* (3. Pers.).

Phrase – Einzelwort oder aus mehreren Wörtern bestehende, inhaltlich kohärente syntaktische Einheit (Satzglied); bleibt bei Verschiebungen zusammen: *Der Hund / beißt / den Briefträger. – Beißt / der Hund / den Brief-*

träger? – Den Briefträger / beißt / der Hund. Man unterscheidet Nominalphrasen (NP), die aus einem Pronomen oder einem Nomen als Kopf und seinen Begleitern bestehen, von Verbalphrasen (VP), die als → Kopfelement ein Verb und außerdem ggf. Komplemente enthalten.

Prädikatsnomen – Nomen, das im → Äquationalsatz in Verbindung mit einer → Kopula das Prädikat bildet *(Matthias ist **Fußballfan**.).*

Präfixverb – auch: Partikelverb; zusammengesetztes Verb, dessen Erstglied unter bestimmten syntaktischen Bedingungen vom Verbstamm getrennt wird (Satzklammer): *Sie wird den Ballon **aufblasen**. Sie **bläst** den Ballon **auf**.*

Präposition – Partikel, die zusammen mit einer Nominalphrase eine syntaktische Hauptkonstituente mit Adverbialfunktion bildet *(Ich stelle den Topf **auf den Herd**.).* Präpositionen sind die → Kopfelemente der Präpositionalphrasen (PP); sie bestimmen den Kasus der zu ihnen gehörenden NP (→ Rektion). Man unterscheidet Präpositionen mit Genitivrektion *(infolge, unterhalb, wegen),* mit Dativrektion *(bei, mit)* und mit Akkusativrektion *(durch, ohne).*

Pro-drop – syntaktische Möglichkeit in einigen Sprachen, das Subjektpersonalpronomen wegzulassen; z. B. ital. *Canto. –* „(Ich) singe."; russ. *Dama li eta? –* „Ist (sie) eine Dame?"; span. *Llueve. –* „(Es) regnet.".

Prosodie – das Gesamt der metrisch-rhythmischen und melodischen Gliederungsformen der gesprochenen Sprache; dazu gehören Betonung und Akzentsetzung, Pausensetzung, Erhöhung und Senkung des Grundtons sowie Tondauer, Tonhöhe, Intensität und dynamische Abstufung.

Referenz, nominale/pronominale – Bezugnahme auf Außersprachliches mit Hilfe von nominalen Ausdrücken *(dieser Mann)* oder mit Hilfe von Pronomen *(er).*

Rektion – hierarchische Beziehung zwischen einem Regens, dem regierenden Element, und einer von ihm abhängigen Kategorie. Rektion besteht z. B. zwischen der → Präposition und der Nominalphrase, mit der sie die Präpositionalphrase bildet.

Rekursivität – wesentliche Eigenschaft natürlichsprachlicher Grammatiken; entspricht unserer sprachlichen Kreativität, d. h. der Fähigkeit, potentiell unendlich viele und unendlich lange Sätze zu erzeugen. Die Regel „X besteht aus Y + X" z. B. ist rekursiv; weil dieselbe Variable in der Eingabe (als Produkt X) und in der Ausgabe (als Bestandteil X) erscheint. Eine derartige Regel kann fortgesetzt, ad infinitum, angewandt werden: jedes X aus (Y + X) kann seinerseits wiederum aus (X + Y) bestehen, so daß beliebig lange Ketten entstehen. Sprachliche Strukturen wie *das große, blaue, schnelle ... Auto* mit beliebig vielen Adjektiven können so erzeugt werden.

Semantik – linguistisches Teilgebiet, das sich mit den Bedeutungen von sprachlichen Elementen und Strukturen sowie ihrer Beziehung zu den zugrundeliegenden Vorstellungsinhalten und mentalen Begriffen beschäftigt.

Es besteht ein starker Zusammenhang mit dem → Lexikon, das u. a. gemäß der semantischen Eigenschaften der in ihm enthaltenen sprachlichen Einheiten i. S. eines Netzwerks organisiert ist.

SLI – Specific Language Impairment. Anglo-amerikanischer Fachbegriff für den kindlichen Dysgrammatismus.

Subjazenz – universelles Prinzip, nach dem die Anordnungsmöglichkeiten für → Konstituenten innerhalb syntaktischer Strukturen stark eingeschränkt sind. U. a. aufgrund des Subjazenzprinzips kommt in natürlichen Sprachen nur eine begrenzte Anzahl aller logisch möglichen und pragmatisch sinnvollen Satzstrukturtypen vor.

Syntax – Teilgebiet der Grammatik, in dem es um die Struktur von → Konstituenten und Sätzen sowie um deren Erzeugung im Rahmen mentaler Verarbeitungsprozesse geht.

Topikalisierung – Voranstellung einer → Konstituente, die nicht das Subjekt oder das finite Verb ist, an den Satzanfang. Topikalisierung bewirkt im Deutschen Umstellung von Subjekt und Verb (→ Inversion): *Der Bär fängt den Lachs mit links.* → *Mit links fängt der Bär den Lachs.* / *Den Lachs fängt der Bär mit links.*

Transitivität – Syntaktisch-semantische Eigenschaft von Verben, die ein Akkusativobjekt haben und Passivumformungen erlauben. Transitive Verben sind z. B. *bauen, lesen, schlagen*.

Transkription – Umschrift, Verschriftung gesprochener Sprache, i. d. R. zum Zweck wissenschaftlicher oder sprachdiagnostischer Untersuchungen.

Trisomie 21 – auch: Morbus Down. Aufgrund von Chromosomenaberration sind die Chromosomen 21 in jeder Zelle dreifach statt zweifach vorhanden. Dadurch kommt es zu angeborenen organischen Schädigungen und Anomalien und zu schweren Störungen der kognitiven Entwicklung i. S. geistiger Behinderung.

Universalgrammatik – System abstrakter linguistischer Prinzipien und Regeln, die allen natürlichen Sprachen zugrundeliegen und zum *a priorischen*, angeborenen Wissen des Kindes gehören.

Verb – konjugierbares Wort, das als → finite Verbform die grammatischen Markierungen für Person und Numerus (→ Kongruenz) sowie für Tempus (Präsens, Präteritum, Futur) und Modus (Indikativ, Konjunktiv) trägt. Zu den V. gehören einfache Verben, die nur aus dem lexikalischen Stamm und der Endung bestehen (*laufen, danken* etc.), → Präfixverben, → Modalverben, → Kopulae und → Auxiliare.

Verbalphrase – → Phrase

X-bar Theorie – Syntaxtheorie, nach der möglichst viele unterschiedliche Satz- und Konstituentenstrukturtypen auf möglichst wenige abstrakte Konstruktionsprinzipien zurückgeführt werden.

Literatur

Anderson, S. und P. Kiparsky (Hrsg.) 1973. A Festschrift for Morris Halle. New York

Antor, P. 1987. Vom Sinn und Ziel heilpädagogischen Tuns. In: Zeitschrift für Heilpädagogik (38) 34–38

Aschenbrenner, H. und K. Rieder (Hrsg.) 1983. Sprachheilpädagogische Praxis. Wien

Austin, J. L. 1962. How to do things with words. Cambridge, Mass.

Bach, E. und R. T. Harms (Hrsg.) 1968. Universals in linguistic theory. New York

Bahr, R. und H. Nondorf 1985. Bewegungshandlung und Sprachvollzug: Gedanken zur psychomotorischen Förderung sprachentwicklungsgestörter Kinder. In: Die Sprachheilarbeit (30) 97–103

Bahr, R. und H. Nondorf 1988. Praxis sprachtherapeutischen Spielens. In: Die Sprachheilarbeit (33) 291–296

Bailey, Ch. und R. Shuy (Hrsg.) 1973. New ways of analyzing variation in English. Washington, D.C.

Baker, C. L. 1979. Syntaktic theory and the projection problem. In: Linguistic Inquiry (10) 533–581

Baker, C. und J. McCarthy (Hrsg.) 1981. The logical problem of language acquisition. Cambridge, Mass.

Bates, E. 1976. Pragmatics and sociolinguistics in child language. In: Morehead, D. M. und A. E. Morehead (Hrsg.) 411–463

Bates, E. und B. McWhinney 1982. Functionalist approaches to grammar. In: Wanner, E. und L. Gleitman (Hrsg.) 173–218

Baumgartner, S. und I. Füssenich (Hrsg.) 1992. Sprachtherapie mit Kindern. München

Bayer, K. 1994. Evolution – Kultur – Sprache. Eine Einführung. Bochum

Becker, K.-P. und M. Sovák 1975. Lehrbuch der Logopädie. 2. Auflage. Köln

Bever, T. G. 1970. The cognitive basis for linguistic structures. In: Hayes, J. (Hrsg.) 279–362

Bickerton, D. 1981. Roots of Language. Ann Arbor

Bickerton, D. 1984. The language bioprogram hypothesis. In: The Behavioral and Brain Sciences (7) 173–188

Bloom, L. 1970. Language development. Form and function in emerging grammars. Cambridge, Mass.

Bloomfield, L. 1926. A set of postulates for the science of language. In: Language (2) 153–164

Bollnow, O. 1979. Sprache und Erziehung. 3. Auflage. Stuttgart

Borstel, M. 1980. Training der Wahrnehmung und Motorik. In: Knura, G. und B. Neumann (Hrsg.) 324–337

Bowerman, M. 1982. Reorganizational processes in lexical and syntactic development. In: Wanner E. und L. Gleitman (Hrsg.) 319–346
Bowerman, M. 1985. What shapes children's grammars? In: Slobin, D. (Hrsg.) 1257–1320
Braine, M. 1963. The ontogeny of English phrase structure. The first phase. In: Language (39) 1–13
Breckow, J. 1989. Elternarbeit und Gesprächsführung. In: Grohnfeldt, M. (Hrsg.) 281–297
Brekle, H. 1985. Einführung in die Geschichte der Sprachwissenschaft. Darmstadt
Bronckardt, J. 1976. Genèse et organisation des formes verbales chez l'enfant. Brüssel
Bronckardt, J. und H. Sinclair 1973. Tense, time and aspect. Cognition (2) 107–130
Brown, R. 1973. A first language. The early stages. Cambridge, Mass.
Brown, R. und C. Hanlon 1970. Derivational complexity and order of acquisition in child speech. In: Hayes, J. (Hrsg.) 11–53
Bruner, J. 1974. From communication to language. A psychological perspective. In: Cognition (3) 255–287
Bruner, J. 1978. The role of dialogue in language acquisition. In: Sinclair, A. und W. J. M. Levelt (Hrsg.) 243–256
Bruner, J. 1987. Wie das Kind sprechen lernt. Bern
Buber, M. 1984. Das dialogische Prinzip. Heidelberg
Bühler, K. 1934. Sprachtheorie. Jena
Budwig, N. 1985. Me, my and 'name': children's early systematizations of forms, meanings and functions in talk about the self. In: Papers and Reports on Child Development (24)
Caplan, D. (Hrsg.) 1980. Biological studies of mental processes. Cambridge, Mass. MIT Press
Carrow-Woolfolk, E. und J. Lynch 1982. An integrative approach to language disorders in children. New York
Chafe, W. 1970. Meaning and the structure of language. Chicago
Chafe, W. 1976. Giveness, contrastiveness, definiteness, subjects, topics, and point of view. In: Li, C. N. (Hrsg.) 25–55
Chomsky, N. 1959. Review of Skinner's „Verbal Behaviour". In: Language (35) 26–58
Chomsky, N. 1969. Aspekte der Syntax-Theorie. Frankfurt a. M. (engl.: Aspects of the theory of syntax. Cambridge, Mass. 1965)
Chomsky, N. 1973. Conditions on transformations. In: Anderson, S. und P. Kiparsky (Hrsg.) 232–286
Chomsky, N. 1975. Reflections on language. New York
Chomsky, N. 1981. Lectures on Government and Binding. Dordrecht
Chomsky, N. 1982. Some concepts and consequences of the theory of government and binding. Cambridge, Mass.
Chomsky, N. 1986. Knowledge of Language: Its Nature, Origin, and use. New York
Clahsen, H. 1980. Psycholinguistic aspects of L2 acquisition. Word order phenomena in foreign workers' interlanguage. In: Felix, S. W. (Hrsg.) 57–79

Clahsen, H. 1982. Spracherwerb in der Kindheit. Eine Untersuchung zur Entwicklung der Syntax bei Kleinkindern. Tübingen
Clahsen, H. 1983. Some more remarks on the acquisition of German negation. In: Journal of Child Language (19) 465–469
Clahsen, H. 1986. Die Profilanalyse. Berlin
Clahsen, H. 1988. Normale und gestörte Kindersprache. Amsterdam/Philadelphia
Clahsen, H. 1988a. Zur grammatischen Struktur von Kreolsprachen. In: Linguistische Berichte (118) 466–480
Clahsen, H. 1989. Grammatiken für die gestörte Kindersprache – Zur Aufgabe der Profilanalyse bei der Sprachdiagnose. In: Sprache – Stimme – Gehör (13) 176–184
Clahsen, H. 1991. Die Untersuchung des Spracherwerbs in der generativen Grammatik. Einige Bemerkungen zum Verhältnis von Sprachtheorie und Psycholinguistik. In: Grohnfeldt, M. (Hrsg.) 1991b. 40–53
Clahsen, H. 1992. Linguistic Perspectives on Specific Language Impairment. Arbeiten des Sonderforschungsbereichs 282. Theorie des Lexikons (Nr. 37), Universität Düsseldorf
Clahsen, H. und D. Hansen 1991. COPROF – Ein linguistisches Untersuchungsverfahren für die sprachdiagnostische Praxis. Köln
Clahsen, H. und D. Hansen 1996. The Grammatical Agreement Account of Specific Language Impairment: Evidence from Therapy Experiments. In: Gopnik, M. (Hrsg.)
Clahsen, H., Kegel, G. und H. Schöler 1989. Bericht zur Tagung „Dysgrammatismus" bei der Werner-Reimers-Stiftung. In: Kegel, G. et. al. (Hrsg.) 287–304
Clahsen, H., Rothweiler, M., Woest, A. und G. F. Marcus 1992. Regular and Irregular Inflection in the Acquisition of German Noun Plurals. In: Cognition (45) 225–255
Clark, H. und S. Haviland 1974. Psychological processes as linguistic explanation. In: Cohen, D. (Hrsg.) 91–124
Cohen, D. (Hrsg.) 1974. Explaining linguistic phenomena. Washington, D.C.
Collings, A., Puschmann, B. und M. Rothweiler 1989. Dysgrammatismus – Ein Defizit der grammatischen Kongruenz. In: Neurolinguistik (2) 127–143
Coltheart, M. 1979. Deep dyslexia: a right hemisphere hypothesis. In: Coltheart, M., Patterson, K. und J. Marshall (Hrsg.) 22–47
Coltheart, M., Patterson, K. und J. Marshall (Hrsg.) 1979. Deep dyslexia. London
Conti Martinez de Pinillo, G. M. 1982. Mothers in dialogue: some discourse features of motherese with normal and language impaired children. Unpublished doctoral dissertation. The University of Texas at Dallas
Cooper, W. und E. Walker (Hrsg.) 1979. Sentence processing: psycholinguistic studies presented to Merrill Garrett. Hillsdale
Cross, T. 1977. Mother's speech adjustment: the contribution of selected child listener variables. In: Snow, C. E. und C. A. Ferguson (Hrsg.) 151–188
Crystal, D. 1979. Working with LARSP. London

Crystal, D., Fletcher, P. und M. Garman 1976. The grammatical analysis of language disability. London
Curtiss, S. 1982. Dissociation between language and cognition: cases and implications. In: Journal of Autism and Developmental Disorders (2) 15–30
Dames, K. 1986. Einfluß der Syntax auf die Zeitstruktur der Nachsprechleistungen sprachentwicklungsgestörter und sprachunauffälliger Kinder. In: Kegel et al. (Hrsg.) 145–216
Dannenbauer, F. M. 1983. Der Entwicklungsdysgrammatismus als spezifische Ausprägungsform der Entwicklungsdysphasie. München
Dannenbauer, F. M. 1984. Techniken des Modellierens in einer entwicklungsproximalen Therapie für dysgrammatisch sprechende Vorschulkinder. In: Der Sprachheilpädagoge (16) 35–49
Dannenbauer, F. M. 1985. Anmerkungen zu Fragen der Sprachtherapie mit dysgrammatisch sprechenden Kindern. In: Füssenich, I. und B. Gläß (Hrsg.) 142–164
Dannenbauer, F. M. 1991. Vom Unsinn der Satzmusterübungen in der Dysgrammatismustherapie. In: Die Sprachheilarbeit (36) 202–209
Dannenbauer, F. M. 1992. Grammatik. In: Baumgartner, S. und I. Füssenich (Hrsg.) 123–203
Dannenbauer, F. M. und H. H. Chipman. 1988. Spezifische Sprachentwicklungsstörung und symbolische Repräsentationsschwäche. In: Frühförderung interdisziplinär (2) 67–78
Dannenbauer, F. M. und A. Kotten-Sederqvist 1990. Sebastian lernt Subj + Mod + XY + V(inf): Bericht von einer entwicklungsproximalen Sprachtherapie mit dysgrammatisch sprechenden Kindern. In: Vierteljahresschrift für Heilpädagogik und ihre Nachbargebiete (59) 27–45
Dannenbauer, F. M. und A. Künzig 1991. Aspekte der entwicklungsproximalen Sprachtherapie und des Therapeutenverhaltens bei entwicklungsdysphasischen Kindern. In: Grohnfeldt, M. (Hrsg.) 1991b. 167–190
DeCamp, D. 1977. The development of pidgin and creole studies. In: Valdman, A. (Hrsg.) 3–20
Dennis, M. 1980. Language acquisition in a single hemisphere: semantic organization. In: Caplan, D. (Hrsg.) 159–185
Dennis, M. und H. Whitaker 1976. Language acquisition following hemidecortication: linguistic superiority of the left over the right hemisphere. In: Brain and Language (3) 404–433
Deutsche Gesellschaft für Sprachheilpädagogik (Hrsg.) 1977. Störungen der Sprachentwicklung. Hamburg
Deutsche Gesellschaft für Sprachheilpädagogik (Hrsg.) 1987. Spracherwerb und Spracherwerbsstörungen. Hamburg
De Vries, V. 1977. Lernvorgänge und Merkmale des Sprachtherapeutenverhaltens im Sprachunterricht. In: Deutsche Gesellschaft für Sprachheilpädagogik (Hrsg.) 1977. 66–79
Dieterich, R. (Hrsg.) 1983. Pädagogische Handlungskompetenz. Paderborn
Dik, S. 1981. Functional grammar. Dordrecht

Dupuis, G. 1983. Sprachbehindertenpädagogik. In: Solarová, S. (Hrsg.) 260–296
Dyer, K., Santarcangelo, S. und S. C. Luce 1987. Developmental influences in teaching language forms to individuals with developmental disabilities. In: Journal of Speech and Hearing Disorders (52) 335–347
Eckert, R. 1985. Auswirkungen psychomotorischer Förderung bei sprachentwicklungsgestörten Kindern. Eine empirische Untersuchung. Frankfurt/Bern/New York
Eckert, R. 1989. Merkmale und Interventionsmöglichkeiten des Pädagogen/Therapeuten in der Integrierten Entwicklungs- und Kommunikationsförderung. In: Grohnfeldt, M. (Hrsg.) 267–277
Ehlich, K. und J. Rehbein 1977. Wissen, kommunikatives Handeln und die Schule. In: Goeppert, H. (Hrsg.) 36–114
Elkind, D. und J. H. Flavell (Hrsg.) 1969. Studies in cognitive development. New York
Elstner, W. 1974. Rhythmische Erziehung in der Schule für Sprachgestörte. In: Der Sprachheilpädagoge (2) 42–56
Fanselow, G. 1987. Konfigurationalität. Untersuchungen zur Universalgrammatik am Beispiel des Deutschen. Tübingen
Fanselow, G. und S. W. Felix 1987. Sprachtheorie. Bd. I. Grundlagen und Zielsetzungen. Tübingen
Farrar, M. 1990. Discourse and the acquisition of grammatical morphemes. In: Journal of Child Language (17) 607–624
Felix, S. W. 1987. Cognition and language growth. Dordrecht
Felix, S. W. (Hrsg.) 1980. Second language development. Trends and issues. Tübingen
Ferguson, Ch. und D. Slobin (Hrsg.) 1973. Studies of child language development. New York
Ferreiro, E. 1971. Les relations temporelles dans le langage de l'enfant. Genf
Fiege, A. 1965. Prüfmaterial für Agrammatiker. In: Die Sonderschule (10) 110–113
Fillmore, Ch. 1968. The case for case. In: Bach, E. und R. T. Harms (Hrsg.) 1–88
Fodor, J. A. 1975. The language of thought. New York
Fodor, J. A. 1980. Fixation of belief and concept acquisition. In: Piattelli-Palmarini, M. (Hrsg.) 142–162
Fodor, J. A. und J. Katz (Hrsg.) 1964. The structure of language. Readings in the philosophy of language. Englewood Cliffs, N.J.
Fodor, J. A., Bever, T. und M. Garrett 1974. The psychology of language. New York
Foley, W. und R. Van Valin 1984. Functional syntax and universal grammar. Cambridge
Fowler, A. 1981. Language learning in Downs Syndrome children. Ms. University of Pennsylvania
Frank, G. und P. Grziwotz (o. J.). Dysgrammatiker-Prüfmaterial. Ravensburg
Fröschels, E. 1931. Lehrbuch der Sprachheilkunde. 3. Auflage. Leipzig
Füssenich, I. und H. Heidtmann 1985. Probleme bei der Diagnose dys-

grammatisch sprechender Kinder. In: Füssenich, I. und B. Gläß (Hrsg.) 13–48

Füssenich, I. und B. Gläß (Hrsg.) 1985. Dysgrammatismus. Theoretische und praktische Probleme bei der interdisziplinären Beschreibung gestörter Kindersprache. Heidelberg

Gauch, S. 1985. Besondere Erziehung, Normen und Ziele in der Sonderpädagogik. Mainz

Geest, T. van der 1978. Sprachentwicklungsprozesse in semantischer und interaktionistischer Sicht. In: Zeitschrift für Entwicklungspsychologie und Pädagogische Psychologie (X/3) 286–304

Gieseke, T. und F. Harbrucker. 1991. Wer besucht die Schule für Sprachbehinderte? In: Die Sprachheilarbeit (36) 170–180

Givón, T. 1976. Topic, pronoun, and grammatical agreement. In: Li, C. N. (Hrsg.) 149–188

Givón, T. 1979. On understanding grammar. New York

Goeppert, H. (Hrsg.) 1977. Sprachverhalten im Unterricht. München

Gold, E. 1967. Language identification in the limit. In: Information and control (10) 447–474

Gopnik, M. 1990. Feature blindness: a case study. In: Language Acquisition (1) 139–164

Gopnik, M. (Hrsg.) 1996. Biological Foundations of Language. Oxford

Gopnik, M. und M. Crago 1991. Familial aggregation of a developmental language disorder. In: Cognition

Grewendorf, G. 1988. Aspekte der deutschen Syntax. Eine Rektions-Bindungs-Analyse. Tübingen

Grimm, H. 1975. On the child's acquisition of semantic structure underlying the wordfield of prepositions. In: Language and Speech (18) 97–119

Grimm, H. 1983. Kognitions- und interaktionspsychologische Aspekte der Entwicklungsdysphasie. In: Sprache und Kognition (3) 169–186

Grimm, H. 1989. Entwicklungsdysphasie – kein einheitliches Konstrukt. In: Heilpädagogische Forschung. Themenheft: Sprachentwicklungsprobleme/Leseprobleme (XV) 3–14

Grimm, H. 1991. Kognition – Grammatik – Interaktion: Entwicklungspsychologische Interpretation der Entwicklungsdysphasie. In: Grohnfeldt, M. (Hrsg.) 1991b. 83–109

Grimm, H. und H. Schöler 1978. Heidelberger Sprachentwicklungstest (H – S – E – T). Göttingen

Grimm, H. und S. Weinert 1989. Mütterliche Sprache und Sprachverarbeitung dysphasischer Kinder. In: Heilpädagogische Forschung (XV) 15–24

Grimm, H. und S. Weinert 1990. Is the syntax development of dysphasic children deviant and why? New findings to an old question. In: Journal of Speech and Hearing Research (33) 220–228

Grimshaw, J. 1981. Form, function and the language acquisition device. In: Baker, C. und J. McCarthy (Hrsg.) 165–182

Grohnfeldt, M. 1987. Menschenbilder in der Sprachbehindertenpädagogik. In: Die Sprachheilarbeit (32) 1–9

Grohnfeldt, M. 1989. Merkmale der pädagogischen Sprachtherapie. In: Grohnfeldt, M. (Hrsg.) 13–31
Grohnfeldt, M. (Hrsg.) 1989. Handbuch der Sprachtherapie. Bd. 1. Grundlagen der Sprachtherapie. Berlin
Grohnfeldt, M. 1990. Grundlagen der Therapie bei sprachentwicklungsgestörten Kindern. 2. Auflage. Berlin
Grohnfeldt, M. (Hrsg.) 1991a. Handbuch der Sprachtherapie. Bd. 3. Störungen der Semantik. Berlin
Grohnfeldt, M. (Hrsg.) 1991b. Handbuch der Sprachtherapie. Bd. 4. Störungen der Grammatik. Berlin
Grohnfeldt, M. 1992. Die Sprachheilpädagogik im sonderpädagogischen Bezugssystem. In: Die Sprachheilarbeit (37) 56–66
Grunwald, A. 1982. Ein neues Kategorisierungsmodell der Dysgrammatismen unter Berücksichtigung ätiologischer und psycholinguistischer Fragen. In: Die Sprachheilarbeit (27) 162–174
Günther, H. 1985. Nachspruch zum Nachsprechen. In: Füssenich, I. und B. Gläß (Hrsg.) 49–61
Günther, H. und W. Günther 1990. Verborgene Defizite bei sprachauffälligen Kindern. In: Die Sprachheilarbeit (35) 293–300
Günther, K.-B. (Hrsg.) 1988. Sprachstörungen. Probleme ihrer Diagnostik bei mentalen Retardierungen, Entwicklungsdysphasien und Aphasien. Heidelberg
Habermacher, M.-Th. et. al. 1990. Dysgrammatismustherapie. Vom traditionellen zum entwicklungsproximalen Konzept. Freiburg/Schweiz
Halliday, M. A. K. 1974. Sprachstruktur und Sprachfunktion. In: Lyons, J. (Hrsg.) 126–149
Hansen, D. 1988. Sprachwissenschaftliche Aspekte abweichenden Grammatikerwerbs. In: Günther, K.-B. (Hrsg.) 184–203
Hansen, D. 1991a. Semantische Konzepte und kindlicher Grammatikerwerb. In: Grohnfeldt, M. (Hrsg.) 1991a. 70–83
Hansen, D. 1991b. Linguistische Theorie und linguistische Forschung zu Störungen des Grammatikerwerbs. In: Grohnfeldt, M. (Hrsg.) 1991b. 23–39
Hansen, D. 1994. Zur Wirksamkeit und Effizienz einer psycholinguistisch begründeten Methode der Sprachtherapie bei kindlichem Dysgrammatismus. In: Sprache – Stimme – Gehör (18) 29–37
Hansen, D. 1996. Sprachbehindertenpädagogik als empirische Wissenschaft – Einige kritische Überlegungen zur Theorie, Praxis und akademischen Lehre. In: Vierteljahresschrift für Heilpädagogik und ihre Nachbargebiete (65) 160–173
Hansen, K. 1929. Die Problematik der Sprachheilschule in ihrer geschichtlichen Entwicklung. Halle/Saale
Harden, M. 1989. Zur kommunikativen Kompetenz dysgrammatisch sprechender Kinder. Tübingen
Hatwell, Y. 1960. Privation sensorielle et intelligence. Paris
Hayes, J. (Hrsg.) 1970. Cognition and the development of language. New York
Heese, G. 1963. Dysgrammatismus als Leitsymptom der verzögerten Sprachentwicklung. In: Süddeutsche Schulzeitung (1)

Heese, G. (Hrsg.) 1975. Rehabilitation Behinderter durch Förderung der Motorik. Berlin

Heidtmann, H. 1981. Sprachdiagnostik – Eine kritische Reflexion. In: Die Sprachheilarbeit (26) 341–348

Heidtmann, H. 1988. Neue Wege der Sprachdiagnostik. Berlin

Henne, H. u. H. Rehbock 1982. Einführung in die Gesprächsanalyse. Berlin

Höhle, T. 1978. Lexikalische Syntax: Die Aktiv – Passiv – Relation und andere Infinitivkonstruktionen im Deutschen. Tübingen

Holz, A. 1989. Medizin und Kindersprache. In: Die Sprachheilarbeit (34) 263–271

Homburg, G. 1991. Konzepte und Ansatzpunkte der Dysgrammatismustherapie. In: Grohnfeldt, M. (Hrsg.) 1991b. 113–143

Hyams, N. 1986. Language acquisition and the theory of parameters. Dordrecht

Ihssen, W. B. 1978. Linguistik, Kindersprachforschung und Pathologie der Kindersprache. In: Die Sprachheilarbeit (23) 149–156

Jackendorff, R. 1977. X-bar syntax: A study of phrase structure. Cambridge, Mass.

Janßen, H. 1982. Linguistische Erklärung und Bewertung. Frankfurt

Jussen, H. 1964. Der sprachwissenschaftliche Aspekt in der Sprachheilpädagogik. In: Die Sprachheilarbeit (9) 195–209

Kalkowski, H. 1989. Probleme des Schriftspracherwerbs bei sprachbehinderten Kindern: Anregungen und Erfahrungen aus dem Anfangsunterricht. In: Die Sprachheilarbeit (34) 279–288

Kandler, G. 1959. Zur Terminologie der zentralen Sprachstörungen. In: Zeitschrift für Phonetik (12) 145–160

Kanner, L. 1946. Irrelevant and metamorphorical language in early infantile autisme. In: American Journal of Psychiatry (103) 242–245

Kanngießer, S. 1984. Anlagebedingungen und Devianzen der Sprachbeherrschung. In: Kriz, J. (Hrsg.) 26–70

Karmiloff-Smith, A. 1979. A functional approach to child language. A study of determiners and reference. Cambridge

Katz, J. und J. A. Fodor 1964. The structure of a semantic theory. In: Fodor, J. A. und J. Katz (Hrsg.) 479–518

Kegel, G., Arnhold, T., Dahlmeier, K., Schmid, G. und B. Tischer (Hrsg.) 1986. Sprechwissenschaft & Psycholinguistik. Opladen

Kegel, G., Arnhold, T., Dahlmeier, K., Schmid, G. und B. Tischer (Hrsg.) 1988. Sprechwissenschaft & Psycholinguistik 2. Opladen

Kegel, G., Arnhold, T., Dahlmeier, K., Schmid, G. und B. Tischer (Hrsg.) 1989. Sprechwissenschaft & Psycholinguistik 3. Opladen

Kegel, G., Dames, K. und S. Veit 1988. Die zeitliche Organisation sprachlicher Strukturen als Sprachentwicklungsfaktor. In: Kegel, G. et al. (Hrsg.) 311–335

Kegel, G. und H. Günther (Hrsg.) 1981. Psycholinguistische Untersuchungen zum kindlichen Agrammatismus. FIPKM 13. München

Keil, F. 1980. Development of the ability to perceive ambiguities: evidence for the task specificity of a linguistic skill. In: Journal of Psycholinguistic Research (9) 219–230

Kleinert-Molitor, B. 1985. Überlegungen zu einer psychomotorisch orientierten Sprachförderung in Kindergarten und Anfangsunterricht. In: Die Sprachheilarbeit (30) 104–116
Knura, G. Grundfragen der Sprachbehindertenpädagogik. In: Knura, G. und B. Neumann (Hrsg.) 3–64
Knura, G. und B. Neumann 1980. Methoden der Sprachtherapie. In: Knura, G. und B. Neumann (Hrsg.) 161–173
Knura, G. und B. Neumann (Hrsg.) 1980. Handbuch der Sonderpädagogik. Bd. 7. Pädagogik der Sprachbehinderten. Berlin
Koelliker Funk, M. 1991. Profilanalyse für Sprachentwicklungsstörungen schweizerdeutsch sprechender Kinder als förderdiagnostisches Instrument. Wünsche und Forderungen der logopädischen Praxis an die linguistische Grammatikerwerbsforschung. In: Vierteljahresschrift für Heilpädagogik (60) 539–545
Kratzer, A. 1984. On deriving syntactic differences between English and German. Ms. TU Berlin
Kriz, J. 1984. Sprachentwicklungsstörungen. München.
Künzig, A. 1989. Entwicklungsproximale Sprachtherapie mit einem dysphasischen Kind – eine Fallstudie. Unveröffentl. Magisterarbeit, Universität München
Kutschera, F. v. 1972. Wissenschaftstheorie I. München
Lackner, J. 1968. A developmental study of language behavior in retarded children. In: Neuropsychologia (6) 301–320
Lasky, E. Z. und K. Klopp 1982. Parent-child interactions in normal and language disordered children. In: Journal of Speech and Hearing Disorders (47) 7–18
Lenneberg, E. 1967. Biological foundations of language. New York
Leonard, L., Bertolini, U., Caselli, M., McGregor, K. und L. Sabbadini 1992. Two accounts of morphological deficits in children with specific language impairment. In: Language Acquisition (2)
Lewis, D. 1969. Convention. A philosophical study. Cambridge, Mass.
Li, C. N. (Hrsg.) 1976. Subject and topic. New York
Liebmann, A. 1901. Agrammatismus infantilis. In: Archiv für Psychiatrie und Nervenkrankheiten (34) 240–252
Lightfood, D. 1982. The language lottery: toward a biology of grammars. Cambridge, Mass.
Löhnig, M. 1973. Sprachausbau und Sinneserziehung als ein Beitrag zur sprachlichen Rehabilitation dysgrammatischer Erscheinungen. In: Die Sprachheilarbeit (18) 1–12
Lust, B. 1981. Constraints on anaphora in child language: a prediction for a universal. In: Tavakolian, S. (Hrsg.) 74–96
Lust, B. und Y.-C. Chien 1984. The structure of coordination in first language acquisition of Mandarin Chinese: evidenz for a universal. In: Cognition (17) 49–83
Lyons, J. (Hrsg.) 1974. Neue Perspektiven in der Linguistik. Reinbek b. Hamburg
Maas, U. 1974. Argumente für die Emanzipation von Sprachstudium und Sprachunterricht. Frankfurt a. M.

MacNamara, J. 1982. Names for things. Cambridge, Mass.
Martens, K. 1974. Sprachliche Kommunikation in der Familie. Frankfurt a. M.
Martens, K. (Hrsg.) 1979. Kindliche Kommunikation. Frankfurt a. M.
Meier, R. 1983. Übungsformen im Sprachunterricht. In: Weisgerber, B. et al. (Hrsg.) 186–196
Meixner, F. 1978. Sprachprüfsystem Anni und Toni. Wien/München
Miller, M. 1976. Zur Logik der frühkindlichen Sprachentwicklung. Stuttgart
Mills, A. 1985. The acquisition of German. In: Slobin, D. (Hrsg.) 141–254
Moerk, E. 1989. The LAD was a lady and the tasks were ill-defined. In: Developmental Review (9) 21–57
Morehead, D. M. und A. E. Morehead (Hrsg.) 1976. Normal and deficient child language. Baltimore/London/Tokio
Morton, J. und J. C. Marshall (Hrsg.) 1977. Psycholinguistics: Developmental and pathological. Ithaca, N.Y. Cornell University Press
Motsch, H.-J. 1989. Sprach- oder Kommunikationstherapie? In: Grohnfeldt, M. (Hrsg.) 73–95
Nadoleczny, M. 1926. Die Sprachstörungen im Kindesalter. Leipzig
Nebel, A. 1990. Entwicklungsproximale Diagnose und Sprachförderung bei Schülern mit Problemen im Erwerb grammatischer Strukturen. In: Der Sprachheilpädagoge (22) 26–49
Nelson, K. E. 1977. Facilitating children's syntax acquisition. In: Developmental Psychology (13) 101–107
Newmeyer, F. 1980. Linguistic theory in America. The first quarter-century of transformational generative grammar. New York
Newport, E, Gleitman, H. und L. Gleitman 1977. Mother, I'd rather do it myself: some effects and non-effects of maternal speech style. In: Snow, C. E. und C. A. Ferguson (Hrsg.) 109–149
Nye, C., Foster, S. H. und D. Seaman 1987. Effectiveness of language intervention with the language learning disabled. In: Journal of Speech and Hearing Disorders (52) 348–356
Ochs, E. 1982. Ergativity and word order in Samoan child language. In: Language (58) 646–671
Olbrich, I. 1983. Die integrierte Sprach- und Bewegungstherapie als ganzheitlich orientierte Therapieform bei Kindern mit Sprachentwicklungsstörungen. In: Motorik (6) 140–149
Olbrich, I. 1989. Die integrierte Sprach- und Bewegungstherapie. In: Grohnfeldt, M. (Hrsg.) 252–266
Oléron, P. 1957. Recherches sur le développement mental de sourds muets. Centre National de Recherche Scientifique. Paris
Omar, M. 1973. The acquisition of Egyptian Arabic as a native language. Den Haag
Osherson, D. N. und Lasnik, H. (Hrsg.) 1990. Language: An invitation to cognitive science. Vol. 1. Cambridge, Mass.
Osherson, D. N., Kosslyn, S. M. und Hollerbach, J. M. (Hrsg.) 1990. Visual cognition and action: An invitation to cognitive science. Vol. 2. Cambridge, Mass.

Osherson, D. N. und Smith, E. E. (Hrsg.) 1990. Thinking: An invitation to cognitive science. Vol. 3. Cambridge, Mass.

Penner, Z. und H.-M. Zimmermann 1991. Profilanalyse für Sprachentwicklungsstörungen schweizerdeutsch sprechender Kinder als förderdiagnostisches Instrument II – Dysgrammatismus, Grammatiktheorie und Diagnostik. In: Vierteljahresschrift für Heilpädagogik (60) 546–553

Peters, S. (Hrsg.) 1972. Goals in Linguistic Theory. Englewood Cliffs, N.J.

Peters, S. 1972. The projection problem: How is a grammar to be selected. In: Peters, S. (Hrsg.)

Peterson, G. A. und K. B. Sherrod. 1982. Relationship of maternal language to language delay of children. In: American Journal of Mental Deficiency (86) 391–398

Piaget, J. 1923. Le langage et la pensée chez l'enfant. Neuchâtel/Paris

Piaget, J. und B. Inhelder 1966. La psychologie de l'enfant. Paris

Piattelli-Palmarini, M. (Hrsg.) 1980. Language and learning: The debate between Jean Piaget and Noam Chomsky. London

Pinker, S. 1979. Formal models of language learning. In: Cognition (7) 217–283

Pinker, S. 1984. Language learnability and language development. Cambridge, Mass.

Pinker, S. 1994. The language instinct. Cambridge, Mass.

Popper, K. 1969. Logik der Forschung. Wien

Posner, M. I. (Hrsg.) 1989. Foundations of cognitive science. Cambridge, Mass.

Remmler, S. 1975. Vergleichende Untersuchungen zur Morphologie und Syntax 5- bis 6jähriger normalsprechender und agrammatisch sprechender Kinder. Ermittlung grammatischer Fehlleistungen – Erarbeitung eines Prüfverfahrens. Dissertation. Berlin (DDR)

Richter, E. 1981. Auf den Spuren der frühen Stotterertherapie. Kleine Kulturgeschichte des Stotterns. Teile III und V. In: Der Kieselstein (2) und (4)

Riper, van C. und J. V. Irvin 1970. Artikulationsstörungen. Berlin

Rizzi, L. (Hrsg.) 1982. Issues in Italian syntax. Dordrecht

Rodenwaldt, H. 1990. Der dialogische Ansatz zur Förderung sprachbeeinträchtigter Kinder. Reflexionen zu einer phänomenologischen Sprachbehindertenpädagogik. Frankfurt a. M.

Rodenwaldt, H. 1991. Mehrdimensionale Diagnostik als Voraussetzung heilpädagogischen Handelns. In: Die Sprachheilarbeit (36) 163–169

Roeper, T. und E. Williams (Hrsg.) 1987. Parameter setting. Boston

Rothe, K. C. 1923. Die Sprachheilkunde. Eine neue Hilfswissenschaft der Pädonomie. Wien

Rothweiler, M. 1988. Ein Fall von Dysgrammatismus – Eine linguistische Analyse. In: Frühförderung interdisziplinär (3) 114–124

Rothweiler, M. (Hrsg.) 1990. Spracherwerb und Grammatik. Linguistische Untersuchungen zum Erwerb von Syntax und Morphologie. Opladen

Rutte, V. 1983. Dysgrammatismus. In: Aschenbrenner, H. und K. Rieder (Hrsg.) 141–177

Ryan, J. 1977. The silence of stupidity. In: Morton, J. und J. C. Marshall (Hrsg.) 99–124

Sarimski, K. 1983. Analyse von Spontansprache als diagnostisches Verfahren im Frühbereich. In: Sprache – Stimme – Gehör (7) 32–35

Scarbath, H. 1983. Was ist pädagogisches Verstehen? Verstehen als Element pädagogischer Handlungskompetenz. In: Dieterich, R. (Hrsg.) 224–248

Scherer, L. und L. Olswang 1984. The role of mother's expansions in stimulating children's language production. In: Journal of Speech and Hearing Research (27) 387–396

Schöler, H., Dalbert, C. und H. Schäle 1991. Neuere Forschungsergebnisse zum kindlichen Dysgrammatismus. In: Grohnfeldt, M. (Hrsg.) 1991b. 54–82

Schöler, H. und W. Kany 1989. Lernprozesse beim Erwerb von Flexionsmorphemen: Ein Vergleich sprachbehinderter mit sprachunauffälligen Kindern am Beispiel der Pluralmarkierung. In: Kegel, G. et al. (Hrsg.) 123–175

Scholz, H.-J. 1969. Zur Phonologie gestammelter Sprache. In: Die Sprachheilarbeit (14) 4–11

Scholz, H.-J. 1970. Von der Notwendigkeit linguodiagnostischer Verfahren für die Zeit der Sprachentwicklung. In: Die Sprachheilarbeit (15) 97–103

Scholz, H.-J. 1974. Zum phonologischen Aspekt des Spracherwerbs und dessen Bedeutung für die Dyslalie. In: Die Sprachheilarbeit (19) 145–152

Scholz, H.-J. 1980. Sprachwissenschaftliche Aspekte. In: Knura, G. und B. Neumann (Hrsg.) 621–649

Scholz, H.-J. 1981. Zum Grammatikbegriff im Konzept des Entwicklungsdysgrammatismus. In: Der Sprachheilpädagoge (13) 34–44

Scholz, H.-J. 1985. Das „Sprachgefühl" – Instanz für die Evaluation sprachlicher Abweichungen. In: Füssenich, I. und B. Gläß (Hrsg.) 98–110

Scholz, H.-J. 1987. Überlegungen zur Behandlung phonologischer Störungen. In: Deutsche Gesellschaft für Sprachheilpädagogik (Hrsg.) 360–372

Scupin, E. und G. Scupin 1907. Bubis erste Kindheit. Leipzig

Searle, J. R. 1969. Speech acts. An essay in the philosophy of language. Cambridge

Sellin, B. 1993. Ich will kein inmich mehr sein. Köln

Sinclair, A. und W. J. M. Levelt (Hrsg.) 1978. The child's conception of language. Berlin

Sinclair-de-Zwart, H. 1967. Langage et operation: sous-système linguistique et operation concrètes. Paris

Sinclair-de-Zwart, H. 1969. Developmental psycholinguistics. In: Elkind, D. und J. H. Flavell (Hrsg.) 315–336

Sinclair-de-Zwart, H. 1970. The transition from sensorimotor behavior to symbolic activity. In: Interchange (1) 119–126

Skinner, B. 1957. Verbal behaviour. New York

Slobin, D. 1973. Cognitive prerequisites for the development of grammar. In: Ferguson, Ch. und D. Slobin (Hrsg.) 175–208

Slobin, D. (Hrsg.) 1985. The cross-linguistic study of language acquisition. Hillsdale, N.J.

Snow, C. E. 1972. Mother's speech to children learning language. In: Child Development (43) 549–565

Snow, C. E. 1977. Mother's speech research: from input to interaction. In: Snow, C. E. und C. A. Ferguson (Hrsg.) 31–49

Snow, C. E. und C. A. Ferguson (Hrsg.) 1977. Talking to children: language input and acquisition. Cambridge, Mass.

Solarová, S. (Hrsg.) 1983. Geschichte der Sonderpädagogik. Stuttgart

Speck, O. 1987. Zur Komplementarität ganzheitlich und einzelheitlicher Sichtweisen in der Heilpädagogik. Eine aktuelle Thematik. In: Sonderpädagogik (7) 145–157

Speidel, G. und K. E. Nelson (Hrsg.) 1989. The many faces of imitation in language learning. Berlin

Staps, H. (o.J.). Spiele und Übungen zur Sprachbildung. Lehrgang für agrammatisch sprechende Kinder. Hamburg

Stern, C. und W. Stern 1928. Die Kindersprache. Leipzig

Stöcker, K. 1978. Neuzeitliche Unterrichtsgestaltung. München

Sulser, H. 1975. Bilder-Sprachtest II. Radolfzell

Tavakolian, S. (Hrsg.) 1981. Language acquisition and linguistic theory. Cambridge, Mass.

Tracy, R. 1990. Spracherwerb trotz Input. In: Rothweiler, M. (Hrsg.) 22–49

Tracy, R. 1991. Sprachliche Strukturentwicklung. Linguistische und kognitionspsychologische Aspekte einer Theorie des Erstspracherwerbs. Tübingen

Traugott, E. 1973. Some thoughts on natural syntactic processes. In: Bailey, Ch. und R. Shuy (Hrsg.) 313–322

Urban, K. K. 1991. Auf ein Wort. In: Die Sprachheilarbeit (36). 153–154

Valdman, A. 1977. Pidgin and creole linguistics. Bloomington

Valian, V. 1979. The wherefores and therefores of the competence-performance distinction. In: Cooper, W. und E. Walker (Hrsg.) 1–26

Verrips, M. 1990. Models of development. In: Rothweiler, M. (Hrsg.) 11–21

Wanner, E. und L. Gleitman (Hrsg.) 1982. Language acquisition. The state of the art. London

Weisgerber, B. et. al. (Hrsg.) 1983. Handbuch zum Sprachunterricht. Beiträge zur Theorie und Praxis. Weinheim

Weißenborn, J., Goodluck, H. und T. Roeper (Hrsg.) 1990. Theoretical issues in language acquisition. Hillsdale, N.J.

Westrich, E. 1978. Sprachbehinderung oder Sprachbehinderter? In: Die Sprachheilarbeit (23) 27–31

Wexler, K. 1982. A principled theory for language acquisition. In: Wanner, E. und L. Gleitman (Hrsg.) 288–315

Wiechmann, J. 1974. Sport für sprachbehinderte Schüler. In: Die Sprachheilarbeit (19) 37–47

Wittgenstein, L. 1960. Philosophische Untersuchungen. Schriften I. Frankfurt

Wode, H. 1977. Four early stages in the development of L1 negation. In: Journal of Child Language (4) 87–102

Woods, B. und S. Carey 1981. Language deficits after apparent clinical recovery from childhood aphasia. In: Annual Neurology

Wulbert, M., Inglis, S., Kriegsmann, E. und B. Mills. 1975. Language delay and associated mother-child interactions. In: Developmental Psychology (11) 61–70

Wunderlich, D. (Hrsg.) 1972. Linguistische Pragmatik. Frankfurt a. M.

Wunderlich, D. 1985. Über die Argumente des Verbs. In: Linguistische Berichte (97) 183–227

Wyatt, G. 1973. Entwicklungsstörungen der Sprachbildung und ihre Behandlung. Stuttgart

Zellerhoff, R. 1989. Sprachstörungen bei Mehrsprachigkeit. In: Die Sprachheilarbeit (34) 181–183

Zuckrigl, A. 1964. Sprachschwächen. Der Dysgrammatismus als heilpädagogisches Problem. Villingen

Sachregister

Abstraktion, Abstraktheit 15, 29, 30, 210
Adjektiv, attributives 64, 133–135, 150, 153, 171, 179, 188, 225
Adverb 66, 135, 136, 158, 225
Adverbial 66, 135, 142, 185, 225
Agrammatismus infantilis 15
Akkusativ 68, 136, 174
Aphasie 39, 225
Argumentstellung 71
Artikel(formen) 64, 65, 134, 135, 141, 149, 153, 179, 185, 188, 190
Autismus, autistisch 26, 213
Autonomie(hypothese) 27, 28, 32, 33, 36, 63
Auxiliar 67, 137, 175, 185, 226

Basic Child Grammar (BCG) 41, 42
Beziehungsbasis/-grundlage 106, 147
Bioprogramm 51, 214

COPROF 80, 107, 119, 131, 132, 173, 216, 220, 226

Dativ 68, 136, 174
Default-Form 138, 140, 144, 161, 162, 174, 177, 186, 187
Definitheit 135, 226
Demenz 39
Determinationselemente 64, 133, 134, 171, 188, 226
Diagnose/Diagnostik s. Sprachdiagnostik
Dialog/dialogisches Prinzip 93, 95
Dialogpartitur 110

Ellipse 132, 148, 227
Entwicklung, kognitive/geistige 19, 25, 26, 37–41, 212
Entwicklungsdysphasie 13, 214
Erfolg, sprachtherapeutischer 118
Erwerbsreihenfolge 38, 44, 80, 168
Erwerbssequenz s. Erwerbsreihenfolge
Evidenz, negative 49, 53
Expansion 149, 152, 160, 221
Expletiva 54, 223, 227

Feedback, korrektives 26, 110, 221
Flexionsparadigma 140, 144, 161, 165, 177, 178, 181, 187
Funktionalismus, funktional(istisch) 33–35, 211
Funktionswort, grammatisches 54, 66, 67, 136, 141, 143–145, 165, 174, 179, 184, 188, 191, 227

Ganzheit(lichkeit) 14, 23, 87, 89
Generative Sprachtheorie 13, 18, 27–33, 59, 62
Genitiv(konstruktion) 25, 134
Genus(fehler) 64–66, 68, 134, 135, 150, 158, 171, 174, 179, 227
Grammatikalitätsurteil 31, 49

Handlungsorientierung 87

Idealisierung 15, 29–31
Individualisierung 196, 221
Induktion, induktiv 48, 49, 51, 214, 227

INFL-Position 67, 70
Input, Mangel des 47
Input, Spezifizierung des 116, 122
Input, sprachlicher 19, 29, 36, 43–54, 58, 59, 103, 105, 117, 155, 160, 165, 169, 223
Interaktion, sprachliche 19, 25, 43–46, 51, 100, 147, 152, 154, 169, 212
Interaktionsroutinen 107f
Inversion 25, 53, 179, 228

Kasus(markierung) 25, 68, 69, 136, 142, 143, 154–156, 158, 171–174, 179–181, 185, 192, 228
Kasusgrammatik 33, 34
Kind-Therapeut-Beziehung 105, 115
Kognition, allgemeine 23–25, 28–30, 37, 52, 62, 218
Kognitionswissenschaften 9, 20, 228
Kognitive Linguistik 27, 62, 63
Kommunikation 25, 97, 99, 100
Kongruenz, grammatische 25, 65–67, 69–71, 73, 135, 136, 138, 140, 141, 144, 154, 161, 171, 174, 179, 184, 188, 190, 228
Konjunktiv 25
Kontinuitätshypothese 63, 215
Kontrastivität 144, 151, 153
Koordination 25
Kopula 67, 137, 165, 175, 185, 229
Kreol(sprache) 50, 51

Language Acquisition Device (LAD) 53, 214
Language Assessment Remediation and Screening Procedure (LARSP) 78, 229
Language Making Capacity (LMC) 41
Lebenswirklichkeit 106
Lernbarkeit(stheorie) 42, 52–54, 58, 59, 62, 63, 73, 168

Lernhierarchie 102, 220
Lernzielbestimmung 20, 117, 122, 160, 171, 179
Lexikalisierte Syntagmen 139
Linguistik 23, 29, 77

Menschenbild 87, 92, 93
Missing feature deficit 18
MLU 132, 229
Modalverb 137, 145, 165, 175, 185, 229
Modellieren 109, 123, 145, 220
Modularität(shypothese) 27–30, 63
Motherese (-Hypothese) 44, 46, 47, 50, 59, 212
Motorik, motorisch 36, 37

Nachsprechübungen 83, 90
Negation(selement) 71, 72, 230
Nomen 133, 134, 141, 149, 153, 171
Nominalphrase 64, 65, 133, 134, 141, 143, 148, 150, 153, 155, 171, 179, 184, 188, 230
Nominativ 68, 136, 174
Numerale 64, 134, 230

Operating Principle (OP) 41, 42

Parameter(modell) 53, 54, 60, 63, 230
Passiv 35, 46, 230
Person, grammatische 54, 230
Personalpronomen 134, 142
Phrasenstrukturregel 55, 56, 66, 72, 134, 141
Pidgin 50
Pluralerwerb 17
Possessivpronomen 64
Präfixverb 137, 157, 162, 175, 185, 231
Pragmatik, pragmatisch 32–35, 43, 211
Prägnanz 103, 155, 166, 167
Präposition 66, 135, 142, 143, 156–158, 171, 173, 179, 185, 191, 192, 231

Präpositionalphrase 66, 136, 142, 156–159, 171, 173, 179, 185, 188, 219
Principal branching direction 213
Pro-drop-Sprache 54, 223, 231
Profilanalyse 78, 80, 131, 220
Pronomen 133
Prozeßdiagnostik 168, 171
Prüfmittel, informelle 75, 216

Quantoren 64, 134

Rektion 25, 68, 141, 143, 190, 231
Rekursivität, rekursiv 48, 231
Rhythmisierung 91
Rule deficit model 18

Satzbaupläne 92
Satzmusterübungen 83, 84
Schizophrenie 39
Selektive Störungen/Defizite/Schädigung 18, 64, 65, 72, 119, 141, 184
Semantic bootstrapping 55–57, 66
Semantik, (generative), semantisch 32–34, 211, 231
Specific Language Impairment (SLI) 15, 232
Spontanspach(e)/-analyse/-probe 77, 102, 107, 108, 119, 122, 167, 184, 188, 216
Spontansprachdaten, Erhebung/Analyse von 77, 122
Sprachanalyse 76, 117
Sprachdiagnose/-diagnostik 20, 74, 80, 107, 110
Spracherwerbsmechanismus, angeborener 14, 27, 59
Sprachgemeinschaft 22, 29–31
Sprachtest 74–77, 216
Sprachtherapie 20, 74, 76, 82, 85, 113, 146, 188, 217, 223
Sprachtherapie, entwicklungsproximale 102, 103, 105, 123, 142, 217, 220
Sprachübungen 84, 86, 218
Sprachunterricht 85, 86
Sprachwissenschaft s. Linguistik
Strukture-dependent distributional learning 57
Subjazenz 33, 34, 211, 232
Subjekt-Verb Kongruenz 69, 71, 117, 138, 139, 144, 145, 161–163, 165, 174, 177, 178, 181, 182, 189, 194
Subordination 25

Theorie des lexikalischen Lernens 54
Therapie s. Sprachtherapie
Therapiestudie 117, 130, 183, 220
Topikalisierung 25, 32, 232
Trisomie 21, 26, 39, 40, 232

Übergangsgrammatik 52, 59, 72, 78
Übungs-/Therapiesprache 90
Übungstherapie 84, 85
Universalgrammatik 52, 59, 215, 232

Verb 137, 154, 162, 171, 175, 185
Verbflexion 69, 133, 137, 160–162, 163, 165, 176, 181, 186
Verbstellung 69, 133, 160, 162, 163, 178, 181, 184, 187
Verbzweitstellung(sregel) 117, 187, 194
V-Position 70

Wertschätzung 106
Wortstellung 69, 71

X-bar Theorie/Prinzip 55, 57, 72, 168, 232

Zielstrukturen, sprachliche 102, 105, 108, 109, 147, 149, 151, 153, 156, 158, 160, 163–165, 169
Zweitspracherwerb 38

Frieda Kurz
Zur Sprache kommen
Psychoanalytisch orientierte Sprachtherapie mit Kindern

1993. 176 Seiten. 85 Abb. Kart. (3-497-01296-3)

In der Verbindung von Logopädie und Psychoanalyse liegt ein wichtiger Ansatz zu einer mehrdimensionalen Arbeitsweise mit sprachbeeinträchtigten Kindern. Damit kommt dieses Buch dem heutigen Bedürfnis der Logopädie entgegen, mit übergreifenden Konzepten zu arbeiten, die gleichzeitig dem Anspruch auf ganzheitliches Vorgehen gerecht werden. Psychoanalytische Aspekte der Sprachentwicklung werden erörtert; Fallbeispiele und Arbeitsdokumentationen führen dem Leser therapeutische Prozesse aus der Praxis vor Augen. Indem der Leser den Weg zur sprachlichen Kommunikation vom Körper über innere Bilder bis zum Sprachausdruck nachgeht, wird deutlich, was "Mit-Teilen" eigentlich bedeutet.

Aus dem Inhalt

Logopädie und Psychoanalyse

Psychoanalytische Aspekte in der Sprachentwicklung
Die Bedeutung des Schreiens als erstes "Kund-Tun". Schreien und Lallen. Vom vorsprachlichen zum sprachlichen Dialog. Der Erwerb des "Nein". Soziokulturelle Faktoren

Psychoanalytische Aspekte in der Sprachtherapie
Übertragung, Gegenübertragung und Deutung. Psychoanalytisch orientierte Sprachtherapie im Grenzbereich von Logopädie und Psychotherapie. Der Spiel-Raum. Wiederholung als kreative Möglichkeit oder als Zwang. Der "intermediäre Raum" in der Sprachtherapie

Psychoanalytisch orientierte Praxis
Die psychischen Grundlagen. Die therapeutische Beziehung. Geschützter Spiel-Raum. Beweglicher, entwicklungsangepaßter Spiel- und Lern-Raum.

Die Arbeit mit den Eltern

Zusammenarbeit mit Kindergarten und Schule

Ernst Reinhardt Verlag München Basel

Ulrike Franke
Artikulationstherapie bei Vorschulkindern
Diagnostik und Didaktik

Unter Mitarbeit von Barbara Lleras, Susanne Lutz, Susanne Mayer und Kirsten Winkler-Haas

4., erweiterte Auflage 1996. 184 Seiten. 40 Abb. Kart. (3-497-01402-8)

Das vorliegende Buch wendet sich an alle Therapeuten, die das Gebiet der kindlichen Artikulationstherapie erst beschreiten werden (Studenten), oder an solche, die neue Anregungen und Sichtweisen in der Arbeit mit stammelnden Vorschulkindern benötigen. Sie sollen Wege finden, mit deren Hilfe die Dyslalietherapie kein langweiliges stures Üben von Wortreihen ist, sondern Kind und Therapeuten Spaß macht. Das Buch ist in zwei große Bereiche gegliedert. Im ersten, der praxisorienten Theorie, finden sich Kapitel zur Diagnostik, zur Indikation, die Darstellung phonologischer Störungen und verschiedener theoretischer Ansätze, Gedanken zur Reihenfolge der zu behandelnden Laute und didaktische und psychologische Anmerkungen. Der zweite Teil ist ganz der Praxisausführung gewidmet. Nach der Darstellung des Verlaufs einer Sigmatismusgruppe und der Beschreibung der Myofunktionellen Therapie folgen viele Übungen und Spiele zum Nachmachen und zur Anregung für eigene Ideen. Themengebundene Wortlisten beschließen dieses Arbeitsbuch.

Aus dem Inhalt

Praxis der Artikulationstherapie
Fallbeispiel: Eine Sigmatismusgruppe
Die Myofunktionelle Therapie
Mundmotorische Übungen
Spiele zur Mund- und Sprechmotorik
Geräuschdifferenzierung
Klangdifferenzierung
Lautdifferenzierung
Lautlokalisation
Lautanbahnung
Spiele und Übungen für bestimmte Laute: ch, f, g, j, k, kl, l, bl, fl, r, br, dr, tr, fr, gr, s, ts, sch, spr, schw
Vielseitig einzusetzende Spiele
Übungsbegleitende Handlungen
Themenzentrierte Wortlisten

Ernst Reinhardt Verlag München Basel

Lotte Schenk-Danzinger

Legasthenie

Zerebral-funktionelle Interpretation, Diagnose und Therapie

2., neubearbeitete Auflage 1991. 311 Seiten. 128 Abb. Geb. (3-497-01237-8)

Der Autorin geht es um jene Schüler, die trotz intaktem Milieu, trotz normaler bis guter Intelligenz und entsprechendem Unterricht erhebliche Schwierigkeiten beim Lesen und Rechtschreiben haben. Diesen Kindern kann geholfen werden. Breiten Raum nimmt daher die Kasuistik ein, die die verschiedenen Varianten der Erscheinungsformen und der Schülerschicksale deutlich machen soll. Hinweise zur Diagnostik und Therapie, Beispiele von Arbeitsmaterialien sowie deren Anwendung beschließen den praktischen Teil.

Aus dem Inhalt

Forschungsgeschichte
Ätiologie der Legasthenie
Die Spezialisierung der Hemisphären und der Leseprozeß
Die Symptome der klassischen Legasthenie aus der Sicht der neueren Hirnforschung
Die möglichen Ursachen einer klassischen Legasthenie
Legasthenie und Minimale Cerebrale Dysfunktion (MCD)
Zum Problem der Lateralität
Legasthenikerfamilien
Mögliche Auswirkungen der klassischen Legasthenie auf die psychische und soziale Situation und auf den Lebensweg
Mangel an kognitiver und sprachlicher Förderung
Die Diagnose der klassischen Legasthenie
Auswirkungen der IQ-Messung
Die häufigsten Diagnosemethoden
Diagnostische Leistungsprüfungen in der Grundschule
Untersuchungen über den Stand der Sprachentwicklung
Prüfung der visuellen Leistungen
Feststellung der Handdominanz
Die Behandlung der Legasthenie, ein Aufgabenbereich der Schule
Lese- und Rechtschreibtraining
Allgemeines Sprachtraining
Kasuistik

Ernst Reinhardt Verlag München Basel

Stephan Baumgartner
Iris Füssenich
(Hrsg.)

Sprachtherapie mit Kindern

Grundlagen und Verfahren

2. Auflage 1994. 363 Seiten. 19 Abbildungen. Kart. (UTB 3-8252-1714-0)

Sprachauffälligkeiten bei Kindern sind ein häufiges Problem. Dieses Buch bietet ein durchgängiges, in der Praxis erprobtes, förderorientiertes Therapiekonzept. Behandelt werden Sprachstörungen in den Bereichen Phonologie, Semantik, Grammatik, Sprechflüssigkeit und Schriftsprache. Die AutorInnen stellen eine Reihe von hilfreichen Prinzipien vor und erläutern die Grundlinien sprachlicher Entwicklungsverläufe. Anhand der Darstellung entscheidender Therapieausschnitte kann der Leser praktisches Wissen für die eigene Arbeit übernehmen.

Aus dem Inhalt

Phonologie (D. Hacker)
Phonologische Entwicklung. Störungen im Erwerb. Phonologische Störungen. Sprachtherapie mit phonologisch gestörten Kindern

Semantik (I. Füssenich)
Erwerb von Bedeutungen. Störungen beim Erwerb. Therapeutische Konsequenzen

Grammatik (F. M. Dannenbauer)
Aspekte des Grammatikerwerbs. Dysgrammatismus als Teilsymptomatik der Entwicklungsdysphasie. Therapie grammatischer Entwicklungsstörungen

Sprechflüssigkeit (S. Baumgartner)
Der Erwerb des flüssigen und unflüssigen Sprechens. Die Störung der Sprechflüssigkeit. Stotternde Kinder therapieren

Schriftsprache (C. Crämer/G. Schumann)
Schriftspracherwerb. Lernschwierigkeiten beim Erwerb. Förderung von Kindern mit Lese- und Schreibproblemen

Ernst Reinhardt Verlag München Basel

Ulrike Franke
Logopädisches Handlexikon

4., aktualisierte Auflage 1994. 228 Seiten, 31 Abbildungen, 22 Tabellen
Kart. (UTB 3-8252-0771-4)

Dieser Band gibt einen Überblick über die weitgespannte Begriffswelt der Logopädie. In mehr als 3500 Stichwörtern findet der Leser nicht nur Definitionen aus den Hauptsäulen der Logopädie, Medizin, Psychologie und Pädagogik, sondern auch aus den angrenzenden Wissenschaften, wie z. B. Sprachwissenschaft, Soziologie, Physik u. a. Damit steht ein Nachschlagewerk für die theoretische und praktische Arbeit mit sprach-, sprech-, rede-, stimm- und hörgestörten Menschen zur Verfügung. Es ist eine notwendige Ergänzung der Fachliteratur für Logopäden, Phoniater und HNO-Ärzte, Behindertenpädagogen, Psychologen und Therapeuten aus den verschiedensten Richtungen, sowie Studierende und Auszubildende in diesen Bereichen.

*

… bleibt festzustellen, daß das Lexikon eine wertvolle Hilfe für alle mit Sprachbehinderten befaßten Personen darstellt. Aufgrund seiner leichten Handhabbarkeit, seiner Überblick schaffenden Tabellen und Abbildungen, und nicht zuletzt seines vernünftigen Preises wegen ist es zu einem nicht mehr wegzudenkenden Basisbuch für die Studierenden geworden.

*Vierteljahresschrift für
Heilpädagogik und ihre Nachbargebiete*

Ernst Reinhardt Verlag München Basel

UTB FÜR WISSENSCHAFT

Auswahl Fachbereich
Pädagogik

1051 Eid/Langer/Ruprecht:
Grundlagen des Kunstunterrichts
(Schöningh). 3. Aufl. 1994.
DM 29.80, öS 221.–, sFr. 29.80

1100 Knoop/Schwab:
Einführung in die Geschichte
der Pädagogik
(Quelle & Meyer). 3. Aufl. 1994.
DM 34.80, öS 258.–, sFr. 34.80

1240 Schlüter: Sozialphilosophie für
helfende Berufe
(E. Reinhardt). 3. Aufl. 1995.
DM 29.80, öS 221.–, sFr. 29.80

1305 Angermeier/Bednorz/Schuster:
Lernpsychologie
(E. Reinhardt). 2. Aufl. 1991.
DM 29.80, öS 221.–, sFr. 29.80

1523 Bühler:
Das Seelenleben des Jugendlichen
(Gustav Fischer). 7. Aufl. 1991.
DM 34.80, öS 258.–, sFr. 34.80

1548 Gröschke:
Praxiskonzepte in der Heilpädagogik
(E. Reinhardt). 1989.
DM 29.80, öS 221.–, sFr. 29.80

1607 Peuckert: Familienformen im
sozialen Wandel
(Leske+Budrich). 2. Aufl. 1996.
DM 24.80, öS 184.–, sFr. 24.80

1617 Bönsch: Variable Lernwege
(Schöningh). 2. Aufl. 1995.
DM 29.80, öS 221.–, sFr. 29.80

1644 Pflüger: Neurogene
Entwicklungsstörungen
(E. Reinhardt). 1991.
DM 32.80, öS 243.–, sFr. 32.80

1645 Bundschuh:
Heilpädagogische Psychologie
(E. Reinhardt). 2. Aufl. 1995.
DM 36.–, öS 266.–, sFr. 36.–

1684 Nezel:
Allgemeine Didaktik der
Erwachsenenbildung
(Paul Haupt). 1992.
DM 24.80, öS 184.–, sFr. 24.80

1714 Baumgartner/Füssenich (Hrsg.):
Sprachtherapie mit Kindern
(E. Reinhardt). 2. Aufl. 1994.
DM 39.80, öS 295.–, sFr. 39.80

1814 Maier:
Bildungsökonomie
(Schäffer-Poeschel). 1994.
DM 29.80, öS 221.–, sFr. 29.80

1855 Schlag: Lern- und
Leistungsmotivation
(Leske+Budrich. 1995.
DM 22.80, öS 169.–, sFr. 22.80

1918 Baum: Ethik sozialer Berufe
(F. Schöningh). 1996.
DM 22.80, öS 169.–, sFr. 22.80

Preisänderungen vorbehalten.

Das UTB-Gesamtverzeichnis erhalten Sie bei Ihrem Buchhändler oder direkt von UTB, Postfach 80 11 24, 70511 Stuttgart.